足立から見た

在日コリアン形成史

—済州島・東京足立に生きた私の半世紀—

姜徹 著

雄山閣

足立から見た在日コリアン形成史

目次

はじめに

今年、二〇一〇年は韓日併合条約から百年になる年であり、また、一九四五年に民族が開放されてから六十五年の節目の年となる。私が、ここに書こうとしているのは、私の生きた青春時代を赤裸々に描いた物語である。自分自身のことを書くにあたって、私は、まず故郷である済州島《チェジュ》について語ることから始めなければならないと考えた。

済州島は、朝鮮半島の最南端にある孤島であり、現在は、観光地としてその名をよく知られている。だが、その島が背負う薄暗い歴史のほうは、あまり知られていない。済州島は、その地政学的性格から、長い間、たえず外部からの侵入者に脅かされてきた。そこで、島の歴史はまさしく闘いと抵抗の歴史とでもいうべきものであった。残念ながら、このことを語る人は、現在ではとても少なくなっている。

かつて済州島は、耽羅《たんら》という王国であった。しかし、高麗王朝時代に、武力で併合され自治を失う。そして、李王朝時代に入ると、この島は、本土の権力闘争に敗れた者の流刑地としての性格を強めていく。多くの王族や政客や文人たちが、この島に流された。私の先祖も、実はそうした政争の渦に巻き込まれ、済州島に都落ちした一族である。

時代はくだり、朝鮮半島が日本の植民地下にあった時期には、済州島から、多くの人が労働力として日本へ出稼ぎに渡った。現在の在日同胞のじつに二割以上が済州島出身者であり、私の父もそのなかの一人である。したがって、在日同胞のなかには、私と似たような道を歩んできた人たちが多くおられると思う。それぞれの立場による違いはあっても、そこにはかなり共通するものがあるはずである。

済州島は、四方を海に囲まれ、しかも立場が弱く、外部からの攻撃や差別を受けてきた地域であった。しかし、そのことが、島の人たちに、広い視野と柔軟性を与えた。それは、日本に渡り、日本で暮らすようになった島の人たちにも受け継がれている。私が、青春時代に試みた、地域医療の活動というものも、おそらくは、こうした済州島の空気のなかで生まれ、育まれたものであるのではないかと思う。

現在では、済州島に対する差別も、在日朝鮮人に対する差別も、少しずつ薄れてきた。私の目から見ても、状況はかつてよりかなり良くなってきている。しかし、世界のいたるところに、かつて私たちが受けたような迫害や差別があり、今も苦しんでいる人たちがたくさんいる。私たちの体験が、そのような人たちにとって、少しでも参考となることを願っている。また、同じく済州島から、日本に渡ってきた在日同胞の人たちにとっては、思い出を共有する一つの助けとなれば幸いである。

なお、本書に登場してくる人物には特定の人を除いて一律に尊称を省略したことをご理解下さい。

最後に本書を出版するに際しては色々とご尽力下さった株式会社雄山閣代表取締役宮田哲男氏、明治学院大学大学院博士後期課程西原陽氏に感謝の意を表するものである。

二〇一〇年二月二十日

著者　姜　徹

1967 年 5 月 19 日　赤不動病院の新築記念

第一章　済州島《チェジュド》――わが故郷《ふるさと》

一　済州島のなりたち

済州島は、朝鮮半島の最南端に位置する火山島である。海岸線二五四キロメートル、東西は八〇キロメートル、南北は約四〇キロメートルの楕円形で、面積は一八一九平方キロメートルもある。標高一九五〇メートルの漢拏山《ハルラ》を中心に、三百あまりの大小の峰からなりたっている、きわめて特殊な自然条件の島である。

先にも少し述べたように、ここにはかつて、耽羅という王国があった。耽羅とは「島国」の意味である。この王国は、高・梁・夫の三つの部族を始祖としていて、それぞれが勢力を争いながらも、最終的には団結した政治社会へと発展していった。耽羅は、あまり強い国ではなかった。独立を維持するためには、大陸に権力国家が誕生するたびに献上品を差し出して、王国の地位を維持しなければならなかった。そこで、最初は百済に、次は新羅に、と献上品を贈って安全を保障してもらっていたが、九三五年に高麗政権が確立すると、ついにもちこたえられなくなり、これに併合されてしまった。

一方、高麗王朝そのものもまた、それほど盤石なものではなかった。高麗にたいしては、一二三一年から二十数年にもわたって、元（蒙古）の侵略が繰り返されていた。元の強力な勢いを前に、高麗王朝の内部でも親元派と反元派が対立していたが、反元派の崔忠献、金仁俊、林衍親子などが、武人政権を樹立し権力を掌握すると、高麗の対外的な軍事力は強化されていった。この軍事力の中心を担ったのが、「三別抄軍」である。三別抄軍とは、別抄軍・神義軍・夜別抄軍を合わせた統一軍の総称で、この統一軍を核に、武人政権は都を江華島へ遷《うつ》し、元に徹底抗戦の構えをとった。

これにたいし、親元派や、武人政権に反感をもつ勢力は、高麗の王室をそそのかして、元との一方的な講和を画策した。彼らはいったん江華島へ遷した都を再び開城（首都）へ遷都しようと計画したのである。親元派は、王子を元のクビライのもとに送り、和睦を申し入れて元の保護を求めた。元の側もこれに応じ、元の王妃を高麗王子に嫁がせて親族関係を結んだ。

もちろん、反元派はこの動きを黙って見ているわけではなかった。一二七〇年五月、元との和睦に反対する裴《ペ》仲孫《チュンソン》、金通精《キムトンチョン》将軍らは、三別抄軍のなかから一千隻の艦船を率いて出陣した。かれらは、済州島と珍島を根拠地に、高麗・蒙古連合軍と勇敢に戦ったが敗退した。生き残った金通精将軍は、なおも一千あまりの軍を率い、済州島を拠点にして高麗・蒙古連合軍と戦った。しかし、高麗・蒙古連合軍は、一万三千もの大軍であり、劣勢はあきらかであった。済州島民も金通精軍を支援して、決死の戦いを挑んだが、四年間にもおよぶ死闘ののち、金将軍は敗北した。将軍は、生き残った部下六十名とともに、漢拏山のふもとで自決して果てた。敗れはしたものの、島民は将軍を英雄として慕い、彼が踏んだ足跡から泉が湧き出るのを見て、「将軍の泉」と名付けた。

高麗は、この敗北以後、元の属国として、一世紀にわたってさまざまな重圧に耐え忍んでいかねばならなかった。済州島も例外ではなく、島は元の軍事基地にされ、この島を中継地として日本への侵攻が準備された。そして、一二八一年より、二度にわたって日本への侵攻（いわゆる元寇）がこころみられたが、よく知られているように、いずれも失敗に終わった。

二　流刑の地、済州島

高麗王朝の末期より、済州島は流刑地として知られていた。実際、廃王となった李朝第十五代王の光海君をはじめ、政客、知識人、僧侶、官吏などさまざまな人たちが、流人として、あるいは都落ち人として入ってきた。一三四二年には、高麗忠《チュン》恵《ヘ》王朝の顧問として最高の権力と栄華を誇っていた高僧・翯仙《ハクソン》が、済州島へ最初の流人として入島しており、元が滅亡へ向かっていた時期の一三七五年一一月には、元の順帝が皇族や官僚をつれて済州島へ亡命している。

だが、もっとも流刑者が多かったのは、李朝時代に入ってからである。李朝時代は、五百年あまりも続いたが、その間の約三百年間は、党利党略による派閥の勢力争いがたえず続いていた。その結果、多くの有能なる人士が流刑に処されたのである。

たとえば、金萬希もその一人であった。かれは、一三八〇年代、高麗忠定王より首相と同格の地位（都僉議左政丞）に任ぜられていたが、王朝内部での意見対立から政界を引退することになった。その後は、高麗王朝の先ゆきを憂いながらも、故郷へ帰りひたすら後進の教育に専念していた。ところが、一三九二年に、李成桂が政権を掌握すると、今度は、金萬希を李朝政権の家臣として迎えたい、という話になった。しかし、かれは「忠臣は二君に仕えず」として、これに従わなかった。李政権は、金萬希を王の命令に背いた罪で、済州島への流刑に処した。涯月港に流されたかれは、住居を郭支里に定めて、その後も、地域に書堂を開き、子弟の教育を広めていったという。

李朝時代は内部で派閥争いが、もっとも激しく、歴史上でもよく知られているのは、李朝十代の王、燕山《ヨンサン》君時代の一四九五年から始まり、その後四七年間のうちに起こった、四大士禍《サウ》（四大事件）である。この時期は、まさしく李王朝における暗黒時代であった。四大士禍とは、戊午士禍、甲子士禍、己卯士禍、乙巳士禍を指し、士禍とは重臣が無実の罪で死ぬことをいう。

戊午士禍と甲子士禍は、燕山君が王位にあった一一年のあいだに起きた事件である。燕山君は、生まれつき性格が粗暴で、歴代王のなかでも類をみない暴君であった。かれは、幼少より学問を嫌い、悪事を好み、側近の文官趙之瑞《ジョジソ》と許琛《フォチム》が、全力をあげて人倫の道を指導しても、聞き入れなかった。それどころか、燕山君は、王位につくや、自分を厳しく指導したことを怨んで、師である趙之瑞を殺害してしまった。

当時、朝廷内では勲旧派《フングパ》（保守派）とよばれる官僚が堅い地盤を築いていた。そのなかでも、強欲な性格で知られた柳子老《ユジャノ》や李克敦《イクッジム》らは大きな権力を握っていた。これにたいし、革新的気風をもった若い派閥が、士林派《サリンパ》（新進派）であった。士林派がとなえる「士林」とは、学問を研究し、行動の原理、つまり人倫の道を論じることをあらわす。士林派はそれを儒学政治の基本原理であると主張する学派であった。

李朝第九代の成宗《ソンジョン》王時代には、儒学（朱子学）を広めるために、士林派のなかでも学問の名声が高い嶺南《ヨンナム》学派の巨頭金宗直《キムチョンチク》が登用され、その門下が政権の中枢部に配置されていた。これにたいし、勲旧派の代表である柳子老らは、成宗王の信任が格別に厚い金宗直に対抗できず、打つ手がなかった。

しかし、成宗王が世を去り、第十代の燕山君が王に即位すると、情勢は一気に動いた。柳子老、李克敦らは、忠直な士林派を嫌う燕山君の気質を巧妙に利用して、士林派の一掃を図ったのである。燕山君の即位から三年後の一四九八年には、奸臣の謀略によって「戊午士禍」が起こり、士林派の儒臣ら六十余人が粛清された。そのときには、すでに金宗直も世を去っていた。

しかし、燕山君の暴虐ぶりは、それにとどまらなかった。六年後の一五〇四年には、二度目の事件、「甲子士禍」が起こった。ことの起こりは、燕山君の幼い頃にさかのぼる。燕山君の生母が大変な過ちをおかしたため、先王成宗王は、生母にみずから命を絶つように命じた。この処置自体は実は温情的なものであったが、のちにこの事件を知った燕山君は、当時事件に何らかの関係があったと思われる儒臣たちをことごとく極刑に処した。とくに、士林派の巨頭、金宗直が先王へ助言をしていたことに怒り、金宗直の墓をあばいて棺を開けさせ、屍体の首を切り遺体を六等分に切断するという、他に類を見ない最悪の刑罰に処した。

これ以外にも、燕山君は自分に忠告してくれるような人はすべて反逆者とみなし排除していった。そのなかには二人の継母と異母兄弟、そして実の祖母である仁粋大妃まで含まれていた。そして、残忍な燕山君による粛清の手は、先代の成宗王から絶大なる信任を得ていた金宗直門下の儒臣たちにまでおよぶようになった。金宗直門下儒臣たちは、みな危険にさらされ、ある者は身を隠し、ある者は遠方へ都落ちする、といった具合に難を逃れなければならなかった。

つけ加えるなら、このとき、金宗直門下の姜哲という士林派の儒臣も、彼の叔父で大司諫（官房長官）の姜詗親子が王の暴政を諫めたために処刑されるのを目撃してから、己の身にも危険が及んで来たので、再起を胸に秘めて都を離れた。各地を流浪し、一五〇六年には、済州島の涯月港に渡り、そこからたどりついたのが水山峯（海抜一三一メートル）という地であった。その地を中心に村を形成したのが、済州島姜氏水山派の始祖となったのであるが、私はそこから数えて一八代目にあたる。また、同じく、済州島に都落ちした、姜哲の親族であった姜孝孫は、大静邑に定住したので、大静派と呼ばれ、念通岳派を含めて済州島三派にわかれており、これらは、何れも晋州が本貫であり、姜以式高勾麗兵馬都元師を先祖とする子孫である。さらに、私の母方は砺山宋《ヨウサンソン》氏の人であったが、これも一五五九年に、同じく政治的な迫害によって済州島へ都落ちしてきた家系であった。

高麗以来の済州島の歴史が、流刑地としてのそれであったならば、私のルーツもまさに、流人としてのそれであった。島の歴史をひもとくと、そこにはどうしても、もの悲しいイメージがつきまとうのだが、それは、ここで紹介してきたように、この島が、李王朝時代をはじめ、歴史上、華やかな権力闘争の暗部を、いくどとなく背負わされてきたからなのである。

三　外部からの侵入者

ところで、済州島を語るさい、もう一つ忘れてはならない視点がある。それは、周囲が海に囲まれているにもかかわらず、大きな武力をもたなかったため、朝鮮半島以外からも、侵入者が絶えなかったことだ。このことは、島に多大な犠牲を強いてきたが、一方で、島の人たちは、つねに外の世界に目を向けざるを得ず、自然と広い視野や独特の反骨精神を育てるようになった。

(一) 海賊

済州島で海からの侵入者といえば、まず「倭寇」(日本の海賊)があげられる。すでに高麗時代から、倭寇が問題になっていた。日本では一一九〇年、朝廷から鎌倉幕府にたいし、海賊禁圧を命ずる布告が出されてはいたが、幕府は海賊取締りに積極的ではなかった。その理由として、かつて瀬戸内海での「源平合戦」のおり、海賊が源平双方の水軍として活躍したこともあったとされている。高麗末期だけでも、三十回以上も海賊の襲撃があったといわれ、その被害は甚大であった。

一三四一年には、じつに三百隻からなる海賊船団が襲来。さらに、一三九六年にも、百二十隻が慶尚道一帯を襲ったが、このときは防衛軍によって撃退され、海賊船六十隻が投降している。一三九八年に、李朝政府は日本へ使節を派遣し、対馬、壱岐、松浦の「三島の賊」の根拠地にたいする取締りを要求した。しかし、その後も海賊の襲撃は続き、ついに一四一九年、李朝政府は、李従茂将軍に海賊討伐を命じた。このときは、軍船二二七隻、兵士一万七二八〇人が巨済島から出兵し、対馬の海賊根拠地を襲撃し、島の海賊船一二九隻と海賊の住居一九三九戸を焼き打ちにしている。

一四二〇年代には、李朝政府が日本との友好のため、慶尚南道の釜山をはじめ、三ヶ所の港を開港し、「倭館」（日本人居住区）を設けた。これは、日本人たちにその地区への居住を許可し、商業貿易を認めるものであった。しかし、多くの日本人が継続的に住み着くようになると、そこは一種の自治区のようになってしまい、朝鮮官吏とのあいだに争いが絶えなくなっていった。一五一〇年には、釜山在留の日本人たちが釜山港僉使（責任者）李友曽を殺害した上、民家の焼きうちに直接加担したことから、李朝政府は居住区の日本人を追放した。しかし、居住区の日本人は対馬へは帰らず、船の上で海上生活をしながら、各沿岸地方に出没しては住民に掠奪と危害を加えていた。李朝政府は、絶海孤島の済州島への侵入の恐れがあるとして島全体の防備を強化し、万全の対策を講じるようにした。

一五五二年には、済州島が凶作で飢饉にあえいでいるときに、川尾浦（表善面）より日本の海賊が侵入した川尾浦倭賊の乱が起こる。ついで、一五五五年六月には、四十数隻の海賊船で一千余人の海賊が、莞島（全羅道）に上陸した。海賊はここで掠奪をしたのち、さらに済州島の済州港に上陸、済州城を包囲して攻撃をしかけたので、城の守備軍との戦闘となった。双方に多数の死傷者が出たが、海賊側は退却し、追撃の結果五隻の海賊船が拿捕された。

この時期になると、日本では、一四六七年の応仁の乱をきっかけに戦国時代が始まっていた。そして、一五八八年に豊臣秀吉が天下を統一し政権を掌握すると、ようやく実効的な海賊禁止令（倭寇禁止令）が発令された。これは従来、海外での自由貿易や略奪行為をほしいままにし、海の帝国を築いていた海賊を牽制し、海外貿易を独占する狙いがあったといわれており、この法令による利権は、のちの徳川幕府へと継承される。朝鮮と日本の関係は、壬辰・丁酉倭乱（日本では文禄・慶長の役）をへて、一時期悪化したが、豊臣秀吉の死後、江戸時代に入ると、朝鮮通信使をつうじて平和関係が構築された。

（二）漁船の侵入

江戸期の通信使時代には、取締りによって海賊が沈静化したが、済州島近海では新たな問題が生まれてきた。島の周辺は、暖流が流れている影響で数多くの種類の魚が生息していた。当時は、東洋の四大漁場の一つといわれ、豊富な海の資源に恵まれた漁場であった。

島の漁民たちは、昔ながらの原始的方法で漁をする零細的な漁民であり、それで最低水準の生活を維持していた。日本の漁船は、少なくとも一六〇〇年頃から、済州島近海での操業を行っていたが、それは済州島漁民の脅威になるようなものではなかった。だが、一八七六年三月に江華島条約が締結されてからは事態が変わった。日本の漁船が大船団を編成し、近代的な方法で公然と漁場を荒らしていくので、済州島の漁民は、まったく太刀打ちができず死活問題となっていった。日本の漁船団は、済州島近海で漁をするだけでなく、島に入り込んで沿岸一帯に近代的な潜水器を持ち込んだ。城山浦だけでも、三十箇所以上が建設されたといわれており、彼らはこうして海の資源をとる根拠地を形成していった。さらに、一八八七年八月には、加波島を根拠地としていた日本の潜水器船の船員四十人が、大静邑で下暮里に不法侵入し、家畜などを掠奪したばかりか、地域住民数人をも殺傷する事件が起きた。つづいて、一八九一年五月にも、同じように済州市健入里への不法侵入があり、住民一六人が殺傷された。さらに、朝天里でも暴行事件が起こり、一八九二年二月には、日本漁民一四四人が城山浦にて住民たちに暴行を加え、住民の一人を射殺する事件が起きた。悲劇は続き、同年四月には、済州市や翰林邑への不法侵入があり、民家への掠奪、村の住民への攻撃、さらに婦女子への暴行まで起こった。

これらの事件に象徴されるように、済州島近海に出漁してくる日本の漁民たちは、その多くが海賊のような残忍で乱暴な行動により島民を苦しめた。憤激した島民たちは、ついに、彼らにたいし集団的な闘争を開始するようになり、日本の漁民たちに済州島近海での操業を中止させるよう政府にも強く要求した。そして、日本漁船が集団的に島に侵入するたびに、侵入反対の抗議運動の嵐が全島的な規模で起こるようになっていった。当時、腐敗しきっていた李朝政府も、これには重い腰を上げ、ようやく日本政府と交渉をするようになった。一方、日本政府も、日本の漁船が済州島沖にまで行って操業することによって、国際問題が発生することを恐れて日本漁船の侵入を制止せざるをえなくなったのである。

(三) 欧米列強の侵入

一五世紀は、西洋列強がアジアに植民地をもとめて、海路つたいに侵略を開始した時代であった。一四九八年に、ポルトガルが最初にアジアへ向けて侵略を開始し、ヴァスコ・ダ・ガマの率いる艦隊が、南アフリカの喜望峰を経由し、インドへと到達した。一五四九年には、日本にもザビエルを派遣し、キリスト教の布教を名目に進出してきた。

一六〇〇年代に入ると、オランダがアジアに進出し、長崎に入港した。長崎は、一六三九年に徳川幕府が鎖国政策に転換したのちも、幕府との直接貿易港として栄え、日蘭双方に莫大な利益をもたらした。オランダが、アジア進出に積極的であったのは、北米大陸への進出をイギリスやフランスに阻まれていたからであったが、結果的にオランダは、アジア進出では英仏の先を越したことになった。そして、オランダに先を越されたフランスやイギリス、そして新たに独立したアメリカの列強も、植民地の対象を朝鮮半島に求め、互いに抗争しながら進出を急いだ。

朝鮮半島への進出は、一六二七年に、オランダ人ベルトプケ一行が日本の長崎へ向かう途中で暴風に襲われて、済州島に漂流してきたのが始まりであり、彼らは島民によってとらえられソウルに護送されている。一六五三年八月には、やはりオランダ船スペルウェール号のヘンドリック・ハメル一行が、台風で大静面の海岸に難破した。かれらは、済州島で一四年間の生活をしているうちに、済州島の文化や風習などに関心をもつようになった。また、済州島の島民も西洋の文化について、知識を得るようになった。

イギリスは、阿片戦争で中国に勝利した余勢をかって、一八四五年六月に軍艦サマラン号で済州島を侵犯した。この時は、海面の観測や測量、というのがその名目であったが、朝鮮側の許可は受けていなかった。また、アメリカとの間では、一八六六年八月にシャーマン号事件が起こった。一八六八年には、アメリカ側からシャーマン号事件の謝罪の要求があり、一八七一年五月、米軍艦六隻が江華島へ侵入、海兵隊が上陸した。しかし、最終的には、朝鮮側に撃退される。

フランスは、一七〇八年、自国内のキリスト教イエズス会士ブーヴェーらに、東洋の地図の作成を命じた。一七八七年五月に、極東探検隊が済州島および朝鮮半島の沿岸に不法侵入し、偵察行為をしたのも、フランスの朝鮮侵略の下心が働いたものであった。フランスの東方進出は、一八三〇年代になって強化されたが、イギリスより遅れていた。フランスはイギリスに対抗するために極東に軍艦を配備、一八五一年三月には、軍艦一隻が済州島大静面沖に不法侵入をし、一八六六年一〇月にはキリスト教徒を弾圧した報復との名目で、東洋艦隊を江華島へ本格的に侵攻させてきた。そして、この事件を契機に李朝政府と一八八六年に「朝仏修好条約」を締結した後は、多数の宣教師を次々と送りこみ、済州島への布教活動を広めていった。

欧米列強は、武力によって開港をせまる一方、他方においては、宣教師をアジア侵略の尖兵として送りこみ、その国の住民を神の名によって無力化させ、侵略を有利に進めていった。その当時、アジアで布教活動をしていた宣教師は、キリスト教の保守派、つまり、天主教ともカトリック教とも呼ばれている本流に属していた。これは、自国の指令に忠実な宗教であった。

しかしながら、当時、李朝政府は済州島民にたいし、各種の名目で不当な税金を課しており、過酷な取立てに島民は苦しんでいた。このようななかで、キリスト教の情熱的な布教活動がある種の魅力をたたえていたのも事実であり、島民からは多くの信者が生まれた。一九〇一年の春には、済州島の人口約十四万人のうちで、キリスト教の洗礼を受けたものが二四二人、キリスト教徒となったものが四千人に達していた。済州市と西帰浦にはキリスト教会が建設され、その他の地域にも多くの支所がつくられた。

李朝政府は、これらの施設にたいし事実上の治外法権を認めていた。しかし、その結果、罪を犯した者でも、キリスト教に入信し、教会の中に逃げ込んでしまえば、警察力がおよばない、という事態も起こった。施設内は、外国人宣教師によって、警察に収容している囚人さえも、キリスト教徒であるとして釈放させることができる無法地帯となり、多くの不良キリスト教徒が生まれた。そのうえ、教会内には、刑具をそなえた私設牢屋が設けられており、罪なき島民が連れこまれ、死にいたるまでリンチを加えられることすらあった。婦女子が強制的に連れこまれ、奴隷扱いにされることもあった。

このような状況のもと、当局に取締りを強く訴える島民の声は、済州島の全島に恨《ハン》となって広がっていった。しかし、腐敗した取締り当局は不良キリスト教徒と手を組み、その叫びに聞く耳をもたなかった。一九〇一年五月一六日に起こった李在守《イジェス》の乱は、彼ら不良教徒が不法な恐喝、脅迫、掠奪、殺害など暴虐のかぎりをつくしていたことに起因する事件であった。この日、済州島の各地から数千人の島民が集まり、李才秀らを先頭にフランス宣教師の追放と不良教徒を処断するために武器を持って立ち上がった。怒りに燃えた群衆は、逃げた不良キリスト教徒を追いながら、村々をとおって済州城へと進み、城内に逃げこんだ教徒と十日間にわたって対峙した。そのなかにいた二人のフランス人宣教師のうち、一人はフランスの軍艦で逃亡したが、逃げ遅れたアオシジン宣教師は処断され、不良教徒ら一千余人も処断された。事件の勃発を知り、フランス軍や李朝政府軍が入ってきたときには、累々と転がった死体が重なる凄惨な状態だったという。

両軍が、この事件の関係者を拘束したために、連日数千人の群衆が拘束された代表の釈放を要求した。そして、抗議のさなかに首謀者三名をひそかにソウルへ移送してしまった。最終的には、フランス公使カリーン・トゥ・プランシィがこの事件を国際問題にまで発展させたため、首謀者三名は絞首刑にされ、他の一一名は王命により、他の島へ流配となった。そして、賠償金として、当時の済州島の全人口を四万世帯として割当てられた金額、すなわち平均一世帯につき一五銭六厘と利息を加算した額を四年間かけて支払うことで解決したのである。

(四)　日本の侵入

一八六〇年代は、李朝政府が、腐敗による内部の矛盾と、激しい欧米列強の外圧に直面した時代であった。日本は、明治維新でブルジョワ改革を断行し、欧米列強の仲間入りをするために富国強兵と文明開化を急ぐ必要性にかられていた。国内では失業した武士階級の不満を外へ向けさせるため、大陸にはけ口を求める「征韓論」が盛んに論議され始めていた。

一八七五(明治八)年九月の雲揚号事件は、こうした情勢のなかで起きた、日本が朝鮮を侵略する口実をみつけるための軍事的な挑発であった。事件をきっかけに李朝政府は、一八七六年、日本により軍事力を背景とした不平等条約である江華島条約に調印させられる。このときから、朝鮮は主権国家の自主性を失い実質的には日本の植民地の方向へと向かっていった。

先にも述べたように、済州島近海の漁場では、かなり以前から日本の漁船と済州漁船との接触事件が起こり、それを原因とする紛争が起っていた。朝鮮が日本の植民地支配下に入ってからは、済州島漁民は日本の漁民に対抗するすべがなくなった。また、土地の漁業経済そのものも、日本人の海産物関係業者が済州島へ入ってきて、魚を買取る方向に変化していった。一八九〇年代以降になると、済州島において魚の加工をしていた日本人の業者は二十人以上にものぼったようである。

一九〇五(明治三八)年一一月、乙巳保護条約(第二次韓日協約)により、朝鮮は実質上日本の植民地となって、外交権を奪われた。そして、一九一〇(明治四三)年八月には、韓日併合条約によって、形式的に残っていた国家の形態までなくなり、完全に日本の植民地として併合されてしまったのである。

朝鮮が日本の植民地支配下に入ると、寺内正毅が初代総督となり、武断統治と同化政策を同時に強行した。朝鮮の地は住むに住めない暗黒の地となっていった。一九一〇年代に入ると、日本人たちが挟才、郭支、威徳、城山などの地方を根拠地にしてイワシ業を営み、その製品の仲介を兼ねた商売が盛んに行われるようになった。その他に、人造真珠製造の問屋として島に渡ってきた日本人は、島民に前払金を渡して低廉な工賃でしばりつけ、手広く商売を営んでいた。さらに、林業でも、島の豊富な木材を西帰浦などの現地で加工して、大阪方面へ売りさばき利益を得ていた。この時期になると、済州島から大阪へ渡って行く人が急速に増加していった。

四　わが故郷・旧厳里《クウォムリ》

私の故郷は、北済州郡涯月邑にある「旧厳里《クウォムリ》」という小さな村である。初めに書いたように、済州島には、中心に漢拏山がそびえ立っている。この漢拏山を境にして、南北二つの郡に分かれている。北側が北済州郡、南側が南済州郡だ。旧厳里から漢拏山を望めば、村を境にした水山峯があり、その背後に漢拏山へと峯が連なっている。私

在東日本旧厳親睦会　花見大会（1989年4月2日・清水公園）

の村は海岸線からなっている漁村である。

旧厳里という村の起源は、約千二百年前にさかのぼるといわれている。その地は、漢拏山の火山活動によって噴出した岩盤地帯となっていた。奇岩怪石のため、荘厳で勇壮な情景を形成した地形であることから、いつの頃からか「嚴莊伊《オムチャンイ》」と呼ばれるようになった。嚴莊伊は、人口が増加するに従って、旧厳里、新嚴里、重嚴里と三つの村に分割され、後には、これに加え龍興里という村も生まれた。

行政区分も本来は、「嚴莊面」であったが、一八五〇年に新右面と変わる。一九一四年には涯月面と変わると同時に、面の所在地も涯月里に変わったが、正式な行政区分は一九三五年三月一五日の道令が発令されたその日からである。そして、一九八〇年一二月一日には、涯月邑に昇格した。

旧厳里に、いつの時代から人間が住みついているかは、歴史的な資料が余りない。

『涯月邑誌』（涯月邑誌編纂推進委員会）によれば、『仏教盛衰史記』に当時の記述があり、西暦九二〇年頃、高麗初期に、村の東側の中間に南北へ通ずる河川と幹線があって、この幹線沿いの下流にある院童山という地に、森田寺と院水寺が並立して建てられてあったと記してある。したがって、当然、そこにはすでに人間が住んでいたことになる。この地域の気温は温暖であり、年の平均は十四度前後、冬は三度から六度くらい、八月の真夏の最高気温は三三度くらいといったところだ。

その他に、西暦一二〇〇年頃、宋氏ハルマンタンがこの村に移住し、戸数三世帯の家族から村が形成されたと古老より言い伝えがあるが、これについては客観的な資料が存在しない。また、西暦一二七〇年に、三別抄軍と高麗・蒙古連合軍との戦いにおいて、三別抄軍司令官金通精将軍からの要請で土城築造に協力したとも言い伝えられている。この戦いでは、先にも述べたように三別抄軍が敗北し、その後、済州島は蒙古軍の占領下で奴隷的な服従をしいられた。蒙古は年号も元とあらためて、済州島を日本へ侵攻するための軍事基地とするために、旧厳里の土地の一部、十万坪を軍事訓練所として占拠した。その場所を住民たちは「元兵台《ウォンピョンテ》」と呼び、現在もその名残を残している。

一三九二年に李成桂が頭角を現わし、強力な軍事力によって、高麗より元を追放したのち、高麗王朝を打倒して李朝政権を樹立した。李朝政権は、従来の高麗王朝が仏教を中心とした政策を改め、儒教を基本理念とした政策に転換したのである。その結果、仏教関係者は弾圧され、旧厳里（嚴荘伊）にあった森田寺や院水寺が破壊され、廃墟と化してしまった。

一五五九年に、姜侶地方長官（牧使《モクサ》）が旧厳里の塩田作業場を視察し、塩の製造方法が原始的であるのに気がつき、新しい精製方法を伝授した。この新しい方法によって質の高い塩の生産が可能になり、生産量も数倍に増加したと言い伝えられている。こうして、旧厳里の塩は一躍有名になり、嚴荘伊《オムゼンィ》の「塩畑《ソコムバッチ》」として名を広めた。

第二章　日本の植民地下での生活

一　先祖と祖父、そして父親

私の先祖が済州島へ都落ちしたのは、前にも話したように、今から五百年も前のことである。私の四代前にあたる曽祖父の姜在龍は、李朝時代の国家試験制度である科挙試験の文科（官）に合格し、一八九〇年三月、通訓大夫司憲府・観察に任ぜられている。当時の李朝政府は、現代のような三権分立がなされていなかった。司憲府の観察という地位は、裁判官と検事を兼任する、絶大なる権限を持った法務官僚であり、地方長官と同格の権力をもっていた。

姜在龍には二人の息子がおり、長男の方が私の祖父の姜基五であった。姜基五も、同じく科挙試験で武科（官）に合格し、一八九三年四月には、先達という武官の地位にあった。姜基五は、武術で科挙試験に挑戦するために専用の弓射場《クッブシャジャン》をもっていた。この弓射場は、七〇メートルも離れた先から矢を射る修練をする場所であったといわれている。そして、馬術の修練を、村の一部と隣村をまたいで十万坪もある、八百年前に元（蒙古）軍が侵略したときの軍事訓練場の跡地「元兵台《ウォンピョンテ》」で行っていた。姜基五は、日本の植民地支配下に入ってからは、旧厳里の初代の区長（里長）に四年間就任した。

済州島に公的教育機関としての教育施設がつくられたのは、一三九二年に李朝王が儒教政策によって、済州市に郷校を設立したのが最初である。一六六八年に橘林書院、一七〇二年には三姓祀の教育機関、そして、一七三六年に三泉書堂が設立され、これらは島の教育において中心的な役割を果した。しかし、公的教育施設は数が限られて

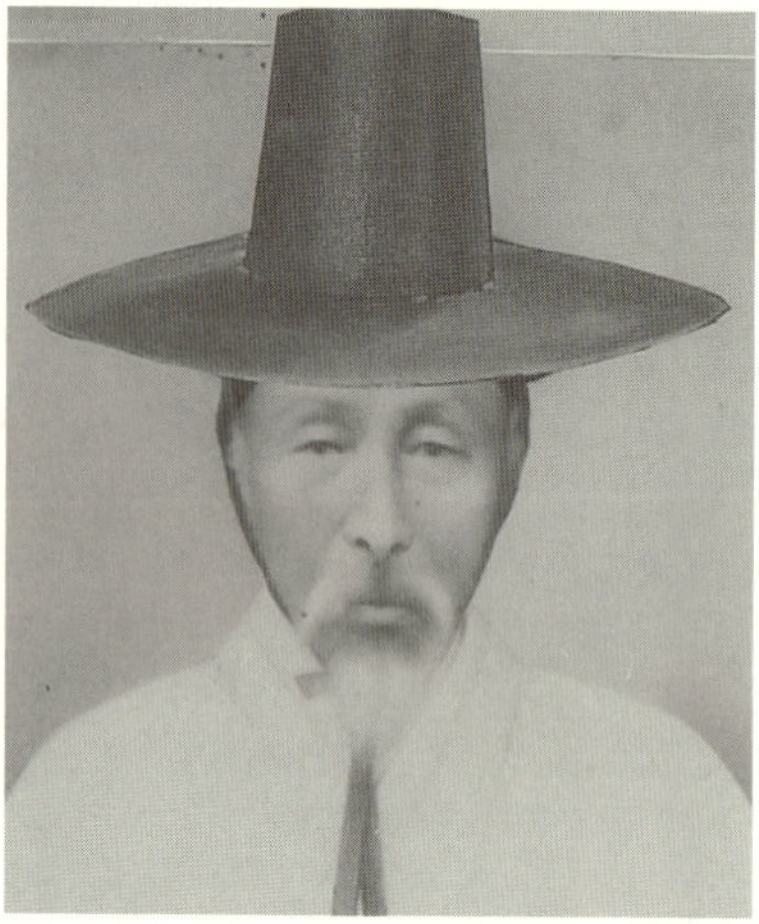

祖父・姜基五（1867年2月6日～1934年3月8日）

おり、入門者も特権階級に属した子弟が中心であったことから、自然に各地で私設書堂が誕生していった。そこでは、中央政府内での対立によって流刑に処せられ、済州島に入ってきた政客や学者が、その地元の子弟に教育を施していた。

涯月邑にかぎって言えば、先にふれた、金萬希と姜哲の二人が中心的役割をした人物であった。ここでいう教育とは、儒学（朱子学）や儒教文化、武術などを総合したものをいう。のちに書堂（寺小屋式教育）が誕生すると、儒学の基礎教育として、千字文、童蒙先習《トンモンソンジュ》、四学《サハク》、明心寶鑑《ミョンシンモウカム》などの講読と習字が必修科目となった。旧厳里で書堂が開設されたのは、一八六一年からであると言われている。書堂は、行政機関に届出る必要はなく、私設で訓長という資格のある人が塾長となって生活の手段としていたようである。

村の住民はそのほとんどが農業で生計を立てていたが、一部に兼業農家もおり、それらの人たちは、漁業や塩の生産などに従事しているものが多かった。

一九〇八（明治四一）年、改正私立学校令に基づき、近隣地域の子弟に近代的教育の場を提供するための学校建設がなされた。このとき姜基五は、白昌由、成呂興ら多数の出資者と協力し、一九二二年六月、済州島では初めて財団法人私立日新学校の認可を取得した。この学校は、一九二三年四月一日に開校したが、当時、道全体でみても、近代的な学校はきわめてまれで、莞島薬山学校と済州島の私立日新学校がもっとも初期のものであった。祖父は、学校の建設に貢献したとして、一九二三年四月一日に、私立日新学校期成会（現在の学校教育会）初代会長に選出され、一九三三年三月に亡くなるまで十年間会長職にあった。この学校は、のちの一九三九年六月一日に、旧嚴公立尋常小学校へ引継がれていくことになる。

姜基五には、五男と三女の八人の子供がおり、私の父はその四男である。祖母の康貴伊は、八人目の末娘を生んだあと、産後の経過が悪く、それが原因で治療の甲斐なく他界した。祖父には、手伝いの家政婦はいたものの、八人の子供を抱える母親の役割はできない、ということで再婚をした。その頃、父はまだ七才で、新しく家に来た継母に反抗ばかりしていた。そして、漢文書堂へもまじめに行かず、また書堂へ行っても喧嘩ばかりして先生を困らせていたという。父は、継母にたいする反抗から不良少年となっていき、村では「喧嘩とり」と言われるようになってしまった。誰からとなく「蜂」だとか「蜂の巣《ボルトン》」だとかの異名の渾名《あだな》をつけられ、周囲の人は近寄るのをさけていた。父は、家に帰ると親に反抗し外へ出ると喧嘩でうっぷんをはらすことで自分の心にある感情をコントロールしていたのだという。

父・姜尚現（1901年3月14日～1968年2月27日）

とはいえ、祖父は、このような状態を放置するわけにはいかなかった。一五才になった一九一七（大正六）年三月に、父は隣村の水山里の姜氏に養子として行かされることになった。これは、さすがに父もショックだったらしい。何しろ、大勢の兄弟のなかで賑やかな生活をしていた家から突然に引き離されて、孤独な環境の世界へ転落したのであるから無理もない話であった。

父は結局、実家へ戻ってきてしまった。父の養子先は農業で生計を立てていたが、父からしてみれば、会ったこともない親族へ養子として行かされ、ましてや畑仕事など、不慣れなことをやらされては辛抱できるはずもなかった。

祖父は、仕方がなく西帰浦の知人に頼んで大工の見習いの修業を依頼し、父はそこで住込みで働くことになった。幸運なことに、その職

母・宋壬生（1901年2月3日～1981年10月15日）

場は父の性格にあっていたらしく、熱心に働き技術を習得し、二年で一応の大工として認められるようになった。また、その職場には、仕事の関係上、日本人も時々出入りしており、仕事を教えてもらったりしているうちに、父は片言の日本語を覚えるようになっていた。

父が大工の技術を身につけて養子先の水山里へ戻ると、結婚の話が出て一九一八（大正七）年の秋に同じ水山里で宋氏の五人兄弟の一人娘と結婚した。結婚した後も、西帰浦へ行っては、大工の仕事を手伝ったりしていたが、そこへ出入りしている日本人から、日本へ行くと給料も多くもらえるから一緒に行かないかと誘われた。父はもともと冒険心が強い性格であり、養子先から早く離れたかったので、その話を渡りに船と思い承知した。

当時、日本人は、植民地下にある朝鮮で低賃金労働者を募集しており、父のように大工の技術をもった人はもっとも必要とされていた。こうして、一九一九（大正八）年三月に、父は大阪へ渡ったのである。一緒に連れて来た人と作業所でしばらくは大工の仕事をしていたが、もっと賃金の高い銘木の分野で床柱の磨きをやるようになった。父は、大阪の仕事場にいる親方の指示にしたがって山へ入り、原木を探して、現場で加工する仕事につくことになり、最初は、山口県の萩に行った。山に入って銘木となる原木を探し、それを伐採しては作業所まで運んでくるのであるが、それは一人でできることではない。そこで、メンバーを組んでやらなければならない。原木は、荒削りをして大阪へ送る場合と、そこの作業所で仕上げる場合とがあったようである。

萩には余り長くはいなかったとのことだが、次に鳥取県の鳥取市へ移る頃には、父は仕事も達者になり、先輩から仕事を任されるようになっていた。時代が変わって、現在の床柱は合板であるが、当時の床柱は、その家の風格を表すものであった。家の大切なところに床の間を作り、床柱が家の価値判断の基準だったと、父から聞かされたものである。

鳥取では、山あいの河内川沿いに、馬小屋のような場所を借りて作業所にしていた。最初は、そこで相棒と一緒に寝泊りしながら仕事をし、仕上がった床柱を大阪の親方の営業所へ納めていた。仕事が軌道に乗り、金も蓄えができたので、父は親方に休みをもらって、故郷で待っている家族を迎えに行った。

二　生と死と

一九二〇（大正九）年三月、父が故郷へ帰り母に会った時には、姉の昌善が生まれていた。父は、祖父に養子縁組の解消を願い出て、水山里の養父にも再びこの家には帰らないことを告げ、母を連れて日本に帰ってきてしまった。いつの時代でも、ひとたび養子として縁組をすると、それを解消することは簡単な問題ではない。祖父は、この問題で大変な苦労をしたはずである。

とはいえ、それからの父は、養子に行く前のように晴々とした気持ちになり、大阪へ戻って数年後には父の兄弟や親族を大阪へ呼び寄せるようになり、父のほとんどの親族が大阪へ渡って来るようになった。のちに、祖父も大阪へ旅行のためにやってきている。

父は母を連れて鳥取市の作業所へ戻ると、済州島へ行く前に借りてあった作業所の近くの一軒屋に住まわせた。鳥取での生活は、言葉に多少の不自由はあったものの、時間とともに慣れて来て、これという問題もなく、仕事も順調に進んでいた。父は、母を連れて鳥取に来てからは、冬でも作業所のなかで一生懸命仕事をしていた。

一九二一（大正一〇）年五月、長男が生まれたが、二十日で亡くなるという悲しい出来事になってしまった。父が暮らしていた地域の住民は一本の井戸水で生活をしており、子供のオシメなどの洗濯は、二百メートルほど離れた河内川まで行ってすることになっていた。この地域は、山と海に挟まれた狭い地域で、河内川は流れが早く、うっかりすると洗濯物が流される場合があり、いつも注意をして洗っていた。

その日、たまたま母が川で洗濯をして帰ると、赤ん坊は火がついたように泣きつづけており、抱き寄せると、へそからは血がふきだしていた。驚いて赤ん坊を抱き、町へ向かって走ったが、右往左往しているうちに亡くなってしまった。

子供が亡くなってから三日後、たまたま、以前その家に住んでいた女の人が来て、何か探しものがあるとか言い、畳の下から何か「札《ふだ》」のようなものを持って帰ったという。母は言葉が上手ではないので、それが何かは、尋ねることができなかったとのことである。母は、何かの呪《まじな》いだと信じ込み、気持ちが悪くなって、ここで住むのは嫌だと父に話した。そこで、一家は間もなく大阪へ引っ越して行くことになった。

一九二一（大正一〇）年七月に、家族と大阪へ移った。大阪の親方と相談の結果、女でも生活の足しにできる仕事が見つかるまで、一時親方のところで厄介になることにした。だが、母は親方のところで世話になるのが心苦しいので、三才の姉を親方のところに預けて、大阪市内の紡績工場で、半年近く女工として働いていたらしい。その間、父は仕事の都合上、鳥取の仕事の整理をする方向で大阪の親方のところへ行き、相談していた。親方は了承してくれた。そればかりか、母に自立した仕事をさせたいという希望もかなえられ、親方が保証人となって大阪市内の浪速区日本橋に広い二階建ての家を借りることができた。そこの一部を修理して二階を下宿屋にし、一階を住居とすることになったのである。こうして、一九二二（大正一一）年一〇月頃、母はそれまでの仕事をやめて、下宿屋を開業した。

その当時、朝鮮から仕事先を求めて大阪へ渡って来る人が日増しに増えており、統計によれば、一九二二年一二月当時で、在日同胞の数が五万九千七百人にまで達していた。済州島からも日本へ渡って来る人が増加しており、一九二三（大正一二）年二月に、済州島―大阪間の定期路が朝鮮郵船と尼崎郵船の両社による提携で開通した。この定期航路の開通で、済州島から大阪へ渡って来る人が、さらに急速に増加していった。私の故郷からも、親族や村の人たちが大阪へ渡って来て母の下宿屋に泊まるようになり、なかには、仕事を探す人だけでなく、旅行者として渡って来る人もみられるようになった。もちろん、これらの人たちは、つてを頼りに渡って来る。先に来た人たちが後から来る人の面倒を、順々にみていくということで、このような人たちは、たがいによく世話をしあっていた。

しかし、この大量渡航には二つの矛盾があった。第一の矛盾は、経済的な問題である。というのも、せっかく航路が開いたところで、すでに、一九二〇年代の日本では、工場閉鎖や労働者の賃金引下げ、不払いなどが起こっていた。第一次大戦が終わったあと、ヨーロッパからの軍需景気の風は、急激に冷え込んでいたのである。

第二の矛盾は、政策上の問題であり、日本政府がまさしくこの景気の冷え込みという問題を打開するために、朝鮮から低賃金労働者を投入して工場の閉鎖を防ごうとしていたことである。そのため、政府は朝鮮から日本への渡航制限を撤廃し、ますます多くの朝鮮人が、日本に渡ってきた。

こうして、日本にやってきた人たちは、きわめて低い賃金で働かなければならなかった。特に大阪にかぎって言うならば、就職先は従業員三〇人以下の零細企業がほとんどで、東成区、生野区には低賃金労働者が集中した。これが、のちに東成区中本方面、東小橋町の一部（通称朝鮮町）、および生野区鶴橋、猪飼野町の一部（通称猪飼野）、といったかたちで、朝鮮人労働者の街が形成されていく一帯であり、今日の町並みにも、その名残が色濃く残っている。

とはいえ、たとえ低賃金でも、仕事を見つけられる人は、まだ幸運であった。この時期は極度の生活難、住宅難によって市民生活は困窮していた。なかでも朝鮮人は失業に喘いでおり、済州島より渡って来た者がきわめて多かった。日本での生活は苦しいが、帰るべき故郷は、より厳しい慢性的不況下にあり、多くが失業者として大阪市内にとどまることを余儀なくされた。阪神地方には、日本全国から失業した朝鮮人が流入し、彼らが大阪の零細企業の労働市場における重要な部分、つまりパート・タイマー的な役割を果たすことによって、地域の零細経営にプラスの要因をもたらしていた。

こうした状況のもと、大阪へ渡ってきた人たちのなかには、私の母が経営する下宿屋に泊まりながら、下宿代を払えない人が出てきて、それは次第に増えていった。下宿といってももちろん食事付きなので、下宿代金が回収できなくなるに従って、経営は苦しくなって行った。

この時期、日本では、一般的に朝鮮人に対する民族差別的な意識が強く、賃金も日本人よりかなり低かった。日本へ渡ってきた朝鮮人たちは、収入は低いが、お互いを助け合いの精神によって支え、困窮した生活を克服していったのである。また、こうした連帯意識が、さらに強められるきっかけとなったのは、不幸なことに、一九二三（大正一二）年九月一日に起こった関東大震災であった。このときのパニックに乗じて、「朝鮮人が井戸に毒を入れた」といった悪質なデマが流され、じつに六千人以上の朝鮮人が虐殺された。それ以後は、朝鮮人が日本で生きていく上での不安はますます強くなり、それゆえ、必然的に朝鮮人のあいだで相互扶助と団結の精神が芽生えて発展していった。だが、同時にこの事件は、在日同胞のあいだだけでなく、朝鮮人に理解のある日本人とも積極的に協力しあい、自己の生存権を守るための労働運動に参加していくことへもつながっていった。こうしたことを裏付けるかのように、一九二五（大正一四）年二月三日付「愛媛新報」に掲載された解説記事には、「鮮人はなかなか勤勉であって団結心にも富み相互扶助もやっているのだ、鮮人が団結心に富むということは当局者に最も恐れられている点である」と書かれている。

父は、作業所を、鳥取から富山県を経由して一九二六（大正一五）年の夏に石川県金沢市へ移転し、大阪と金沢を交互に行き来していた。同じ年の七月に私の兄である昌友が生まれたが、母はお産をする日まで下宿屋の仕事をし、産後も二日目から下宿の仕事をしたとのことである。下宿屋の仕事は大変で、人を使っていても安心できなかったようである。

一九二七年（昭和二年）四月には、祖父の還暦を記念して、大阪旅行をしてもらうことになった。父の兄弟たちが旅行案内をし、祖父は二週間ほど滞在して、記念写真をとって帰ることができた。父の兄弟は、五男三女であるが、長男は一九二〇（大正九）年七月に、済州島で流行した伝染病コレラで亡くなった。次男は家を守るかたわら、大阪への旅行などをしていた。三男は大阪に滞在中、市電に乗っている時に、誤って道路に落ち、そのけががもとで亡くなった。父は四男で、祖父が水山里の姜氏に養子として縁組を交わしていたが、一九三〇年（昭和五年）二月二五日付で原籍に復籍していた。もっとも、そもそもこの縁組は、実態をともなっていない形式的なものであった。残った五男は日本で父と絶えず連絡を取り合って生活しており、一方、父の姉たちの家族も大阪でなんとか生活していたようである。

三　ウォール街と私の出生

私は、一九二九年（昭和四）一月一一日に石川県金沢市で生まれた。この年は、ウォール街から始まる世界大恐慌の年であった。私が生まれる半年ほど前まで、すでに述べたが、母は大阪で下宿屋を経営していた。その当時の父は、仕事で大阪の親方に会いに来るときには、友だちと毎日飲み歩き、仕事場の金沢になかなか帰らないこともたびたびであったようである。この時期は不況が長らく続いているさなかで、朝鮮人の失業者は日増しに増加しており、先にものべたように、大阪にいる朝鮮人労働者の約半数近くは失業者か半失業者であった。母の話によると、公園で野宿している人もかなりいたとのことであるから、大変悲惨な状態にあったようである。

それでも済州島から出稼ぎに大阪へ渡って来る人はあとを絶たなかった。やってきたところで、彼らが就職できるのはせいぜい日雇かパートがほとんどで、正社員としての就職は至難の業であった。このような厳しい状況でも、人びとは、知人の紹介などを頼り、必死に仕事を求めて、それまでのあいだ母の下宿屋で待つのであるが、これらの人のなかには準備して来た予備金を使い果たし、無一文になってしまう人が多かった。もし仕事にありついても、明日がどうなるのか不安定な状況にあり、結局は、下宿代の未払いが精算されるかどうかは怪しかったのである。こうして、母の下宿屋に泊まったまま居座る人が出るようになり、下宿代の貸倒れが多くなってきて経営も限界に達していた。貧すれば鈍すると言うが、なかには、酒を飲む金はあっても下宿代を払わない人まで出て来て、女の手一つではどうする事もできなくなっていった。

そして、ある日のこと、そのような事態を心配した親族が、悪質な下宿者に下宿代の支払いを強くせまり、それが原因で暴力沙汰にまでいたる騒ぎとなってしまったのである。母は、年が若かったせいもあって、騒ぎが起こってからは、大阪での下宿屋の仕事にすっかり嫌気がさしてしまい、商売をたたんでしまった。

こうして、一家は、一九二八年（昭和三年）の初夏に、父の仕事場である金沢市へ引っ越して来た。金沢市は、石川県の中心地であり、北陸でも中核的な都市である。この地域は、一向宗の信仰がさかんで、一五四六年（天正一五年）に本願寺の別院である尾山御坊が創建されており、一向徒衆の根拠地として百年近くも加賀地方一帯は宗教政治の支配下にあった。その後は、一五八〇年（天正八年）に佐久間盛政が御坊を政略して、尾山城を築き、一五八三年（天正一一年）に前田利家が加賀と能登を合わせて百万石とし、三百年にもわたって城下町として発展していった。

また、石川県下にある能登の福浦港は、七世紀から九世紀初期にかけて渤海国との交流が行われた地域である。現在でいう貿易商館にあたる能登客院が置かれ、貿易が盛んに行われたと言われており、現在は外浦海岸の漁港として栄えている。渤海国とは、西暦六六八年、高句麗滅亡の五十年後に、大祚栄が高句麗遺民を指揮して唐軍を破り、震《シン》国を建国して国号を渤海国と改めて以来、二百年間も、朝鮮半島から中国の一部とシベリヤの一部まで支配していた王国のことである。この渤海国が、日本と貿易を通じて外交関係を結んだ場所が、地理的条件から日本海に面した能登半島という地だったのである。

この地域の山林からは、良質の材木が採れた。これらは耐温性や弾力性、木目の美しさなどの長所を備えており、床柱や欄間《らんま》などの材料として非常に適していた。

金沢市内はいくつかの川が流れている。私が生まれた地域は、犀川の流域、天神橋近くにある天理教の寺の隣で、一家は、大阪の一件があったあと、そこに小さな家を借りて引っ越して来たのであった。お寺といっても、当時の天理教のお寺は一般の家より少し大きい程度であった。この地、金沢は先に述べたように、古くから仏教勢力の強い地域で、新興宗教の入り込む余地は小さかったようである。

私が出生した犀川（金沢市）流域、天神橋

日本海に面した金沢は寒い地域であるが、母は以前に鳥取でも同じ寒さを経験していたので別に苦にならなかったという。唯一、困るのは父が仕事の関係で大阪の親方に会いに行っては、親族や友達と飲み歩きをして、何日も帰ってこないことである。母にとって見知らぬ土地へ来て女の手一つで家を守ることは大変なことであった。

私がこの地で生まれたとき、姉は九才、兄は三才であった。姉と兄は隣のお寺の前でよく遊んでいたので、その様子を見ていたお寺の住職夫婦は、大変可愛がってくれたらしい。そこで、子供たちを通じて、母はその寺の住職とも知り合いとなった。言葉があまり上手でない母にも親切にしてくれる住職夫婦と交流しているうちに、母は、いつの間にかそのお寺の天理教信者となっていた。大阪から金沢へ引っ越してからは知り合いもいなく、孤独な毎日をいやしてくれる天理教は、母にとって天の助けとも思われたのであった。

ただ、住職夫婦には子供がおらず、まだ小さい私の姉を養女に欲しいと余り熱心に頼むので、それには母も困ってしまったようである。住職夫婦は五十代の半ばに達しており、子供が欲しいとの切実な願いがあった。姉も弟を連れ、気安く遊びに行ってはお菓子などをもらって帰り、お寺の住職夫婦にはよくなついていたようであったので、なおさら情がうつってしまったらしい。しかし、母にしてみれば、親しい住職夫婦からいくら頼まれても、わが子を手放すわけにはいかなかった。

金沢で私が生まれて半年後の夏のある日、兄が事故によって怪我をした。そのとき背中に受けた打撲傷が原因で、兄の脊椎はしだいに変形していった。怪我をした当初は、それほど深刻には考えていなかったが、だんだんと背中が曲がって行くので、事態は深刻だとわかった。町の医者のところで治療を受けたが、この地域での治療は無理だということがわかり、大阪市内の大きな病院で治療を受けることになった。

四　大阪への引越し

ちょうどそのころ、父は親方から、金沢より大阪へ帰るように勧められていた。その矢先だったので、家を整理して大阪へ引き揚げていくことになった。金沢で、約三年間親切にしてくれた天理教の住職夫婦との別れは辛かったが、母としても子供の病気を早くなおしたい一心で必死であったし、そもそも、父の仕事の都合である以上やむをえなかった。

こうして、一九三一年五月に、以前に大阪で下宿屋をやっていた近くの浪速区恵比寿町へ、一軒屋を借りて引っ越したのである。母は大阪を離れ金沢で暮していた約三年の間に、故郷から親族や知人たちが多数大阪へ来ていることを父を通じて知ってはいた。しかし、いざ直接会えるようになって、そのことが何よりも嬉しかったようである。

父は、病気の兄を大阪市内の大きな病院へ連れて行って治療をうけさせたが、結果ははかばかしくなかった。医師は、外傷性脊椎損傷が原因であるとしていたが、結局のところ当時の医学の水準では、原因を説明できなかった。成長とともに背中が曲って行く状態は、両親がどれほど悩んでも、解決する方法がなかったのである。

大阪へ戻ってからの生活は、まさしく一家団欒《だんらん》とでもいうべきもので、姉は私たち兄弟を連れて、大阪の新世界や、夜店などへよく行ったとのことである。姉は、学校から帰ると私の子守をやりながら、家の雑用もこなしていた。しかし、忙しいなかでも、私をとてもかわいがってくれた。たまたまある日、私を連れて歩きながら夜店で何かを買ったときに、輪ゴムを私の左手にはめたまま家に帰り、はずすのを忘れたことがあった。翌日になって、私の左手が腫れているのに、みなが気づいた。母が驚いて、私の左手にくい込んだ輪ゴムを取り除き、はれ上がった部分を冷やしたりして処理した。その輪ゴムの跡は今も私の左手首に残っていて、いわば当時の記念のようになっている。

私たち一家は、さまざまなトラブルに見舞われながらも、どうにか日本で安定した生活を営むことができていた。しかし、全般としては、在日同胞の生活は非常に苦しいものであった。ウォール街の株の暴落からはじまったアメリカの不況は、世界的な経済恐怖にまで発展していた。慢性的な不況にあえいでいる日本にも、それはもろに波及し、その影響は最終的に日本にいる朝鮮人労働者にも転嫁《てんか》されていった。賃金の引下げ、賃金の不払いなどが強行され、ただでさえ苦しい在日朝鮮人の生活はさらに圧迫されていった。

大阪市の在日朝鮮人は済州島出身者が半分をしめており、特に東成区、生野区に集中していた。大阪市社会部調査課による「鶴橋、中本方面における居住者の生活状況」（社会部報告八四号、一九二八年）によれば、「極度の生活難と住宅難によって市民の多くは市内より止むなく郊外へ押出さざるに及び……しかも排水設備は完備せず、低地のことで大雨いたれば常に家屋に浸水し、保健衛生上、面白からざる状態にあった」という。この地域は従業員三〇人未満の工場が集中しており、まるで零細的な工場地帯の典型であった。

一九三〇年（昭和五年）一二月時点の在日同胞の総数は、二九万八〇〇〇人であったのに対し、大阪市の在留同胞の数は七万七〇〇〇人であり、そのうちの三万人は済州島出身者だった。生野区の通称「朝鮮町」、「猪飼野」や鶴橋、東成区の中本町は済州島出身者が、特に密集している地域であった。その他にも、東淀川区や西成区、港区にもバラック、掘立小屋など、大阪のスラム街以下の住居が集団的に点在している地域があった。これらの地域の同胞労働者は、想像を絶する低賃金と、重労働を強いられていた。そもそも、大阪市全体でも、不況による失業者が増加しており、労働者の一八パーセントが失業者であった。大阪の人の約五人に一人は失業者だったのである。

このような不況のなか、一九三二（昭和七）年一二月、弟の昌実が大阪の恵比寿町で生まれた。私が三歳のときだった。父が金沢市から大阪へ住居を移した当時、恵比寿町周辺は、親族や村の人たちが結構の数が住みついていて、何かと助け合いができた。父は、あいかわらず床柱の親方のところで働いていたが、以前と違って山へ原木の伐材には行かず、仕事を請負方式に切換えていた。そのため、村から来た朴太丁という男と組んでかなりの能率を上げ、収入も結構よく、ほとんど毎晩のように飲み歩いていたとのことである。

五　定期航路と故郷への道

（一）済州島と大阪の定期航路

先に述べたように、世界経済恐慌の嵐が吹くさなか、街には失業者があふれていた。国内の企業は植民地からの低賃金労働者を積極的に投入して倒産の危機を切り抜けようとしていた。済州島からも日本への渡航者が急速に増加してきたので、一九二三（大正一二）年二月からは朝鮮郵船と尼ヶ崎郵船の両社によって済州島と大阪間に定期航路が開設され、君が代丸が就航し運行をはじめた。

定期航路が開始されたはじめのころは、乗船者にとって唯一の直行便となっているから、利便性もあり大変に歓迎されていた。ところが、利用者が増加するにしたがって船賃がだんだんと高くなっていった。この定期航路は前記二社の提携による、事実上の独占事業であった。そこで、船賃を上げるのも自由であり、最終的に、船賃は一二円五〇銭まで値上げされた。これは、この当時の労働賃金の約半月分に相当する金額であるからして、あまりにも高いとの声が広がっていった。

こうした島民の声を代表して、一九二八年（昭和三年）四月、大阪在住の済州島出身の有志らによって、済州島民大会が大阪天王寺公園で開催された。この大会で代表に文昌来（涯月面出身）、金達俊らが選出され、大会の決議に従って、済州島と大阪間の定期航路を独占している朝鮮郵船と尼ヶ崎汽船の両社に対し、船賃の値下げが要求されたが、拒絶された。

同年の一二月には、済州島の社会運動家である高順欽（翰林面出身）らが企業同盟汽船部を組織し、北海道郵船会社所有の第二北海丸を傭船して運航を開始したが、資金不足をきたし中途で頓挫した。これは、有志たちから出資金を募ったものの、それが思うように集まらず、経営難におちいったことが原因であった。

一方、一九二八（昭和三）年四月の済州島民大会で選出された文昌来らは、済州通航組合準備委員会を組織し、安い船賃で故郷を往来できるよう「われらは吾等《われら》の船で」をスローガンに広範な大衆運動を展開し始めた。この運動は、なかなかの効果をあげ、関西地方の済州島出身者が結集してきた。

（二）東亜通航組合の結成

一九三〇（昭和五）年四月二一日には、済州通航組合の準備委員会で組合の名称を東亜通航組合と変更することが決定された。そして同年九月八日、天王寺公会堂で、東亜通航組合の結成大会が、代議員一五〇人と傍聴者一千余人の出席のもと開催された。警官が臨席し監視の目が光るなかで、司会者であった金達俊の開会宣言で始まり、議長文昌来、副議長玄吉弘、玄錫憲、書記金達俊、金東仁、成子善らが臨時執行部に選出され、経過報告が行われた。

議事ではいくつかの議案が承認されたが、そのなかでも婦人部組織の件、済州共済組合撲滅の件、船賃に関する件などが重要な案件として討議された。最終的に、役員として、組合長文昌来、副組合長金達俊、済州出張所長洪淳寧、理事高永吉ら七〇人が選出されて閉会となった。こうして結成された組合によって、一世帯につき五円の基金カンパ活動が展開され、一ヶ月の間に金六千円の基金が集められた。この基金をもとにして、北海道にある成田商会所有の蛟龍丸三千トンがチャーターされ、組合の事務所を浪速区立葉町に置いて活動をはじめた。

こうした経緯で、新しく出発した組合は、すでに運航している大手船会社側の朝鮮郵船と尼ヶ崎汽船に対抗して、船賃を六円五〇銭とした。そのため、船客の奪い合いの競争は激化した。大手会社側は一二円だった現行の船賃を一挙に三円にまで値下げて対抗してきた。組合側は「一時の安い船賃にだまされるな」などのスローガンを立て、同胞たちも組合の船、蛟龍丸に船賃六円五〇銭を払って乗船したという。大阪には済州島出身者が三万人以上も在留しており、その他に兵庫、京都など関西地方だけでもかなりの数になっていた。彼等は自らの力で東亜通航組合という立派な船会社を設立したことが何よりも誇りであり、郷土愛に燃える熱情をかきたてていたのである。

貧しい出稼ぎ労働者が多い大阪で、済州島出身者がこぞって組合員となり、出資金一口に対し五円を一万二千口の六万円を集める、という計画の実現は容易ではなかった。だが、このような困難な時にこそ「われらは吾等の船で」のスローガンに共感し、済州と大阪間の月二回の往復に毎回、定員を超える客数の運航ができた。こうして、成田商会とのチャーター契約期間である一九三〇（昭和五）年一一月から一九三一（昭和六）年三月までの五ヶ月間の運航は無事に終了したのである。

この大きな成果をもって、一九三一（昭和六）年四月二六日には、東亜通航組合の第二回定期大会が天王寺公会堂で開催された。この大会で新しく組合長玄吉弘の他、新執行部が選出された。新しい執行部は今までの経験を総括し、組合が得た経験をもとに、組合が自らの船を所有して運航する計画案を発表し、これを決議したのである。ところが、これを知った警察当局は、組合が船を購入するのを妨害するために東亜通航組合本部を襲撃し、役員多数を逮捕してしまった。

このような情勢のなか、組合は船を購入する運動を非合法的に展開したが、予定の金額の半分にあたる二万六千円しか集めることができなかった。そのため不足金二万四千円を借入れて五万円にし、これを船舶購入の準備金にした。組合の役員は、数ヶ所の船会社と交渉を重ねたが、そのつど特高警察当局の妨害にあって失敗をした。ところが、たまたま同年九月二日に、北日本汽船会社所有の伏木丸と運よく契約が成立した。この時も、役員たちが帰りぎわに特高警察によって逮捕されたが、それにもめげずに、同年一一月一二日に伏木丸（水量一万三千余トン、定員八百人乗り、英国製）が大阪港に曳航されてくると、一千余人の組合員が出席する盛大なる祝賀会が催された。

こうして伏木丸は、同年一二月一日に大勢の客を乗せて大阪港を出港し、済州島の各港をまわっていくが、一二月六日に、旧左面細花里港の沖で座礁し、乗客百七十人を他船に救助されるという事故が起きてしまった。しかし、同胞の熱意と協力によって船体は無事修復され、一九三二年一月二日には再び就航し、それからは毎月二回、乗客を乗せて済州と大阪間を往復した。だが、不幸なことに航海技術と経験不足から、二回目の座礁をし、修理費など二万六千円の負債を背負ってしまった。

(三) 組合の地盤拡大運動

大阪地域の済州出身者が、このような困難を乗りこえるためには、東亜通航組合の地盤を固める必要があった。そこで、大阪地域同胞の生活にまで立入っていくかたちの、相互扶助活動が展開されていった。一九三一(昭和六)年三月に新村里消費組合を結成、同じ三月に阪神消費組合を結成、そして八月には住吉消費組合が結成された。この消費組合活動は、大衆の中に根をはった活動で、東亜通航組合活動と連動して広範な運動を展開していった。

さらに、東亜通航組合は済州青年同盟とも提携をしていった。金達俊、姜昌輔らが済州島農民要求闘争同盟を結び、東亜通航組合のなかに、その指導部を置いたのである。済州青年同盟では、旧左社会民衆運動協議会と大阪旧左青年連合会とが運動に一定の役割をはたした。この運動の一環として、一九三二(昭和七)年一月には、済州島海女八百人による搾取反対闘争のストが起こった。

このような雰囲気のなか、一九三二年五月二七日に東亜通航組合の第三回定期大会が天王寺公会堂で開催された。議長玄吉弘、副議長金東仁、さらに代議員四九〇人が出席したが、金達俊、金瑞玉他五十人の幹部が逮捕され、済州島からの代議員八人も警察の妨害で参加できなかったのは残念であった。

一九二八（昭和三）年から一九三一（昭和六）年のあいだに済州島より大阪港へ出入りした朝鮮人の八〇パーセントは済州島出身者が占めており、その数は、毎年二万人以上にのぼっている。「済州島税関出張所調査統計」によると、一九二八（昭和三）年に、済州島から大阪へ渡った人数は、一万八一五三人であるのにたいし、同じ年に大阪から済州島へ帰った人数は一万六六五四一人。一九二九（昭和四）年に済州島から大阪へ渡った人数は、二万一千九七四人であるのにたいし、大阪から済州島へ渡った人数は一万九九六二人。一九三〇（昭和五）年に済州島から大阪へ渡った人数は、二万六四三人であるのにたいし、大阪から済州島へ帰った人数は二万五四三四人。一九三一（昭和六）年に済州島から大阪へ渡った人数は、二万二四四七人であるのにたいし、大阪から済州島へ帰った人数は二万一五〇人となっている。（司法研究一七号）

とはいえ、運動をとりまく厳しい状況のなか、組合の方向性も、困難な選択をせまられるようになっていた。東亜通航組合の役員のなかでも、金達俊、洪南錫、張斗煥らは、組合から日本労働組合全国協議会（略称、全協）の活動資金としての財源を捻出しようとしていた。一方、一九三二（昭和七）年五月三〇日に済州島より大阪へ渡って来た韓相鎬、金成敦らは、全協系朝鮮人と秘密裡に協議して「済州島海女事件犠牲者救援協議会」を組織していた。同年八月には、組合から、反帝大阪地方委員会に五五人が集団加入するなど、組合内部が分裂状態へと陥っていった。

執行部は組合の財政難を打開するために、合資会社東亜商会を設立する準備委員会を開いて利益追求の方向へ転換する必要性を討議した。つまり、「東亜通航組合を階級闘争団体より純営利経営団体に解消すべしとする意見が有力を占むるに至」（特高月報、一九三三年二月分）ったのである。

こうして、一九三三（昭和八）年二月一五日、大阪市岡会館において東亜通航組合臨時大会が代議員二八三人の出席のもと開催された。議事に入って組合が経営において利益を追求する方向へ転換する件で討議を行った結果、無記名投票に入り、二五一対九一で執行部の経済団体への方向転換が原案通り可決された。同年六月には、再び東亜通航組合臨時大会が開催され、新しく組合長洪在栄を選出し、営利団体として出発することになった。

その後、一九三四（昭和九）年一月には、組合が経営不振に落ちたため、組合の臨時大会が開催され、組合の解散問題が討議された。その結果、伏木丸を売却して負債の整理に充当することとなった。一九三五（昭和一〇）年には組合員も一千人にまで激減し、組合は実質的には解散にいたったのである。

第三章　幼年時代

一　伏木丸《ボクモクファン》に乗って故郷へ

(一) 書堂への入門

一九三三(昭和八)年の夏、私が四才の時である。父は、祖父からの命により、私に故郷で民族教育を受けさせるため、姉を大阪の親族に残して、私たち家族とともに伏木丸に乗って祖父のもとへ帰ってきた。祖父は、前にもふれたように地域の私立学校に関係しており、孫が日本で日本の学校へ行き、日本人化してしまうことを案じて私たちを故郷へ呼び寄せたのである。

父と祖父との間で話が通じていたのか、住居用の敷地が祖父の家の近くに用意してあったようで、故郷へ帰った翌日には建築が着工された。そのあいだ、私たちは祖父の家の一棟に住むことになった。祖父の家は広大な敷地と畑を所有していた。家屋は六棟からなり、各棟が母屋と二棟ずつペアになっている。中央棟の母屋は祖父母が住み、入口の家は相続者となる伯父の家族が住んでいた。その隣は小さな果樹園と庭があり果樹園をはさんで隣の母屋も伯父の家族が住んでおり、その入口の一棟が私たちの臨時の住まいとなった。各棟のペアごとに石垣で囲んであるが、なかから通行ができるようになっていて、私は従弟の昌来とこの広場で遊んだりした。昌来は私より半年年下であるが、彼は、ここは全部自分の家だ、などと主張し傲慢で生意気な、あまりかわいげのない子供であった。私が故郷へ帰ってから祖父に呼ばれたときも、自分の祖父に会わせまいと私の顔をひっかいたりして妨害するので、祖父への挨拶だけで私は家に帰ってしまったことがあった。それ以来、祖父に呼ばれても私は行かなくなった。その翌年の三月頃祖父が病床から孫たちに会いたいと言うので、母に連れられて私達兄弟が会いに行ったのが二回目で、それが祖父との最後の対面となってしまった。

このようなことがあってからは、私は昌来とは遊ばなくなり、私は家を建てている現場でほとんどの時間をつぶすようになった。

私の家を建てる作業は、順調にすすんだ。大人数を集めての工事であったし、父が大工であったこともあり、一ヵ月くらいで母屋が完成していた。もう一棟は未完成のまま引っ越してきたのであるが、それは、父が大阪の親方からの電報で、すぐに大阪へ戻らなければならなかったからである。当時は、田舎には電話がないので急ぎの連絡方法は電報しかなかった。そのため、大阪から電報が来たことは子供ながら大人の会話を聞いて知っていた。父は、私を近くの漢文書堂（寺小屋）へ入門させてから、まもなく大阪へ出発した。あとは母が女の手一つで私たち三人兄弟を育てていかねばならなかった。

私が父につれられて漢文書堂へ入ったのは、四才の時であった。そこには私と同じ年令の子供はいなかった。最初のうちは、書堂へ行くとお菓子をくれるので、書堂へは半分遊びで行っていたが、数日が過ぎると、水筆と板のようなものに、縦と横の線を引く練習を毎日させられた。同じことを毎日繰り返すので、飽きてきて書堂へ行くのがいやになってきたときに、先生がきびしくなって何回も注意するので、私は先生が怖くなってきて、早く家に帰ることを念じるようになった。やっと水筆の練習は終わり、その次は千字文の読み方へと進んだ。

一九三四（昭和九）年三月八日、祖父は病の床についてからまもなく、病状が急変し亡くなった。父も、葬儀のために大阪から帰ってきた。葬式中は、幼い孫は見てはいけないと母に止められ、私たち兄弟は家で遊んでいるように言われた。私は内緒で祖父の野辺送りを見に行った、大勢の人の行列が続いている光景を眺めていた思い出が今も私の脳裏にやきついている。

四月になると、私の家と石垣をはさんで住んでいる文友沢《ムンウッテク》の他数人が書堂に入門してきた。私と同じ年代であり遊び仲間である友達が一緒となったので書堂へ通うのは楽しくなってきた。こうして、漢文書堂での勉強も千字文の課程を修了し、童蒙選集の本を習得しているころで、大変なことが起こった。一九三六（昭和一一）年二月の初めのある日のことだった。その日、先生が復習をしているようにとの指示を残して外出してなかなか帰ってこなかった。先生がいないので、みな勉強をしないで遊んでいた。先輩たちが外から戻ってきて、警察官が書堂の取締りに来ているので、みな家に帰るように、と言って帰ってしまった。私も家に帰り母にその旨を伝えた。ところが、しばらくして、書堂の先生からの使いが来て、書堂へ来るようにとのことだった。そこで私は、友沢と一緒に書堂へ行ったが、先生は酒を飲んでいるようで、酒の臭いがぷんぷんしており機嫌が悪かった。

先生は私たちに「何故、無断で帰ったのか」と詰問した。そして、「本を出して読め」と言った。私たちは、まさか、こんな時になぜ勉強せよという話になるのか、とまどった。先生に、私たちは本を持って来ていませんと答えると、先生は怒りをあらわにした。前に出てズボンをまくれと命じて、書堂に準備している「精神棒」という特殊な笞《ムチ》で打たれた。酒の勢いにまかせてか、力をいれて何回も打たれたのでフクラハギが腫れ激痛がはしった。二人は、痛さをこらえながら書堂を出た。打たれたのは、どうみても教育のためではなく、先生の感情によってであった。私は書堂に約二年半も通って、初めて打たれたのだが、痛さよりも、先輩たちを差しおいて、なぜ私たち二人だけが打たれたのかわからず、鬱憤がおさまらなかった。そこで、家の近くの「アットンサン」と呼ばれていた遊び場のケヤキを思いっきり蹴ったりしてくやしがった。家へ帰ってから母に、もう漢文書堂へは行かない、と訴えると、母にその理由を聞かれた。友沢と二人で先生に打たれた事情を説明すると、話は大きくなり、祖父の弟がこの話を聞き、漢文書堂へのりこんで先生に抗議をして書堂を強制的に閉鎖してしまった。こうして、それ以後、私の村では漢文書堂が再び聞かれたとの話は聞いていない。

父は、私たちを故郷に残して日本へ戻ってからは、二ヶ月の間隔で生活費として手紙の中に現金の紙幣を入れて送ってくれていた。また、年に一回は、休みを利用して私たちのもとへ帰ってきた。母もまた、父からの送金ばかりをあてにしないで農業の仕事をしていた。畑は祖父が亡くなった時の財産の一部として小さな畑が二ヶ所あった。さらに、日本から持ち帰った金で買った畑で、私たちの当面の生活費は何とかなっていたようだった。父から送られてきた金は緊急用の予備金として、どこかにしまって置いているようであった。祖父の財産のほとんどは伯父のものとなっていたが、この財産相続の問題については、父と兄弟の間で、すっきりしていなかったようである。

その当時、私の家系では先祖の法事を五代前まで遡って行なっていた。そこで、母に対しても、祖父の財産を分けたから法事も交代でやるようにと言われていた。しかし、母は、僅かばかりの畑を分け与えておいて法事をやれとは何事かと不満であった。母は、表面上は父がいないことを理由に、法事を引受けられないとして断ったので、これもまた、親族間ですっきりしない問題となっていた。

(二) 祖父の三年忌のこと

朝鮮では、先祖に対し法事をする場合は、無理をしてでも盛大にする習慣がある。そこで、大変な費用がかかり、法事で財産を失くすなどという話も、よく聞かれる話であった。そこで、祖父の「三年忌」の「大祥」が一九三六年三月八日に迫って来ていても、兄弟間でどのように費用を分担するかという問題がくすぶっており、各自が口実をつけて負担を軽くしようとしたため、調整がつかなくなっていた。朝鮮では、李王朝時代の五百年間に渡ってつちかわれてきた儒教思想が民衆の生活の中に根をおろしている。そこで、人が亡くなった場合、ほとんどの葬祭は儒教的な方式で行われる。儒教方式では、人が亡くなった場合、亡くなった年を一年忌と起算し、満一ヶ年が経過すると「二年忌」として「小祥」を行なう。満二ヶ年になると「三年忌」として「大祥」を行い、これによって故人が成仏する思想である。わが姜氏においても、ご多分にもれずに儒教方式で祖父の「三年忌」の大祥を行なうことになったが、それは、かなり大がかりなものとなった。祖父の生前の交際範囲が広いこともあって、大勢の弔問客が見込まれており、その費用も大変な金額となることが予想されていた。そのような中で、父が大阪から帰って来たので、父は伯父から半分近い費用の負担をおしつけられてしまった。

祖父の大祥当日には、涯月面の警察から弔問客に酒を出さないようにとの警告があったようである。それは一九三一（昭和六）年九月に日本の軍部が中国東北地方へ侵略を開始して以来、日本の統治下では、準戦時経済体制が敷かれていたからだ。特に植民地支配下にある朝鮮では、その当時、徹底した倹約令が実施されていた。しかし、喪主の立場としては、はるばると遠くから来ている弔問客に酒なしで返すわけにはいかない。そこで、倹約令に違反しても酒を出すことになった。当日は朝から涯月面にある警察が、弔問客に酒を出しているかどうか監視に来ていた。警察側は酒を出しているのを見て、ただちに中止するように警告をしてきたが無視して酒を出していた。喪主側は、あとで警察に拘留される覚悟ができているから、酒がなくなると隣村の下貴里にある酒工場へ買いに行ったが、そこへは、既に警察から売らないように指令が出されていた。そこで、父の兄弟は協議をして、やむなく涯月面警察の管轄外の翰林面にある酒工場まで行って酒を買ってきて、客に対して、最後まで酒をふるまった。

私は従弟の昌来と二人で遊んでいたが、どこへ行っても座る場所がなかった。家の前の道路の向かい側の畑にも、長いムシロを何十枚か敷いていたので、そこで遊んでいると、そこにも弔問客が案内されて座り出した。午後からは、財団法人私立日新学校の生徒が先生に引率されて大勢が座っているのを見て、祖父が学校に関係があったことを子供ながらに感じた。

こうして、祖父の大祥は無事に終わった。酒を禁じる取締りに違反した件について警察に出頭したところ、警察の説明では、酒の販売を禁じる法律は存在せず、準戦時体制下にあるから倹約のために自粛するように、圧力ではなく「協力」を求めたとの事であり、誰も警察の取調べは受けてはいなかったようである。後日、母が近隣の人たちと話している会話を聞いたところ、大祥にブタ肉を五頭分買ったが、それでも肉が足りなかったらしい。弔問客は、済州島の全域から来ていたとのことであった。

二　小学校時代

(一) 蜂の巣《ボルツトン》の息子《アドル》

私は、一九三六(昭和一一)年四月に財団法人私立日新学校に入学した。祖父は、私をこの学校に入学させるために日本から呼んだのである。

私が入学した当時の学校長は玄浩珍という人であった。担任の先生は文先生といい、極めて温厚な先生であった。私はあまり真面目な生徒ではなかった。入学した早々から同じ新入生の姜鳳訓と喧嘩をして相手の左の腕を捻挫させてしまったのである。姜鳳訓は同じ親族の子で、実際には、捻挫したのは私の力によってではなく相手が倒れる時に自分の体力が重なっての事故であった。ところが、私が鳳訓の腕を折ったと彼の両親から私の母に抗議がきてしまい、私が悪者になってしまった。その時に相手の口から、例の私の父のあだ名から引いた、「蜂の巣《ボルツトン》の息子《アドル》」との言葉が出て、この時から、わたしは「蜂の巣の子」との渾名をつけられてしまった。また、よい事をした時にはその親族は「姜先達《カンソンダル》の孫《ソンチ》」との称号も戴くこともあった。それからは、喧嘩した鳳訓の親とは親族関係が断絶状態になってしまった。

親族との関係が悪くなってしまうのは、好ましいことではなかったが、一人で私たちを守っている母の姿を見て、近くの親族より遠くの親族姜石鐘が親身になってくれることが多かった。だから、父からの手紙が来ると、姜石鐘のおじさんに読んでもらっていた。手紙の中には生活費として現金が同封されている。この家の人たちは、手紙を読んでくれても中身は他の親族には言わないので母は安心していた。

(二) 日本語使用の強制

一九三七(昭和一二)年三月に、朝鮮総督府から「日本語使用の徹底化」が各学校へ通達され、私が二年生になった四月には皇国臣民化への道として、「国体明徴」「内鮮一体」のスローガンも通達された。さらに、七月に日本が中国に本格的な侵略を開始すると、総督府は戦時体制を布いて、「愛国の日」を定めるなど皇民化を促進していった。私の学校では九月から二年生以上の全校生に「国語札《ふだ》」なるものを設けるようになった。朝鮮語を話すと罰則となり、日本語(国語)が成績の評価の基準とされた。「札」は小さなボール紙(名刺の半分位の大きさ)に判を押したもので、一人の生徒に五枚ずつ与えて、この札の枚数によって日本語の成績が評価されたのである。

私は、もともと日本語は普通に話せたので、日本にいた時から、家では母が済州島ナマリの朝鮮語で会話をしていたが、外に出ると日本語で話していた。済州島へ帰って何年かは経っていても、それほど忘れたわけではなかったので、他の科目はともかく、日本語の成績だけは上位であった。上級生になると、漢文はかなりできるが日本語の会話が進まない生徒が結構いて、朝鮮語を自己流に直訳して話すので、笑うに笑えないこっけいな場面もあった。例えば、頭が「ずきんずきんと痛い」という表現を、直訳で「頭がタクタク痛い」と言ってしまう。あるいは「お腹がしくしく痛い」というのを「お腹がサルサル(とかコメコメ)痛い」と言ってしまう。さらには、授業中に先生に向かって「お手洗いに行ってきます」と言うところを「先生、うしろを見てきます」(朝鮮語では、目上の人に対する敬語の済州島ナマリ？）などと言ってしまう。ちなみに、こうした場合、先生は国語札の罰則は適用しない。なぜなら、これらの言葉は、日本語とも朝鮮語でもいえないからである。ともあれ、こうした方法で、日本語の使用を強制したので、学生たちの日本語は短期間で上達していった。そして、一〇月に入ると皇国臣民の誓詞を暗唱させられた。

私たちは、二年生になった六月、遠足で先生に引率されて、山あいにある古城へ行った。そこは、済州島の歴史について述べた時に紹介された、三別抄軍の金通精将軍が築いた根拠地　缸波頭《ハンパトル》城の跡であった。道端にある、人間の足に似た足跡のところから泉が湧き出ていて、私たちはその水を飲んだ。冷たくておいしい水だった。地元の人からは、この泉は将師《チャンス》がここを踏んだ足跡から泉が湧き出たので、地元では「将師泉《チャンスムル》」と称し通行人が飲料する、といった話を聞くことができた。

済州島古城にある金通精将軍の戦跡

しかし、私が遠足から帰ると、とんでもない事態になった。母は、わたしの顔を見て、熱があるとして寝かしてくれた。かなりの高熱であったらしいが、それが何の病気であるかは、最初は分からなかった。三日ほどして、ようやく麻疹《はしか》だと分かった。高熱はなかなか下がらず、それから一週間くらいして、麻疹は弟の昌実に感染した。弟は、それがもとで肺炎になって、わずか五つの歳で亡くなってしまった。

（三）皇民化教育と裸足

戦時体制下に入ってから朝鮮総督府は皇民化教育を一層促進するために、一九三八（昭和一三）年三月四日に新朝鮮教育令を公布した。従来までは、植民地教育として、私立普通学校は四年制の認可制度であった。四年の課程を修了した生徒のうち、希望者にかぎって補習科へ進み、そこで二年の課程を終えると、小学校六年卒業を認められた。しかし新朝鮮教育令によって、ほとんどの普通学校は公立小学校に改編され、修業年限を四年から六年に変えることが認められたのである。

当時、私は私立日新学校の三年生であったが、新しい教育令によって、私立日新学校は公立学校に組みかえられ、卒業年限は六年に変わった。しかし、公立学校として認可されるためには、いくつかの条件を満たさなければならなかった。第一には、学校の設備を法律に規定されたとおりのものにすること、第二には、学校長は本州（日本本土）から派遣された人でなければならないこと、第三には、皇民化教育を完全に実施しなければならないことである。私が通う私立日新学校は、以上の規定を満たしていなかったので、当時の学校のバス道路の反対側百メートルほど先に新しく校舎を建設し、一九三九年二月に旧巖公立尋常小学校として認可された。さらに、それまでは、私立学校の玄浩珍が校長職にあったが、日本から新校長進藤獨《しんどうあつし》（別名篤志《あつし》）が就任し、六月一日から公立学校となったのである。また、私たちも、自動的に公立学校の生徒として編入されることになった。

新しく赴任してきた進藤校長が、新校舎の運動場に全校生を集めてした訓示は、第一には、毎朝の朝礼は新校舎で行い、そこで、東方に向かって宮城遙拝をすること、第二には戦線で戦死した英霊に感謝の黙祷《もくとう》をささげることであった。そして、全校生が明日から登下校する時は裸足《はだし》で通学することであった。それまで私は運動靴をはいて通学していたので、裸足で通学することには抵抗はあったが実行せざるを得ないので、しぶしぶと翌日から裸足で通学をしたのである。進藤校長は、また、早速に毎週一回勤労奉仕の日を定めて、生徒たちに新校舎の運動場の東の方角に小高い丘を作って、奉安殿を奉るよう命じた。そして、そこに毎朝校長の号令で礼拝をさせるのである。

毎朝、朝礼で校長の訓示が終わると私たちは旧校舎に戻り、授業がはじまるのである。わたしが四年になっても担任は文先生であったが、先生は非常に温厚な先生であった。先生は、私の同級生の友沢の家に夫婦で住んでいた。友沢の家は、私の家の裏にあり、私の家とは石垣で地境を区分されていた。彼の家はゴミ一つ見当たらない掃除が行き届いた家で、学校の先生が住むのに相応しい家であった。その家は二棟からなり、母屋には友沢の母と弟たちが住み、入口の一棟の家に先生の夫婦が住んでいた。この家には、私が学校を卒業するまで、担任の先生が変わっても引継いで住んでいた。友沢の父も大阪へ渡航していて、年に一回くらい帰って来ているようで、それは私の父と同じように見えた。

さて、私が四年生の時からの進藤校長の訓示による裸足の登下校も、毎日励行しているうちに自然と慣れてきて、冬の寒い日でも我慢することができるようになっていた。ただ、学校から帰ると、母が部屋の入口の廊下に濡れた雑巾を置いていて、上がる時には必ず足を拭くように厳しく言われていた。時々忘れて、そのままで板間を通って裏庭へ行くことがあるが、その時には板間に私の足跡がついているのを見つけられ、母に叱られたりもした。一方、先生たちは裸足にならないのが不思議であったが、先生だから特別だと考えているので別段に疑問はわかなかった。

一九四一（昭和一六）年、五年生の最後の三学期が始まる一月上旬、済州島に珍しく雪が降り出した寒い日のことである。校長から訓示で「勤労奉仕の日」であるから、学校から一キロ以上もある水山峯の裏側まで行って、伐採してある丸太を二人が一組となって担いで来るようにと命じられた。これは四年生以上全員参加である。私たちは雪が降るなか、裸足で水山峯までは何とか行った。しかし、丸太を担いでの帰りは、寒さはさておき、裸足の足が絹雪で大地が少し緩んでいるので、そこに丸太の重量の力が重なってくい込んでしまう。そうして歩いているうちに足の感覚が麻痺してしまい、学校へ着くと全員が教室へなだれ込んで足をいたわっていたが、私もその一人であった。脱落者もいたようである。また、負けずぎらいの従弟の昌来は四年生であるが最後まで丸太を担いで帰り、凍傷にかかって三ヶ月間も学校を休んでしまった。担任の徳山先生の話では一割の学生が休学しているとのことで、校長のあまりのやり過ぎに父兄から批判が集まった。

同じ年の四月一日から法律によって学校名が旧嚴公立国民学校と改称された。そして一九四二（昭和一七）年二月初旬に、学校から二キロほど離れた涯月里に新しい「神社」が建てられ、私たち全校生が参拝に連れて行かれた。それから間もなく進藤校長は転職させられ、新しく高屋良介校長が赴任してきた。

（四）創氏改名と私

一九三九（昭和一四）年一一月一〇日、私が四年生のときに、朝鮮総督府より「改正朝鮮民事令」が公布され、一二月二六日に「朝鮮人の氏名に関する件」の法律が施行された。つまり、朝鮮の姓を「日本姓」に改名するよう創氏改名を強要する法律が実施されたのである。これは、朝鮮人の民族的自立意識を抹殺するための法律であるから、正面からは反対運動はできない。しかし、長老たちは、危機感を覚え、集まりをもってこの問題について話し合いをしていたようであった。

学校では、教員が率先して改名せよとの進藤校長の強硬な発言に対し、まず翌年の一月には担任の洪先生が徳山先生と改名し、他の先生たちも全員が改名した。そして、私たち生徒も親たちがどのような姓に改名したかを先生に報告するように指示された。行政機関などの権力側からも圧力がかかっているので早急に改名せざるを得なくなっていて、親族の間では、どんな姓名に変えるかが盛んに議論された。しかし、個性の強い長老たちは己々《おの》の自己主張をしてゆずらなかった。

とはいえ、長老の一人から出された、姓名を改えるにしても本名の「姜」と云う姓と何らかの関係がある姓名に変えるべきであるという案を基本として考えることで一致した。ある長老は、姜氏の先祖の由来からして中国の炎帝神農氏が起源であるから、「神農」とするのがよいとし、いや中国でも「吉田」という地域が発祥の地であるから「吉田」にきめるとの案も出た。他方では「天野」の案、また、先祖が済州島へ入島した地域が水山峯であるから「水山」がよいなどの案が出て、互いにゆずらなかった。

私は五年生の新学期に入ってから学校の担任先生が姓名のことを聞かれたので、私たちの親族の長老たちが自分の主張をしてゆずらず、今も決まっていない事情を報告した。そして、案として、神農、天野、吉田、水山のうちにいずれかに決まるようですとつけ加えた。結果は、五月下旬になって「吉田」に改名することに決まり、六月三日に戸籍上、わたしは吉田昌熙となったのである。私が親からつけられた名前は「姜昌熙」であるが、のちに「姜徹」に姓名を改えたのは学生運動の時代に入ってからのことである。

（五）生活物資の統制と供出

一九四〇（昭和一五）年一月、朝鮮総督府は朝鮮各道に「経済警察課」を設置し、「総動員物資使用収用令」を公布して朝鮮人の生活物資を統制した。

これは、日中戦争がドロ沼化している中、日本では物資の不足が緊急の課題となっていて、それを補うために農作物や家にある食器類などの金物を強制的に供出させた法律である。

農作物は、主に米とさつま芋、大麦などであった。それを集める場所である「食料販売所」という名前の建物が、私の学校の隣に新しく建てられた。供出用の農作物は各村の区（村）長が戸別に調べた名簿にもとづいて登録されている。この名簿によって各村の供出者が供出する農作物の種類と量がわかるようになっているので、その分を販売所へ運んでいった。各村の住民の負担は、その村の村長の報告いかんによって量が増減する。つまり、村長の胸三寸によって供出量が決まるのであるから住民は村長に対し、自分の家の供出割当を少しでも軽くするように哀願したので、村長の権限が当然に強くなっていった。

また金属製の食器類にしても戦時体制という名のもとに、村長が各家庭を回って食器類を集めていった。その当時は、各家庭では金属製の食器はなくなって、ほとんどの家庭で瀬戸物の食器に変わっていた。法事などに使用するために保管してある金属製食器は、一般的には供出の対象物とはなっていなかったが、村長によっては対象物として回収してしまうようである。例えば、私の村の文永伯村長もその一人だった。文永伯は徹底した日帝の手先であり、村の各家庭を回って供出する予定の調査が終わった後にも、村人が食料や食器などを隠してあるかもしれないと疑いをもって、秘かに家々をいきなり訪ねて行き家の中を調べることがあった。私の家にも、いきなり来たと思ったら家の中を調べだした。奥の食料庫に入り、金属製の食器や米などを見て、隠したと因縁をつけて回収して持ち帰ろうとしたので母と口論となった。というのも、私の家の食料供出分は済んでおり、食器類も出したのに、まだ足りないと調べに来たからである。文永伯は、わたしの家は日本にいる父から生活費が送られてきており、生活に困っていないから、他の家より比率を多く供出の割当てをしていると言うので、母はそれに抗議した。それでも、文永伯は聞く耳を持たず無神経にも持ち帰って行ったので、母は激怒し、こんなことをしていずれ天罰が下ると自分の感情をぶちまけていた。このことは私の家に限ったことではなく何人もの村人から村長に対する怨嗟《えんさ》の声が聞こえていた。

（六）桃を欲しがる兄と

私の兄は、幼い頃に起きた事故により外傷性脊髄変形症をわずらっていた。この病気は、当時の医学では治療が困難である病気だと医師から宣告されていた。そのため打つ手がないまま歳月が流れ、兄の成長にともない病は徐々に悪化していった。

この頃になると、兄は毎日を家の中で過ごし外出をしようとはしなかった。兄は家で自分の好きな物作りや花の手入れなどをしていた。私も兄の心情を察し、子供ながらも何か慰めになればと、小学校三年生の頃から、兄と一緒に花壇を作ったりしていた。わたしが花壇に興味を持ったのは小学校に入った時で、学校の庭の教室の前が花壇となっており四季折々に美しい花が咲いているのを見たのがきっかけだった。そこで、わたしも家に花壇があればと思い、兄と一緒に話し合って造ることにした。花壇は何年もかかって何とか形ができあがり、花もひまわり、百日草、松葉ボタンなど約十種類を集め、私たちの心をなごませてくれた。

私が五年生になった六月、夏の日差しが照りつける季節になると、兄は家の裏庭で花壇の花と向かい合いながらも、石垣をへだてた友沢の家の桃の木から目が離れないようであった。その桃の木には沢山の実がなっていて、私の家の裏庭へも石垣を越えて実のついた桃が垂れていた、それを眺めながら兄はわたしに、あの桃はわたしたちの家の石垣を越えているからわたしたちのものではないかと言うのである。わたしは、それは違うと否定したが、兄は、あの桃を食べたいと言う。それもひとりごとのように言うのである。わたしは内心、病身の兄は家から外へ出たことがほとんどないので自己中心的になり、毎日、家の裏庭でその桃ばかりを見つめているうちに何かの錯覚に囚われているように思えた。しかし、私は何とか兄の欲求に応えたいと思うようになった。

そこでわたしは、家の石垣を越えた桃の実を取るために石垣を登った。だが、私たち兄弟の会話を友沢は自分の家の裏庭で聞いていて、わたしに桃を取らすまいとして石垣を登ったので、お互いにそこで口論となった。石垣は石を積み上げただけのもので、石と石の間にすき間があり、壊れやすく、その上での争いは危険であることがお互いわかっていたから口論だけになった。

わたしは、友沢に対し、私自身の自分の行動に対する正当性を主張できずに石垣を下りたが、やり場のないうっぷんにかられて病身の兄を足蹴にしてしまったのである。兄が悔しい涙を流しているのを見て私は大変な過ちを犯したのに気が付いたが、あとの祭りであった。暫らくして、母が仕事から帰って来ると、兄から今日の出来事を訴えられた。母は怒って、そばにある棒をもって私を追いかけたので、わたしは家の外にある石垣を飛び越えたのである。その時に石垣は音を立てて崩れたが、その瞬間、わたしも石垣の下敷きになるところを間一髪で逃れたのである。

母も驚いて、私が石垣の下敷になったかどうかを確認して、逃れたことがわかると、安心して家に入って行った。もしわたしが石垣の下敷になっていたら運がよくて重傷、場合によっては死んでいたかも知れない、運が強かったというほかに言いようがない。

私はそれから、その足でアットンサンへ行き、静かに己の行いを反省したのである。弟が兄を足蹴にすることはいかに兄が病弱であるからといっても許されることではない、儒教精神の伝統を受継いでいる民族として許しがたい行為であった。それを子供ながら自然と受継いでいるはずが、大変な過ちを犯してしまったのである。

私は夜になってもその場所を動かず、ひたすら自分を責めていた。母はわたしの様子をどこからか見ていたらしく、そのために夕食も食べずにいたようであった。そして、暗くなるとわたしのところへ来て、再びこのような過ちを犯してはならないと諭してくれた。翌日になると、母は桃を沢山買って来た。そして家族みんなで食べるようにしたので、兄はそれを契機に私を許してくれた。家族で桃を食べながら、ふと、これを植えれば桃の芽が出るのではないか、という考えが浮かんだ。私たちも桃の木を植えようとの兄の提案で、三個の桃の種を裏庭に植えた。幸運にも三個のうち一つから、芽が出た。そして、この年の秋に柿の種も同じ場所に植えたが、それも翌年、私が六年生となる春には芽が出た。兄弟は狂喜し、わたしは周囲にこの事をふれ回った。桃、栗三年と云うが本当にみるみる大きく育っていった。友沢も友として一緒に喜んでくれた。

それからまもなく、私は原因不明の熱病にかかった。毎日、昼になるときまって高熱を発し体が震えるので、私は例の小さなケヤキのある遊び場の横で、うずくまって直射日光を浴びながら居眠りしていた。この話を知った母は、マラリヤだと分かったようで、まず解熱に効果があるといわれているナメクジをどこかから見つけてきて、生ワカメにくるんで飲ませようとしたから、私は逃げてしまった。それからは、母には二度と熱のあることを言わないことにしたが、あいかわらず昼になると体がだるく倦怠感におそわれ、熱のために同じ場所で居眠りをしていた。その状況を近くの人たちが見て噂を流していたので、母は急いで父に手紙を出して早く薬を送るように頼んだようである。

マラリヤは蚊によって媒介される伝染性の熱病であるが、その当時は、済州島には特効薬がなかった。しばらくして父がマラリヤの特効薬「塩酸キニーネ」を送ってくれたのでそれを服用して、健康を取り戻すことができた。のちに述べるように、私は、それから数十年後、医療の分野にかかわることになるが、マラリヤにかかり、薬によって救われたことは、いわば原体験の一つとなっている。

(七) 夢をくれた松岡先生

当時の私は、決して、大人しい優等生とはいえなかった。小学校三年生の時から同じクラスの仲の良い友達六人で、村の公会堂の広場でサッカー遊びをしていた。サッカーといっても、当時はサッカーボールなど手に入らないので、普通のゴムマリでサッカー遊びをやるのであった。私たちは学校へ行く時は裸足で登校し、家に帰ると運動靴を履いてサッカー遊びをやるのであるが、毎日ではなく週に二回か三回位であった。

私の家から村の公会堂へは、家から外回りで行くと少し遠くなるので、それが面倒で直線コースで行った。それは、友沢と一緒に行くためでもあるが、友沢の家の石垣を乗り越えて行くのである。

四年生になってから、母は私に、勉強をすることの大切さを初めて話しだした。それは、学校を卒業したら父のもとへ行かそうと思っていたからであろうが、私のことを心配しだして親族とも相談している様子であった。私はあいかわらず勉強には関心がないが、母から家の奥の部屋で友達を連れて来て夜学をしなさいと言われたのには驚いた。その話を聞いて友達に相談したら賛成してくれたので五月頃から家で夜学を三人ではじめた。その当時は、まだ電気がなく石油ランプの灯りである。最初は真面目に学校で習った教科書の勉強をしていたが、二ヶ月近くなると飽きてしまって集まっても勉強しなくなった。

それでも友人たちは自分の家では退屈するし、夜学の名目があるから親たちは夜の外出を許していることを知っていた。それゆえ、皆夜学を止めるとは言わないし、私も何か皆で楽しむことはないかと考えた。七月にもなると、暑さも手伝って、私たちはすっかり勉強に飽きてしまって、何か刺激のあることを探していた。

たまたま、夜学仲間の金汝訓の家が少し離れたところにあって、私もその方面はよく知っていた。彼が言う村はずれに甜瓜《まくうり》を栽培している大きな畑があり、そこは、持主が泥棒から守るために畑の中に小屋を建てていて、長い叩き棒まで置いてあると汝訓が教えてくれた。それは面白そうだと感じた、そのスリルを味わいたいと思って、そこへ行くことにした。夏の月の明かりで、私たち三人には畑の様子もよく見えたが、汝訓は、自分は顔を知られているからと横へ離れた場所へ行ってしまった。仕方なく私が正面から小屋に近づいて行ったら、小屋の中からわたしたちの動静を見ていたらしい。わたしが小屋に近づくのを待っていたかのように、近づくなり、大きな声で怒鳴りながら棒を振り上げてきたので、わたしは一目散に逃げ出してしまった。小屋番の人は、私が誰の子であることまで分かっていた。翌日には畑の持主から噂が流れて、そこは小さい村であるから、父の渾名の「蜂の巣の子《ボルツトンアドル》」が甜瓜畑荒らしの主犯だとして、被害がないのに噂だけで私は不良少年の烙印を捺されてしまったのである。

私が、勉強というものに関心をもちはじめたのは、ある先生との出会いがきっかけであった。一九四一（昭和一六）年四月一日、私が一二才の時に、総督府から国民学校令が公布され即日実施された。私の学校の名称は、旧嚴公立尋常小学校から旧嚴公立国民学校と変更された。

当時、担任の先生は一年ごとに替わることになっていたが、この年は、松岡先生が私のクラスを受け持つことになった。本名は、張基佑といい、日本へ留学して帰ったばかりの二十代前半の青年教師だった。先生は、学校へ貸している友沢の家に入居してきた。まだ若く独身であったため、何かと親近感が沸く人であった。松岡先生の実家は涯月里にあり、学校から三キロほどであるが通勤には少し遠いようだった。そこで、先生は学校から指定された友沢の家に入居してきたのだが、それから間もなく先生は結婚され奥さんと一緒に住むようになった。

松岡先生の新婚生活は、非常に順調で、夫婦ともにいつも笑顔が絶えなかった。その様子は今も私の脳裏に残っている。それまでの松岡先生は外見的には取っつきにくいタイプであった。ところが、結婚してからはやさしくなり、こんなにも変わるものかと感心したものだった。もちろん、奥さんが美人であったことは申すまでもないことである。私が遊びに出かけるときは、私の家と友沢の家を区ぎっている石垣を乗り越えて友沢の家の庭をよこぎるのだが、その時には、いやおうなしに松岡先生の部屋の横をも通ることになる。つまり、いやでも先生の家庭の様子が分かるのである。友沢と二人で先生の部屋を覗いていると、先生がこれこれと笑って、何しているかとやんわりたしなめられることもあった。先生は、学校の授業の時にまで奥さんのお惚気《のろけ》話をすることもあった。

こうして、先生は明るい雰囲気の中で、授業の半分の時間は、学校から指定された教科書、後の半分は教科書以外の社会問題や日本の情況や、西洋の歴史を教えてくれた。私の視野は、これまでの固苦しい教科書的な授業から初めて解放され、大きく広がりはじめた。私の場合、父が日本にいるので、夢は日本へと移っていった。また、小学生新聞をとって生徒に読ませたりしたが、その分野になると、決まって級長の高成賓が指名されるのが当たり前となっていた。高成賓は、私より年長だったが、家庭の貧しさから二年遅れで学校に入ってきたが、そのぶん熱心に勉強していた。先生はクラス全員に少しでも読ませようとして読みやすいマンガから読ませていた。当時の小学生新聞は毎週一回配達されてきて、生徒たちが回し読みするようになっていたが、ほとんどの生徒はマンガ以外には関心をもっていなかった。マンガは「神田さん」という題目で連載されていた。私は優等生ではなかったが、そのマンガについては珍しいから読むという感じで、特別に面白いという感想はなかった。もっと年長向けの記事の方が、私の興味を引いた。

私は、先生が教える教科書の内容よりも、それ以外のことで多くの時間をかけて話してくれることを夢中になって聞いた。例えば、西洋の歴史のことを話してくれる時、ローマ帝国とか、また、シーザーやナポレオンなどの話をしてくれた時には、私の小さな胸にも大きな夢が開かれていくようだった。

私はさっそく、日本にいる父に手紙を出して西洋史の本を送って下さいと頼んだ。すると父から送られて来た本は、歴史とは何の関係もない軍国主義の『大日本に告ぐ』（陸軍大臣・荒木貞夫著）という本であった。私は子供ながらもこの本を見て、父の無知にはがっかりしたが、考えてみると父は書店などとは縁がない人であるから、知り合いに頼んで購入してもらったにちがいなく、本の内容は全くわかっていないはずである。父は職人一筋で生きてきた人であるから、本と名のつく書物は読んだことがないのである。それなのに息子の手紙に応え他人に頼んでまでして本を買って送ってくれたと思うと嬉しかった。

私は、松岡先生から教えられた西洋史の本とは違うが、それでも父から送ってきた本を夢中になって読んだ。初めて単行本を読む喜びから、妹の子守をしながらも読み、遊ぶのもやめ、少しの暇も惜しんで読んでいった。本のなかに少し難しい用語があっても、その意味を解釈しようと努力をした。わからなければそこを飛ばして読んだ。読むのに熱中するあまり、妹に火傷させてしまったことさえあった。飯を炊くために松の枯葉をくべたかまどの火が、私の膝に座らせていた妹の足にまで燃えうつってしまったのである。妹の泣き声で、火が私の足もとで燃えているのに驚き、そばにある水がめの水をかけてしまったので、かえって火傷はひどくなってしまった。妹はこの火傷で一ヶ月以上も治療を続けたが、今もその傷跡が残っている。

こうして、小学校を卒業する頃にはこの本を一応読み終わったが、内容は分かったような、分からないような、本を読んだのではなく字を読んだような結果に終わった。一二才の少年には、軍国主義のことはよくわからなかった。しかし、わからないなりにも、その本にかじりつき、最後まで読み終えた経験は、私に自己満足感と自信を与え、その後の人間形成に大いに役立つこととなった。当時、戦時下にあって小さな島の中では、そもそも単行本というものが、めったに手に入らないものであり、まして小学生がそれに触れるということ自体が、考えられないほどの幸運だった。その本は、今から思えば軍国主義に偏った本ではあった。しかしそれでも、この本は私に読書する習慣を身につけさせてくれるきっかけになったのだった。

（八）姉の結婚、末妹の眼と迷信

松岡先生が与えてくれた広い視野、とりわけ、西洋の自由で民主主義的な考え方は、私の夢を大きく広げてくれるものであった。しかし、家に帰れば、当時の朝鮮の古い習慣が、大きな影響力をもっていた。非常に封建的で、それは、私の家の場合にかんして言えば、全てが長男である兄を中心に回っていく、日常生活を意味していた。子供ながらに、二つの価値観のギャップには違和感を覚えた。母は、当時の、朝鮮人の家庭の女性としては、決しておかしな考え方をもっていたわけではなかった。しかし、私は松岡先生の、前向きで自由な考え方に、希望を感じていた。

一九三九（昭和一四）年五月、父から、大阪で父の世話をしていた姉が結婚をしたとの手紙が来た。それを見て、母は一人で不満をもらしていた。前年の秋の手紙で婚約したことを知らされてはいたが、母は反対する手紙を送っており、それを無視されたかたちになったからである。姉の結婚相手は、日本で暮していた。母は、その婚側の家の雰囲気に問題を感じており、むしろ、日本に戻ってから、自分の手で娘を嫁に出したいと考えていたようだった。母は、大阪から済州島へ帰る時に、一三才の姉を親族に預けていたが、父は姉を引き取り身の回りの世話をさせていた。姉は母がいない間、主婦の役割をさせられてきたので、嫁入りする時には母の手で花嫁道具だけでも揃えてあげたかったようであった。最終的には、母は結婚には反対であるものの、二人が幸せになるのならばと理解をしめした。しかし、家族が済州島と大阪と離ればなれで暮すことが余りにも不自然であり、不幸であるとも痛切に感じていた。

母は、私が民族教育を受けられるようにと、私を大阪から済州島へ連れて帰ったのだが、その結果、兄の病状は悪化し、弟の昌実を失い、わたし一人が家を継ぐ唯一の存在となってしまった。母は古い考えをもっていたので、家を継ぐという問題にかんしては、私の下に二人の妹がいても論外とみなしていた。そこで、私が小学校を卒業した後は、大阪へ戻り、家族で一つの屋根の下で暮らすつもりでいた。つまりは、済州島は仮の住いと思っていたのである。二人の妹のうち昌月は、健康で親の手がかからないが、その下の末妹の昌淑は、幼い時から体が弱く、いつも青白い顔をしていた。

私は、学校から帰ると末妹の昌淑の子守をさせられるので遊びに行けないことが多かった。時には妹を私の背中に背負ってから遊ぶ場合もあった。たまたま母が、妹を庭の真中にゴザを引いて遊ばしている時のことだった。妹の泣き声を聞き母がそばに行くと、小さなヘビが近づいて来ていた。驚いた母は、棒の先で、そのヘビを石垣の外へ投げて叩きつけた。その夜から妹は、いつになく泣き出すのである。一晩中泣きやまない時もあって、それから熱を出し、両眼が見えなくなっていき、左目からは膿のようなものまで出はじめた。母は心配で約三キロも離れた涯月にある医院を訪ねて治療をしてもらったが効果がなく、それればかりか、医師でさえ原因がわからないとのことであった。そこで、鍼灸師に頼んでハリの治療をも施したが効果がなかった。

母が、八方手をつくしたが方法がなく途方にくれているさ中、夜中になにげなく天井を見ると、先日外へ投げ捨てたはずのヘビがへばりついていた。これは幻であるが母の目には実在のものに映ったのである。母は、それこそ神頼みしかないと思い、老衡《ノウヒョン》の里から来たお婆さんに相談をすると、妹は突然ヘビが近づいて来たのでショックで「ノンナッタ」から「ノックトウリンタ」をしなければならないとのことであった。つまり、ショックで体内から魂の一部が離脱したので、魂を再び体内へ戻さなければならないとの意味である。老衡《ノウヒョン》の婆さんのような人は産《サム》神婆《シンハルマン》さんと呼ばれていた。サムシンハルマンとは、女性が出産をする時に産婆さんの役割をし、さらに生まれた子供が幼児期を過ぎるまでの無病息災を祈る役目をするお婆さんのことである。母は、この産神婆さんに祈ってもらったが効果がなかったので、やむなく、「シンバン」（神房）に相談すると「クッ」をするように言われた。「クッ」とは死者供養の鎮魂儀礼の行事であり、それも演ずる「シンバン」によって一種の神秘性をもったもののことで一連の神頼みの儀式である。

母にとって「シンバン」による「クッ」をやるのは初めてのことであるが、妹を助けるために、神仏にすがって祈願する母の気持ちが痛いほどよく分かった。こうして「シンバン」による「クッ」は終わり、偶然なのかどうかは分からないが、知らぬ間に妹の目は回復していった。こうして、両眼が治ゆするまでは約三ヶ月近くもかかったのである。それから約七十年が経過した今でも、その後遺症は残っている。

済州島では現在もなおシャーマニズムが潜在的に生きており、いわゆる魂が人間の肉体から離脱するという現象は多くの人たちに体験されているとのことである。済州島では、古い伝統を持つシャーマニズムは一種の原始的宗教であるが故に、社会的には賤民的な扱いにされてきた。しかし、シャーマニズムの考え方は、人が治癒する過程における、精神的な要素の重要性というものを私たちに教えてくれるし、また、巨大な力をもった自然に対する畏敬の念を、育ててくれるものではないだろうか。

一九四〇（昭和一五）年の秋、父から手紙がきた。そして、父が床柱の仕事を辞めて、畑違いの鋳物の技術を習得するために娚が経営している鋳物工場で手伝うことになったと知らされた。父がいう娚とは、父が二十年ほど前に、大阪に呼び寄せた姉の息子である、金大祐・大弘兄弟のことであり、東成区で金田鋳造工業所を経営していた。前にも少しふれたように、当時の東成区は鋳物工場など小企業が密集している地域であった。そこは朝鮮人労働者が集中しており鋳物の職人の出入りが激しい場所でもあった。

（九）兄の死と母の慟哭

一方母は、私が小学校を卒業したら父のもとへ行き、家族で一緒に暮すことを夢見ていた。しかし、父が東京で新しい事業に乗り出し、それが軌道に乗るまでは日本に行けなくなったことを知ったので、私だけを日本へ行かすつもりでいた。

私も小学校六年生になり、松岡先生の影響を受けて勉強する意欲に燃えていた。私は日本に行ったとき、中学校の試験に落ちたら父に申し訳ないと真剣に考えるようになった。それは母に対しても同じである。祖父の命令で、私と兄弟を済州島へつれて来て八年の間、母は女の腕一つで育ててくれた。そのことに報いるためにも頑張る覚悟であった。母はあいかわらずの働き者で、少しの暇を惜しんでは何かをやっており、手を休ませることがなかった。

家には病身の兄と二人の妹がいるが、妹たちはまだ小さかったので、暗くなると不安であった。当時は、夜になっても電気はなかったし、石油ランプも節約のためにあまり使わなかった。そこで、母が仕事で少し遅くなったりすると、妹たちは近くの親族、姜一富の家へ行っていた。

一富の父は酒が好きで飲んで酔っ払う場合が多かったが、人柄は立派で漢学をはじめ学識に優れた人であった。そこで母は、この人に父から来た手紙を読んでもらったり、その他の相談に乗ってもらったりしていた。母は、近所に伯父さんがいても一線を画してあまり近寄らないようであった。伯父さんは、実質上の戸主であり、家督を継いでいるので家長である。家長であるから先祖のことなどで金が必要だとして、父が日本から毎月金をいくら送ってきているかを知ろうとするのである。母はそのことを知っているので、一切を秘密にしたかったようである。

兄は、二人の妹が一富の家に行ってしまうと、うす暗い家の中に一人で留守をまもっていた。このようなことが度々あったので、今にして思えば、申し訳ないことをしたと思う。兄は少年なのに、病身であったから、一人で寂しく己の身を悲しみ、打ちひしがれていたのではないかと思えてならない。

一九四二（昭和一七）年の春になると、母は父の新しい事業の成功を願いながら、学校を卒業する私を無事に父のもとへ送り出すことのみを考えていた。ところが、三月の初めに兄はカゼが原因で急性肺炎となり亡くなってしまったのである。母は普段から病身の兄の身を案じていたが、こんなにも急に亡くなってしまったので、強い衝撃を受けた。日本では鳥取県で生後間もない長男を亡くし、済州島では弟の昌実を亡くし、そして、今兄の昌友を亡くしたのであるから母の悲しみは言語に絶するものがあった。母は、亡くなった兄の野辺送りを済ますと、一人悲しみにひしがれ、思いを唄に託し運命《さだめ》の悲しみを独り言のように唄っていた。

母は、私が東京へ行く話についても、出発の直前になって渡航の中止を申し出てしまった。私も、兄の死で悲しみのさ中にある母に対し、父のもとへ行きますとは言えなかった。母がわたしを日本へ行かせようとしなかったのは、兄を亡くした悲しみもあったが、三人もの息子を亡くし、ただ一人の後継ぎとして生き残っている私が、日本へ行く途中の船で、もしもの事故にでも遭えば血統が絶えてしまうと心配したからだと、後になって知った。

父が母に再三、私を東京へ行かせるように催促の手紙を送ってきているのを知っていたが、私としては母の前でそのことに触れることはできなかった。そうこうするうちに中学校の受験期日が過ぎてしまい、四月も半ばに達した頃、母はようやく父に手紙を出した。母によれば、日本へ行くのに私一人では心もとないから従兄の昌元と一緒なら行かせようとの事で、父も急いでそのように手配をした。

従兄の昌元は私より二才年上で、学校を卒業してもぶらぶらしていたので、その話には大変喜んだ。年上であったし、大阪で父親をなくして苦労をしていたので、彼が一緒なら母も安心と考えたようであった。こうして、父から二人の渡航証明書が送られ、五月末に日本へ行くことになった。

私がいよいよ東京へ行くことになると、水山里に住む母方の従兄、宋花春に別れの挨拶に行くことになった。彼は少し待つように言い、かたわらにある木の枝を切って、小刀で僅か十分位の間に「吉田」と云う創氏改名の苗字を彫ってくれた。私はこれを記念として大事に東京までもって行った。後に、この印鑑を東京のある「ハンコ屋さん」が見て、すばらしい名作だといって感心していたことを覚えている。

さて、私が従兄の昌元と二人で日本へ出発する日の朝、早起きした母は一人で何か食べ物を作って私たちに持たせ、船の中で食べるようにと言った。母は涯月港まで見送りながら細心の注意をしてくれた。従兄の昌元の母の姿は船が出港するまで見えなかった。まもなく港に「君が代丸」が岸壁より少し離れたところで錨をおろしていた。岸壁には小船が私たちを乗せるために待っていたが、わたしたちが小船に乗り移ると、母は悲しそうな顔で、私たちへの別れの言葉にさえつまっていた。母との別れは辛かった。私たちの乗った小船が本船に乗り移るまで母が岸壁で一人たたずんで見送る情景は、私の心にも今生の別れのような気がして、うしろ髪が引かれる思いであった。

第四章　少年時代──日本での生活

一　君が代丸での帰還

私は日本へ出発するために涯月港で母に別れを告げて「君が代丸」に乗船した。船は港から遠くへ離れて行くのに岸壁にたたずんでいつまでも私たちを見送る母の姿が無常にわびしく、何故か心のそこから悲しみが込み上げてくるのをどうすることもできなかった。

船は、済州島の各港を回って大阪港まで一日半で着いた。大阪港では、姉の夫の金成国が私たちを出迎えてくれた。はじめて会うのに向こうから私たちを見つけて名乗ってきたので義兄であることを知った。義兄は、私たちを西成区鶴見橋の家に連れて行き、私は姉との対面を果した。姉とは、私が四才の時まで大阪で一緒に住んでいたので、当時の思い出は忘れていなかった。姉は私を可愛がってくれて、よく連れて歩いてくれた。私と姉は、幼い時の思い出話を夜遅くなるまでしたが、これが姉との最後の別れとなろうとは夢想だにしなかった。

当時、姉には三才の娘と一才の男の子がいて、なかなか元気でかわいい子であった。私たちは、姉の家で夜を明かしてから翌日は、金成国義兄に連れられて東京へ向かった。大阪から東京まで急行で八時間もかかってようやく東京に着いた。義兄も東京へは初めてとのことであった。足立区の本木を探すのに何人もの人に尋ねて、やっと西新井金美館という映画館を探し当て、そこから一～二分くらいのところにある光善《みつよし》鋳造工業所に着いたのである。その工場は表通りから少し入ったところで、入口には門があり、門をくぐると右側に小さな事務所と寝室兼用の十畳間があった。父はそこの部屋で私たちを待っていた。父は毎年、休暇を利用して故郷へ帰っていたが、床柱の仕事を辞めて鋳物工場の経営を準備するようになって、この二年の間は帰っていなかった。

ここで鋳物について若干の説明をすると、鋳物は三つの種類に分類される。第一には銑《ずく》鋳物がある、これは一般的な銑鉄などのことを指すが、その製造にはかなり広い敷地を必要とするため、東京や大阪のような大都市では少なく、地方都市に分散していた。第二には真鍮《しんちゅう》、砲金《ほうきん》鋳物のことである。これは銅とすず、亜鉛などの合金で作られるものを指す。第三には軽合金のことである。これはアルミニウムのような比重の軽い金属を指すのである。このうち、真鍮、砲金と軽金属などの鋳物は広い敷地を必要としないので大都市に集中している。ちなみに、技術において基本的に大差はないが、これらの鋳物工業はいずれも軍需産業につながるものであった。

父は、この鋳物工場を経営するために、大阪の東成区で従兄金大弘が経営している金田鋳造工業所で手伝いをしながら東京への進出を模索していた。従兄の金大祐も同じ考えを持っていたので、東京の知人で、梅田でそば屋を経営している親族の宋斗昊と会うことになった。彼と会うと、これまた同じ志をもっていたことを知り、金大祐は宋斗昊と共同で本木一丁目に三星鋳造工業所を設立することになった。父もほぼ同時期に本木一丁目で光善《みつよし》鋳造工業所を設立した。一九四一（昭和一六）年春のことであった。また、さらに同じ時期に金大祐と同じ故郷の呉東春が、やはり本木で呉本鋳造工業所を設立したので、足立において三軒の鋳物工場が出現することになった。

私たちを連れてきた義兄は翌日に大阪へ帰り、父は、従兄の昌元にこれからの問題について尋ねていた。父は昌元にわたしと一緒に学校へ行くように勧めていたが、昌元は、故郷の母と妹に仕送りをするのに金が必要だから働くというのである。父は、もう一五才もなっているしこれ以上学校へ行けとは言えないから、自分が選んだ道をしっかり歩くように言った。こうして、私たちは父と三人で十畳間の部屋で生活をはじめた。食事は外食中心で、「本木食堂」と「いろは食堂」のどちらかに行って好きなものを注文し、食事代は月末の払いであった。本木食堂は二〇〇三年（平成一五年）まで代を継いで営業を続けていた。

一九四二（昭和一七）年六月二日、父は私を足立第二高等小学校へ連れて行き編入の手続きを終えて帰った。担当の小林先生が教室へ連れて行き、授業中の学級生にわたしを「朝鮮から来た吉田昌熙《しょうき》君だから、今日から仲良くするように」と紹介された。そして私の席は、一番前の右側で池田正義の隣の席に指定された。わたしは二ヶ月も遅れて編入してきたので、みんなに追いつくために一生懸命であった。この学校へ編入して一週間目、英語の授業が終った休憩中に、わたしは英語の単語カードを暗記するのに集中していた。その隙に後から、そのカードを取り上げてお前は試験の時にカンニングをしようとしてカードを使っていると大声でわたしを中傷する者がいた。それから彼（板垣）は「朝鮮、朝鮮、馬鹿にするな！」と奇声を発し、色々な中傷をして廻るので、わたしは呆気《あっけ》に取られていると、わたしの隣の席の池田君が教室に入ってきた時にそれを見て、わたしをかばってくれた。すると彼は自分の立場を失ったようで、わたしの単語カードを窓の外へ捨ててしまったのである。わたしは初めて怒り心頭に達し彼に飛びかかろうとしたが池田がわたしを止めて、あんなの相手にするなとなだめるのでやっと冷静になった。あとでわたしが教室を出ると数人がわたしに寄って来て、あれは「悪《わる》だから」よく我慢したと激励してくれた。また、もう一人は、わたしをそっと外へ呼び出し、実は自分はアイヌ人だと告げて「何でも我慢することだ」と言うのである。そして、彼は自分がアイヌ人であることを「秘密にしてくれ」と言ったのである。わたしは、初めてアイヌ人という言葉を知ったが、それが何を意味するかはわからなかった。後になって、アイヌ人も朝鮮人と同じように差別されていることを知った。

私は家から学校までは歩いて三十分位かかるが、戦時下ということもあって、学校までの道路には車は勿論、自転車すらほとんど通らない。まれに茅葺《かやぶ》き屋根と紙つき板が見えるくらいの田園風景の地である。わたしは学校からの帰りは友達もなく、ただ一人で本を読みながら、その路を通って帰るので一時間位はかかっていただろうか。

私は済州島から東京に着いた時から松岡先生に教えられた西洋史の本を読みたかった。父に本を買う金をねだっても、「学校の教科書以外は読んではいけない」と言って金を出してくれなかった。たまたま家の近くを歩き回っているうちに偶然に小さな本屋さんを見つけたが、その本屋は貸し出しが専門の本屋であった。本の種類は多くはないが私が読みたい本があったので早速に本を借りてきた。本の貸し出し料金は、三日間につきいくらで、それ以後は一日延長するごとにいくらと料金が決まっていた。学校へ通いながら単行本を三日間で読み切ることはむずかしかった。どんなに熱中して読んでも四日や五日もかかる場合が多かったのである。

父が教科書以外はどんな本も読ませないので、私は父のいない時に読書をした。実際には父はほとんど家にいないので、それほど心配はなかった。しかし、工場で仕事が終わって部屋に帰ってきた従兄が読書の邪魔をする。時には教科書を隠すこともあった。そのため、授業で本がカバンに入っていなかったので大変な思いをしたこともあった。そのような事で従兄とはよく喧嘩をした。私は従兄に貸本屋を紹介して本を読むように言うのだが、従兄はそれには関心がなく、わたしが勉強するのが気に入らないのである。多分従兄からして見れば、自分は働いてわたしだけが学校へ行くのは面白くなかったのであろう。

父は、この状況を見て一つの部屋で勉強するものと、仕事を目的にするものとの従兄弟が同居することのむずかしさを感じたようであった。ちょうどその頃、父の知人で通称西村さんが新しく鋳物工場を経営したいと度々わたしの家に来ていた。彼は、既に工場の設備ができて稼動する直前だと言うので、父が従兄を住込みで雇入れてくれと頼んだ結果、快く承知してくれたので早速引っ越して行った。

二　映画館の灯りの下で

従兄が去ったあと夜の静けさがやってきた。その静けさが、私を孤独の淵に追いやろうとは考えてもみなかった。父は毎晩のようにいずこかへ出かけて行っては、私が朝起きたときには隣に寝ている生活が暫らくは続いた。従兄が去ってしばらくは、学校の勉強も集中的にできた。貸本屋の本も三日間で読み切ることができた。

ところがある夜、あたりの静けさを破って工場の中からかすかに機械の動く音が聞こえてきたのである。工場の中には機械がないはずなのに何の音かと耳を澄まして聞いても、少し間隔をおいてはまた聞えて来るのである。私が机を前にして坐っているすぐ隣は、薄いベニヤ板一枚で部屋と工場との間を仕切られている。私が普段から気にしている場所でもあるからなおさら敏感に反応したのである。最初は無視していたが、それが度々聞えてくるので怖くなって勉強するどころの騒ぎではなかった。わたしは、そのままフトンをかぶって寝てしまったのである。そして、朝が来ると隣に父が寝ているので、昨夜の事は遠い過去のことのように忘れ去るのである。

私は、今日も何事もなかったように学校へ行き、授業が終わると本を読みながら家へ帰る。そして、工場が閉まり夜のとばりが下りる頃、静けさが私を包む。わたしは夜の静けさが怖いのである。わたしは本を持って家を飛び出し、近くの映画館へ行き、そこの看板の明かりで本を読むのである。わたしが、その映画館の看板が消える午後十時まで本を読んでいると、誰からともなく自然に、わたしの噂が流れて、勉強熱心な子供だと言われた。しかし、家に居られない少年が、映画館の灯りにひと時の心の平安を求めていたこと、そんな私の心情に、大人たちは気づいていなかった。

このような状況が一ヶ月以上も続いたので、私は心身ともに限界に達していた。ある日のこと、その日も家から本を持って玄関を出ると、裏の二階の家から一家団欒の楽しい笑い声が聞えて来た。わたしはその笑い声を聞いた途端、一瞬に故郷の母と妹の顔が浮かんで来て、今の己の境遇をあの団欒の笑い声と重ね合わせ、無常に故郷が恋しくなり、故郷へ帰りたい思いに自然と涙があふれてくるのであった。ホームシックにかかってしまったのである。望郷への念にかられたわたしは、溢れる涙を手で拭きながら部屋に入り机に向かった。

もう、怖さもどこかへとんでしまって、どうにでもなれと思うようになった。そして、机に置いてあった原稿用紙に鉛筆を走らせていた。私はその頃作文を書く練習をしているさ中だったので原稿用紙は常に机の前に置いてあった。そこで自然と自分の心境を書こうと心に浮かんできたテーマが「遥かなる故郷を偲びて」であった。眼に浮かぶのは母や妹たちのことであり、友のことであった。故郷の山河は美しくなつかしさで心は思い出がいっぱい広がって行った。それが幼い時からの物語となって、涙の中で原稿用紙四百字綴り六枚を書き終った時に、ああ故郷が恋しい、故郷へ帰りたい、勉強なんかはどうでも良い！　とすべてが嫌になってしまったのである。そして疲れたのか机の前で眠《ねむ》ってしまっていた。

父が何時に帰ってきたのかわからないが、私を起こした。父がフトンで寝るように言っても私は聞く耳を持たなかった。父に反抗していて、こんな無神経な父の言うことなど聞きたくもなかった。私は机の前で朝を迎えた。こうして昨夜はほとんど眠らなかった、わたしは、父に向かって、はじめて反発した。そして「故郷へ帰して下さい！　勉強なんか故郷でもできます」と、父への抗議の意味もふくめ強く訴えたのである。

この訴えに対し父は、はじめて胸のうちを打ち明けてくれた。父はわたしたちの家族全員を一緒に呼びたかったが、鋳物工場の経営が始まって落ち着かないので受入れ準備ができていなかった。さしあたり、私が小学校を卒業するので、中学校へ入学させようとして、先に日本へ呼んだとのことであった。そして年内に母や妹たちを呼ぶから、それまで勉学に励むように言われたので私は気持ちが落ち着き、父の指示に従う気持ちに変った。そして、その日から父は夜の外出はしなくなった。

三　軍国主義とビンタ

父と話し合って五日後、父は本木二丁目の親族の家に一時的に泊まるようにと言い、わたしを連れてその伯父さん宅へ行った。その伯父さんは、父が大阪から東京へ上京して来る時に一緒だったようである。伯父さんには姜昌鶴という男の子がいた。私より一才年下の弟にあたり、この弟と一緒の部屋で生活することになった。彼は、通称昌男と呼ばれており、大阪で生まれて大阪で育ち、日本の教育を受けていたので、朝鮮語はまるっきり知らないか、何とか聞き取れるかどうかという程度であった。現在は関原小学校六年生であるという。その家は関原小学校の裏側にあり、平屋でタタミ六畳間と二畳間の二間しかなく、わたしは二畳間に昌男と一緒に生活することになった。たとえ部屋が狭くても今までの孤独な生活に悩まされたわたしにとっては、まさに天国であった。ただ一つの悩みは、勉強する場所がないことであった。

私は夜になると昌男の部屋で寝るが、朝になると家に帰り日中は勉学をするという二重生活を始めた。学校が夏休みに入っているので、中学校への編入試験の勉強ができるようにはなった。だが、昼間は工場への人の出入りが多い上に、部屋は暑いので窓がすべて開放されている。外からは人が勉強をするのを否が応でも覗かれるので、気が散って集中できないという問題はあった。家のすぐ近くの協和会補導員で金岡という人が毎日のように私の家に出入りをしていた。彼は私が勉強するのを見て中学の編入試験を受験することを知り、どこの中学を目指しているかと盛んに聞いた。自分の一人息子が本郷中学校へ行っていると自慢げに話すのが口癖で、私がどんな中学校へ志望しているのかに関心があるようだった。

父もまた、金岡の影響を受けて受験志望校を盛んに聞くので、うんざりしていた。私は、済州島から来て日が浅いこともあって、どこにどんな中学校があるのかをよく知らないし、どんな中学でも同じ中学校なのに学校を選ぶということ自体が好きではなかったのである。それは、私が済州島から来て高等小学校に入った時から差別を受けてきた人間だからであり、学校に差をつけて差別することには抵抗があった。

私は中学への編入試験を受けようとした時から志望校は心に決めてあった。水道橋の大成中学校である。この学校を受験したいと思った理由は、わたしの村の先輩が通っていた学校であり、私の家の近くの人が大成中学に通っているからであった。別に特段の意味はなかった。

私は、昌男の家に寝泊まりするようになって、生気を取り戻した。昌男は私を実の兄のように慕って、いつも私について回っていた。昌男も学校が夏休みに入っていたから、昼間はほとんどわたしと一緒である。彼は暇で体をもてあましていた。私が受験勉強をしているのを見ては、自分は退屈そうにしていた。そして、外へ出て近所の少年たちと遊んでいた時でも、私が息抜きにそこの遊び場へ現れると、彼はみんなに、自分の兄さんだと紹介して自慢げにしていた。彼は一人息子であるから、私と同じ孤独感があったようだ。その点は気が合うので、彼が一緒についって回るのも最初のうちは嬉しかったが、だんだんと考え方の違いを感じるようになり、距離を置くようになってしまった。

私は昌男から遊び方を教えてもらい、彼の遊び仲間と一緒に遊ぶことができた。私は済州島から来て二ヶ月あまりしか経っていないので言葉の発音の違いを感じていた。私は、自分の日本語のアクセントが強いことを知っていたから、彼等と一緒に遊びながら言葉の勉強をしていた。私は発音のせいで、遊び仲間から笑われることもあったが、そのつど昌男はわたしをかばってくれた。私は昌男のおかげで日本での遊び方を覚えて、それも一つの日本の文化として行く先々で役に立った。それからの私は、文化の源流は言語からはじまっていると考えるようになった。

この年の八月の上旬頃、父から急に、明日から家で寝泊りするように云われた。大阪の叔父さんが明日から東京で父の仕事を手伝うようになったとのことであるから、家でお前一人にはしないと云うのである。こうして昌男の家での寝泊りに終止符を打ち家に帰ることになったのである。

一九四二（昭和一七）年九月に私は大成中学校の編入試験に合格した。この学校に入学してからは、初めての別世界に飛び込んだような気がした。今までの足立第二高等小学校は、厳しい規律のない気楽なものであったのだが、その平和な世界から、いきなり軍国主義的な教育をする世界に飛び込んだような感じであった。

この中学校へ入学した早々から校門の入口には上級生が立っていて、下級生に対しやたらとビンタをはる（叩く）のである。例えば門のところに立っている上級生に軍隊式敬礼をすることになっているが、その敬礼が気に入らなければビンタをやられる、服装で、うっかりボタンがはずれていたら「お前の精神はなっていない」としてビンタをやられるなど、要するに上級生が気に入らなければビンタが飛ぶのである。

また、毎週一回は上級生たちが下級生の教室を回り、そこで全員の服装検査をした。その中に一人でも服装に問題があれば、すなわち、ボタンがはずれているとか、服装がちゃんとしていない、とかいうことがあれば、そのクラス全員がビンタをくらう。私も自分のことではなくクラスの誰かがそれに引っかかったために、クラス全員と一緒にビンタをやられたことが二回あった。とにかく、何か少しのことでもクラス全員が一列に並べさせられて、順番に「一、二」と自分で号令をかけさせられて、声が小さければまた、ビンタをやられる。私は、生まれて初めてビンタの洗礼を受けたのだが、上級生は力いっぱい殴るので痛かった。顔がヒリヒリするのである。

このように、学校は軍隊式に変わってしまった。二年生になると秋には小石川運動場で軍事教練を受けた。その時期から太平洋戦争が激しくなり、私たちは勉強も大切だが、それよりももっと大切なのは心身の鍛錬であると言われた。このことは学校を卒業すると全員が軍人になることを意味していると思った。このような息苦しさの中で、ただ一つ心が和むのは、学校の前の三崎町から神保町一帯が日本一の古書街になっており、百軒以上の本屋が軒を連ねていることであった。私は、これらの本屋に時々訪れては、立ち読みをしていた。

四　私がはじめて見た足立

足立には隅田川、綾瀬川、中川（以前の利根川）などの大きな河川が流れている。一九二〇（大正九）年から三〇年の初めまでは、この地は農業を主体とした地域であった。私がはじめて足立に来た頃は、この三つの河川が大雨の時には、氾濫に頻繁に悩まされており、特に隅田川の氾濫は足立地域ばかりではなく荒川地域の三河島、三ノ輪に至るまで、その被害が及んでいた。

その反面、足立地域は四方が川に囲まれている地理的条件を利用して、舟による交通が住民の生活に大きな役割をはたしていた。それは一九四〇（昭和一五）年に至るまでは、あらゆる物資の輸送の主力が船に依っていたからで、人が移動する手段として川筋に渡し舟の河岸が数多く開かれて活性化していた。

また、陸路においても徳川幕府が江戸を中心とした幕府の戦略的な道路を直接支配したのが五つの街道であるが、そのうちの一つが日光街道である。その街道の出発点にあるのが、隅田川に一五九四年（文禄三年）九月に架けられた千住大橋である。この橋は一九二七（昭和二）年に現在の鋼鉄の橋を架橋するまで、一度だけ大洪水で流されたことがあったといわれている。江戸時代からこの橋を通って大名の参勤交代や商人など多くの人の往来が頻繁に行われた。

この橋によって交通の量は増加し、そこに往来をする人を相手にした商いが生まれ、地域は活気づいた。足立区域には青物市場（ヤッチャバー）ができて、都内の各方面から青物卸業者が取引に集まり、その隣には魚河岸も生まれて活気を呈するようになった。また、往来する人のために宿泊施設が生まれ、千住宿として発展し、やがて飲食店や飯盛女（遊女）を置くようになって公認された。これが千住の遊郭の始まりであるが、一九六〇（昭和三五）年に売春防止法の施行で廃止となった。

こうして足立では、道路の拡張発展にともなって近代化へと変貌していく中で、毎年のように起こる荒川（隅田川）の水害から住民を守るため、足立区域内に人工的な川を作るべく開削工事が進められた。この工事により一九一三（大正二）年八月から一九二四（大正一三）年迄の十一ヶ年の歳月をかけて完成したのが荒川放水路と呼ぶ川である。一九六五（昭和四〇）年に行政当局がこの川の名称を荒川放水路から「荒川」と決定した。行政当局は、一九二三（大正一二）年九月に起こった関東大震災以後の都市計画を作成する中で、当時は足立が東京府南足立郡であったのを一九三二（昭和七）年五月から東京市足立区として市の中に編入したのである。

足立区は大部分が農業を主体とした地域であり、毎年のように起こる洪水に悩まされている湿地地帯であったが、人工の川である荒川放水路が完成して以後、急速に発展していった。交通網の整備が進み一九二四（大正一三）年に千住新橋が、一九二二年（大正一一）年には西新井橋がそれぞれ完成した。その後、西新井橋は老朽化にともなって、一九六一（昭和三六）年に、少し梅田よりの新しい鉄筋の橋に変わり現在に至っている。この新しい鉄筋の橋によって、悪名高い交番は廃止、新しい広い道路が一〇〇号線道路として、竹ノ塚方面の先まで敷設された。足立区と荒川区を境界とする隅田川には、最新式の鋼鉄の橋である尾竹橋が一九三四（昭和九）年にかけられ、これによって、荒川方面より足立に入る人は急速に増加していった。

この、尾竹橋と西新井橋の中間地点には一九二六（大正一五）年に、東京電力の需要に応じて建設された火力発電所がある。この建物は、四本の煙突が大きく立っているのが特徴で、「おばけ煙突」と呼ばれていた。しかし、老朽化と能率化のために一九六三（昭和三八）年に発電所が解体されると、人々に親しまれていた大煙突も消えてしまった。

西新井橋を渡ると道は三本に分かれている。右側へ曲ると「梅田の赤不動」という不動尊が安置された明王院があり、地元の人に広く親しまれている。また、左側に曲がると、本木新道であり、その先は西新井大師で、八二六年（天長三年）に弘法大師が災厄に苦しむ人のために観世音菩薩と弘法大師像を寺の本堂に安置したものと言われている。この大師像を信仰の対象に厄除開運の霊場として家内安全・祈願成就をもとめる人びとが多いため、門前に市が生まれ、各種の店が立ち並ぶようになった。この西新井大師を起点として、バスが運行しており、一九二二（大正一一）年八月には西新井橋までの運行が、一九三六（昭和一一）年には浅草松屋東武線駅までの運行がなされていたが、現在はいずれも廃止されており、西新井大師と北千住駅の間を往復する路線バスのみが運行されている。

橋から分れた三本の道の中央には、当時、厳しい検問所的な役割をはたしていた交番があり、そこを左から横切るようにして入ると、本木関原通りである。これは一九三二（昭和七）年に本木関原商店街として結成された。この商店街を進むと関原山不動大聖寺に突き当たるが、このお寺を人びとは関原不動尊とも、また親しみを込めて、ただの「お不動尊」とも呼んでいた。さらにこの道路に沿って奥に進むと、西新井駅前に出る。

本木関原地区は道路がせまく、路地が入り組んでおり、商店や家々が並ぶ横丁に入ると町工場が点在している。この町は農村地帯から市街地へと変貌していく一方で、古い田園風景もまだ珍しくなかった。もう少し離れたところには牧場さえあった。一九四三（昭和一八）年になっても足立区内には三十個所もの牧場が散在しており、飼われていた乳牛は約九五〇頭を数えたという。しかし、都市化や環境問題のため、それ以後は徐々に姿を消していった。

五　足立における朝鮮人コミュニティのはじまり

一九一四（大正三）年に第一次世界大戦が起こると、日本は軍需景気で労働力が不足していた。特に皮革産業に関係する分野では、東京の木下川、三河島、北千住の皮革産業地帯から朝鮮皮革株式会社に至るまで活気を呈していた。また日本では、この大戦によって皮革産業だけでなく、繊維工業をはじめとした各種産業にまで需要が広がっていった。

日本政府は、首都の環境を整備するために、さまざまの法令を制定した。例えば、一八七三（明治六）年の「皮革獣製業者の移転命令」が警視庁令として、一八八八（明治二一）年には「紙屑買ヒ紙屑拾ヒ及び下足直ヲシ渡世取締規則」が制定された。

屑物拾いは、明治の初期から東上野、芝新網町、四谷鮫ヶ橋、小石川の千川などを中心に、屑物拾い業者によって行われていたが、一九〇三（明治三三）年の警視庁令によって、荒川の日暮里、三河島へと移転させられた。さらに一九一五（大正四）年の屑物営業取締規則、一九一七（大正六）年の屑物営業禁止措置法を経て、一九二七（昭和二）年には荒川放水路の以北、足立の本木へ強制的に追いやられてしまう。この中には複数の朝鮮人男女も含まれていたようで、それからの本木は屑物業者とその関係者の中心地となっていくことになる。本木は誰が言うともなく「拾い屋」「バタ屋」の町として差別的に見られるようになった。この差別用語が使われたのは、もともと東京市内の各所にあった屑物業者を、荒川の日暮里、三河島へ強制移転させた頃からであった。「拾い屋」は市中のゴミを拾い集め、その中から紙類やボロ、金属類などをみつけては、親方が経営している仕切り場へ納めて金を受取っていた。そこで、この職業を蔑視する意味で「バタ屋」という呼び方が広まっていった。

このようにして、足立区の本木には「拾い屋」が集中してきた。しかし、日暮里、三河島にも屑屋は残っていて、一九三一（昭和六）年になっても、三河島八丁目に「丸六長屋」、通称「丸六」が、千軒長屋を建て、「拾い屋」を集めて営業を続けていた。こうして、日暮里、三河島には、一九三九（昭和一四）年に至っても紙屑屋が三八〇軒、ぼろ屋が二六〇軒（『荒川大鑑』）が残っていたのである。

足立区に朝鮮人が定住するようになったのは一九二三（大正一二）年九月の関東大震災以後からである。東京府の統計では、朝鮮が日本の植民地となった一九一〇（明治四三）年から三年後の一九一三（大正二）年一二月に、千住、西新井、伊興、花畑などに朝鮮人男性七人と、女性六人、合計一三人が居住してきている。しかし、翌年には男性二人、女性四人が千住や西新井に居住するのみになっていることから、定住する場所がなかったものと思われる。

1960 年頃の四本煙突「お化け煙突」
（西新井橋南詰付近より撮影・足立区立郷土博物館所蔵）

一九三〇年代の後半から、本木には屑屋が集まってきて、それなりに活気づいていた。それまでの本木は農業関係者が多く、その他にこれという職業はあまりなかった。後に、足立区議会議員清水丑政氏が関東大震災のときに、自警団による朝鮮人虐殺の危難を逃れて西新井橋を渡ってきた朝鮮人を助けた話を私にしてくれたが、その当時の彼も、屑屋などを扱う仕切り場をやっていたという。

足立に朝鮮人が本格的に増加していったのは、先ほど述べたように、一九二七（昭和二）年に屑物業者が荒川より足立の本木へ強制的に移転してきた時からであり、その年の朝鮮人の数は約百八十人であったのが、翌年には五百人ほどに増加していた。

旧西新井橋（1961 年撮影・足立区立郷土博物館所蔵）
大正 11 年 3 月完成（木製）。全長 435.6メートル・幅 6.5メートル、現在の西新井橋上流に架橋。

当時の足立の住民はほとんどが農業で生計を立てていた。しかし、屑物業者が荒川から移転してくると、古紙を再生することに目をつけた多くの農家が、自分の家の庭先や空き地を利用して、古紙再生の紙突《かみつき》を始めた。こうして、足立の農家は農業と紙の再生業との兼業農家が増加していった。

私は一九四二（昭和一七）年五月に済州島から父に呼ばれて足立の本木に来たが、当時のことを思い出すと、これが東京かと思うことが多かった。本木町には屑拾い屋を住まわせている小さな長屋が多くあり、下水は流れないまま、ドロ沼となって蚊が大量に発生していて、悪臭を放っていた。

本木で「拾い屋」（バタ屋）さんが拾い集めたものは、親方が仕切り場で買取る。親方はまた、買取ったものを各種の用途別に仕分けして、その筋の専門業者に売る。当時、私が父を通じて知った同じ済州出身の人で、たびたび私の家に訪ねてきては、父と民族独立の問題で議論をする在日朝鮮人の漢学者、康桂林という人がいた。

彼は、とても学のある人であったが、生活の手段として、「拾い屋」を何人も使う仕切り屋をやっていた。この時代、朝鮮人のインテリは、当局から危険分子とみなされており、少しでも怪しいと思われた者は、尾行を受けたり身辺調査をされたりした。そこで、そうしたインテリたちの中は、あえてみすぼらしい稼業のうちに身を隠し、自分の知性をカモフラージュする人もいた。社会主義とか独立運動に繋がるような人たちは、特にこの傾向が強かった。

彼のもとには大学へ通うインテリが何人もいたので、ある時、その一人と話す機会があった。彼は名前は言わなかったが、朝鮮独立運動や社会主義運動に関わっているらしく、私に何回か民族のこと、人生のこと、哲学のことなどを話してくれた。その時の私には、民族のこと以外はよくわからなかった。しかし、彼に教えられた人生のことや哲学のことは、その後もわたしの脳裏から離れなかった。彼は、朝は拾い屋として暗いうちから荷車を引いて、カラカラと音を出しながら西新井橋を渡る。戦時中だったからみんな気にしていなかったが、その頃の荷車は、車輪が鉄の輪でできていたので、動かすと音がうるさい。それを引きながら、ゴミ箱などを漁っては帰り、午前八時前には大学へ行く、というような生活をしているとのことだった。

当時の学生が学校へ通学しながらできる仕事は、新聞配達か牛乳配達くらいであったが、それらの仕事が得られる学生はまだ恵まれた方だった。仕事にありつけない学生は、何でもしなければならなかったのである。

一般的に屑物類は、拾い屋によって仕切り場に集められると、種類別に分類され、紙は古新聞、古雑誌、古本などに分別される。古着類も分別されるが、それは、鋳物工場などで金属を溶かして組み出す時に、この古着を何枚も重ねてつくった厚い手袋が必要だったからである。わたしの父も、工場の溶鉱炉で古手袋を使っていた。また、金属類も鉄や砲金などに分類されて、それを専門に扱う業者が現れた。このように、分業が発達していく中で、朝鮮人は生計の手段を見出していった。彼らは、生活が成りたつようになってくると、兄弟や親族、同じ故郷の人まで呼んで、仕事を拡大していった。

その頃の足立には、屑皮を手に入れて生活する朝鮮人も多く見られた。はじめは、一八八三(明治一六)年に三河島、木下川地域で皮革業者が形成されていたが、日本政府は、近代都市計画の必要性から人口の流入と近代産業の展開にともない、皮革産業を強制的な方法で足立方面への移転を命令する手段をとった。一九一一(明治四四)年九月に朝鮮皮革産業株式会社が設立され、一九一四(大正三)年に第一次世界大戦が起こると日本は軍靴や長靴などが大量受注に軍需景気で沸いていた。日本では生産が間に合わず朝鮮産の製品も総動員してもノルマが達成できない状況にあった。このため、三河島や町屋ばかりでなく、足立の千住皮革工場も活気づいていた。とくに皮革製品の注文に生産が追いつかないので、粗悪品の出現や価格の暴騰、悪質な取引業者の横行などの問題も出てきたようであった。この時期になると、生産の拡大が急務となり、労働力の不足を補うために多くの朝鮮人が現場に投入された。こうして、朝鮮から低賃金労働者を移入することで、これらの会社の経営は大きく拡大していったのである。

この頃になると、本木町にもかなりの朝鮮人が流れてきたが、職がないために、皮革工場に行っては、余った皮切れをもらって来て、利用する人間が増えた。一九四二(昭和一五)年頃には、本木町の朝鮮人が皮の切れ端を仕入れてきては、自転車のチェーンのようにそれに穴を開けてバンドを作っている光景を何度も見た。長屋の入口に丸い木の根株を切った台を置いて、皮の切れ端をそれにのせる。そして、木のハンマーで叩いて穴を開けては、それを繋いでバンドに仕上げるのである。このような方法で皮の屑を上手に利用し、チェーン・バンドを作ることを考案したのが誰で、それが何時ごろの話なのかはわからない。ちなみに、こうして様々なかたちで、戦時中に皮革産業に携わった朝鮮人たちが、戦後、足立で高級鞄やランドセルなどを製造していくことになる。

六　バタ屋と女王閔妃

一九四三年の正月、私が日本へ渡って来て父と二人で生活を始めて、初めての元旦を迎えた。しかし、楽しいはずの正月も、私には全く味気のないものに感じられた。済州島での正月が、大勢の友達といろんな遊びをする楽しいものであったことを思い浮かべては、父と従兄と私の三人しかいない日本での正月のわびしさをかみしめた。

ただ一つ、母と妹たちがもう少しで日本へ来るので、それを指折り数えて待つことが楽しみであり、その再会の日を夢にまで見ていた。従兄も住み込みで働きながら夜間学校へ通っているので会う機会は余りなかったが、久しぶりに会うので何かなつかしくも感じた。正月が過ぎると、父は母や妹たちを迎えるために、住居の準備を始めた。まもなく、父が見つけてきた家は、工場から歩いて三分くらいの場所にあり、敷地は四十坪以上もあった。家の玄関は通りに面した角地で、裏庭が広く、部屋は六畳間と三畳間、そして二十畳の広い板間があった。

こうして、父は二月に入ると大阪から叔父を呼び寄せて留守を頼み、その間、工場の運営に支障のないように手配を終えると、母を迎えに済州島へ向かった。父は約十日間の予定で行ったので、叔父さんは私と同じ部屋で寝起きをしていた。酒、タバコは一切やらない真面目な性格であるが、そのかわり遊びが好きで、尺八や日本の民謡などが得意だった。その他にも、花札遊びが好きで、工場で仕事が終わると、夕食後には職人たちと一緒に毎晩のように花札に興じていた。このことを誰かが警察に密告したのか、あるいは偶然なのか、刑事二人が来て、こんな非常時に賭博をするとは何たることかと、怒鳴って警察に連行しようとしたことがあった。叔父さんは、花札遊びはやってはいるが、賭け事はしていないと弁明したのだが、刑事たちは、態度が反抗的だとして叔父さんや参加者を殴り、むりやり警察に連れていってしまった。警察署では、どんなことになったのか分からなかったが、夜遅くになって、四人全員が帰ってきた。私は、子供心にも、その時の刑事の横暴なやり方に憤慨した。この出来事がきっかけで、私は、将来、弁護士になって冤罪で泣く弱い人たちの味方になりたいと、つよく思うようになった。

一九四三（昭和一八）年二月一五日に、父は済州島から母や妹たちを連れて帰ってきた。こうして私たちの一家は借りた家で新しい生活が始まったのである。私は、母や妹たちとの約一年ぶりの再会にうれしさで胸がいっぱいであった。妹の昌淑は、家の真向かいに住んでいる山田さんの娘と、引っ越して来たその日のうちから遊び仲間になった。言葉が通じなくても同じ年頃であるから、なんとか手まね足まねで、仲良くなり友達になったようである。

父が済州島へ行き、母を連れて日本へ戻ろうとした時、姉は母に会いたい一心から、すでに大阪から二人の子供を連れて済州島へ来ていた。姉は母に一目会って大阪へ戻るつもりが、風邪をこじらせて肺炎になってしまった。姉は臨時ビザで済州島に渡ったのだが、病気のため母と一緒に日本に帰ることができなくなってしまった。母が東京へ着いてから一ヵ月後に、姉は済州島で亡くなったとの知らせがあった。それを聞いて、母は慟哭し、日本へ一緒に連れて来られなかったという自責の念にかられていた。母は父に連れられて二人の妹と大阪港を降りた時、迎えに来た姉の夫に、姉の病状の悪化を強く伝えていたのである。ところが義兄は、姉を連れに済州島へ行ったはずが、姉は肺病だから近寄るなと無知な彼の親に言われたため、二人の幼い子供まで放置して、大阪へ帰ってきてしまったのである。彼の冷酷な仕打ちに悲しみながら、儚くこの世を去った姉の最期を思うと、私は今も彼を許すことができない。

私たちが、この家に引っ越してきてからは、父の知人たちがほとんど毎晩のように訪ねてきて、父と酒を酌み交わしていた。特に、先にも書いた漢文学者の康桂林（当時は康虹と呼ばれていた）とは、話も合うらしく、三日に一度は家で酒を飲みながら世の中のことについて話をしていた。時には、禁句となっている朝鮮独立論を朝鮮語で議論するのが、隣の部屋にいる私の耳にも否応なしに聞えてきた。康桂林は私にも、これを読むようにと、一冊の本を持ってきてくれた。それは、細井肇『女王閔妃』（一九三一年、月旦社）という本であった。彼は古紙などを集めている商売の関係上、古新聞や雑誌、古本類が多く集まるようで、その中に必要な書籍を見つけると保管しておくようであった。これらのものは、ゴミ屑として捨ててあったのを、屑拾い屋が集めてきたのである。

私は、康学者からもらった本を最初はよく分からずに、半分は興味本位で読んでいた。しかし、読んでいるうちに、これは大変な本だと気づいた。『女王閔妃』は李朝王末期に閔一族が権力を掌握し、その一族から王妃まで出したが、日本の軍部によって虐殺されてしまう、「乙未事変」について書かれた本であった。私は、この本を読んで初めて、日本軍国主義の侵略性を知ることになったのである。

それ以後は、私もいつのまにか民族性に目覚めていくようになった。学校で、徹底した軍国主義教育を課されることに対しても、反抗心が強くなっていった。しかし、何をどうすべきなのかは分からなかった。そこで、屑拾い屋の大学生から学んだように、あらゆる学問の基礎は哲学から始まるとの教えに忠実であろうと心がけた。幸いにして、学校の前から神保町一帯は、書店街なのでその辺りを歩くことが多かった。私は、哲学書を買おうと考えていたのだが、どんな本を選べばよいのかは分からず、同じ書店に何回も出入りするようなことをしていた。中学生の少年が、専門書のコーナーでうろうろしているということで、大人たちの視線も感じた。その視線がプレッシャーになって、私は、なかなか本を戸棚から取り出せず、結局本を手に入れたのは、かなりの月日がたってからであった。

母が日本に来て二ヶ月近くなった四月に、二人の妹たちは本木小学校へそれぞれ無事入学した。ただ、心配であったのは、父が経営する鋳物工場がどうなっているかであった。父は、鋳物の職人のことでいつも悩んでいるようで、毎朝六時前に起きてタバコをふかしながら、ため息をついている姿を何度も見かけた。その当時は、鋳物職人を確保するために大阪へ何度も行っては、よい条件を約束して連れてくるというような状況であった。職人の絶対数が不足している状況では、やむを得ないことだった。そのことを知っている鋳物職人たちの中には、自分の技術を法外に高く売りつける者もいた。経営者の弱みにつけ込んでは、約束した給料をもらっているにもかかわらず不満をもらし、賃上げを要求する。もし応じなければ、近くの別の鋳物工場へ行くと言い、実際それが原因で、工場の経営者同士で喧嘩になることもあった。

一九四三（昭和一八）年七月に、大阪から連れてきた尹秉元の兄弟も、その類の職人であった。父が大阪へ職人を募集しに行ったときに、たまたま、ある人の紹介で会ったのだが、技術に自信があり何でもできると称しながら、高給を約束して連れて帰ると、不良品ばかり出した。そのおかげで、得意先からも信用を失ってしまい、経済的に大きな損失をこうむってしまった。父は、悩んだ末に、砲金鋳物の製造を当分の間中断して、尹秉元が専門とする軽金属のアルミニウム製品を造ることにした。アルミニウム製品でも、鍋類は戦時下の統制に違反するが、それまでの損害を挽回するためには、アルミニウムの鍋を製造する以外に方法はなかった。父は腹を決めて、鍋の注文を取り、生産を始めた。

この時期に入ると日本政府は、協和会を通じて在日朝鮮人に対し徹底した戦争協力を要求するようになっていた。協和会とは、一九三九（昭和一四）年六月に官制団体として結成された団体で、中央協和会というのが全国三四府県協和会の総本部となっていた。役員は、内務省や警視庁の幹部と特高警察官から構成されており、中央本部にもその手先として朝鮮人が入っていた。全国の各地域で朝鮮人が協和会補導員として任命され、特高警察の密偵の役割を果たしていた。そして、在日朝鮮人には全員、協和会手帳が与えられ、常時携帯するよう義務付けられた。もちろん、補導員の役割は、在日朝鮮人の動静を監視し、密告することであった。これはつまり、在日朝鮮人が、常に特高警察の監視下に置かれるということを意味していた。

私の住んでいる本木町には二人の協和会補導員が配置されていた。一人は長谷川某であり、もう一人は金岡某であるが、本名は創氏改名の以後であるから知りようがない。長谷川は無職で、何をやって生活しているか分からなかったが、もう一人の金岡は、小さな長屋の一角に住み、家の入口の、幅一間、長さ一間半くらいの場所に、木の根株の丸太を輪切りにした台を置いて、牛皮の屑を仕入れてきては、例の「チェーン・バンド」を作っていた。

金岡補導員は、父の工場の近くに住んでいることもあって、毎日工場に来て中を覗いては、何を製造しているかを職人に聞いて帰った。そのような状況の中で、尹秉元兄弟を中心に、アルミニウム鍋を製造していたが、金岡補導員はそのことに気づいたようだった。彼は、毎日のように工場へやって来ては、何も言わず帰っていくことを繰り返すようになった。工場で製品が完成すると、近くの倉庫にリヤカーで運んでいくのだが、二ヶ月近くすると倉庫がいっぱいになる。その頃を見計らったように、突然、西新井警察の特高課内鮮係の刑事二人が、工場へ踏み込んできた。父と叔父さんの二人が、統制令違反の現行犯で連行されてしまったので、職人たちは驚いてうろうろするばかりだった。職人たちは、誰かが警察に密告したのだ、とも言っていた。

父と叔父は、警察に連行されて六日目に帰ってきた。父が母に話すのを聞くと、警察の中ではたいした取調べもなく、ただ雑談が半分くらいだったという。父は、経済の統制違反であるから、普通なら拘留しないで罰金だけで済むと思っていたと独り言をいっていた。父が警察から釈放された翌朝、工場へ行くと職人たちも出勤していた。皆で釈放を喜んでいると、金岡補導員がお祝いに来て、自分が裏で警察の人脈を使って運動したから早く出て来られたのだと、盛んに恩を着せた。父は一応感謝をして、彼が帰った後、誰が密告をしたかを調べていた。そして、倉庫に積んである鍋を確認しに行くと、驚くべきことが起こっていた。倉庫には、大きな錠前がかけてあり、さらに二重の鎖で厳重に閉めてあったのに、それらは壊されて、中に積んであった鍋は全てなくなっていたのである。被害届けを出したが、西新井警察でも、戦時下に倉庫破りなど初めて扱う事件だと言われた。この事件で、父は大変にショックを受け、工場の職人たちにも事情を説明した上で、工場を閉鎖してしまった。そして、毎晩やけ酒ばかりを飲むようになった。実際のところ、これで私の家には何もなくなってしまう恐れがあった。当時のアルミニウム鍋は、一般では生産されていなかったので、高いヤミの値段で売れる。注文先に納入すれば、今の物価で計算すると、億を超す金額になるはずだった。父は、この倉庫破りは、金岡補導員と特高警察の中の誰かとの共謀によるものだと断定していた。そして、これだけの大掛かりな仕事は、一人や二人の力でやれるものではなく、裏で何かの権力が動いたに違いないと言うのであった。こういうことがあってから、金岡補導員とは、あまり会わなくなった。父は、さまざまな人脈を通して、この事件の犯人を捕らえようと必死であったが、何分証拠がなかった。状況証拠だけではどうすることもできなかった。

父はしばらくすると、冷静さを取り戻して、工場再開の準備を始めた。今度は、本来の砲金鋳物で再出発しようと考え、大阪へ行き、職人を連れて帰ってきた。そして、同年の一一月中旬、工場はやっと動き出した。その頃、事務員として働きたいと、紹介もなしに飛び入りで一人の青年が面接にやってきた。彼は帝国商業学校の夜間に通っており、秦孔暦と名乗っていた。父は、働きながら学んでいる学生には同情的だったため、すぐに採用した。ところが、この学生は、事務員としての仕事は何もできなかったため、渉外の分野で、父の使い走りとして働いてもらうことになった。

七　アルミ鍋と父の徴用

一九四四（昭和一九）年四月に、突然、父に召集令状が舞い込んできた。父は、数え四五才にもなるというのに、徴用とは信じられないようであった。まして、今は工場経営をしている身である。父は、一体なぜ自分なのか？　と、さかんに自問自答していた。もしや、前年の七月にアルミニウム鍋を製造した統制違反が原因ではないか、などと、あれやこれやと思案していた。

父は、ある人物を通して、例の奇怪な倉庫破りの事件を内密に調査していた。そのさなかに、徴用の令状が来たのである。事件が徴用によって葬り去られるのが悔しかった父は、何とかして、徴用の検査を逃れなければならない、と考えた。そこで、一か八かの覚悟で、醤油をコップ一杯飲むことにした。父は元来体が丈夫で、酒は一升を飲むほどの酒豪であるが、醤油を飲んだ後はたまらなかったようで、苦しみもがいた。しかし、徴用検査にはなぜか無条件合格となり、立川海軍航空廠《しょう》に軍属として配置された。

父は立川へ行く前に、得意先の親会社である亜細亜パルプ工業株式会社へ行き、今野部長という人と相談した。そして、徴用令状が来た以上は、従わないわけにはいかないが、少しでも早く帰れるように、手を打ってくれる、ということになった。また、一つの方法としては、軍需産業の協力工場となる手もある、とアドバイスしてくれた。亜細亜パルプ工業は、海軍省の管理工場であるから、その気さえあれば、父の工場が省の「協力工場」になるための手続き申請は、容易であるとのことだった。父は、その話を聞き、さんざん思案したが、やむなく協力工場への許可申請を出すことを決心した。そのために、事務所も不便な本木町ではなく、下谷区（現在の台東区）金杉二丁目の都電停留所前に移すことにし、その上で申請のための手配をした。そして、父は、自分が留守の間は、大阪から呼んだ叔父さんを、工場の責任者とすることにし、秦孔暦に仕事内容を指示した上で、立川海軍航空廠へ出発した。

それからというもの、毎月一回の外泊許可日に、家に戻って工場の状況報告を聞き、翌日には立川へ戻るということを繰り返すことになった。収支関連など金銭のからむ業務には、母が関わることになっていたが、実質的に私が代理を務めていた。父が直接経営していたころから、銀行への出入りは、時間の許す限り手伝っていたため、それでも全く問題はなかった。

私は、学校から帰る途中、時折金杉二丁目の事務所に立ち寄ることがあった。すると、女子事務員は何もせずに留守番をしていることが多く、仕事をしている様子はほとんど見られなかった。「軍の協力工場」の認可が下りるまでのことだったから、黙認状態だったようである。私は、工場の現場へはほとんど出入りをしていなかったが、八月下旬にたまたま工場へ行ったところ、入口の看板が変わっているのに気づいた。名前は光善鋳造工業所であったはずだが、「文野鋳造工業所」になっている。そして、同じ名前の——文野と称する人物が、工場の入口の事務室に坐っているのである。私は驚いて、工場の中に叔父さんの姿を探したが、見当たらなかった。そこで、職人と話をしてみると、叔父さんは秦孔暦と対立して、大阪へ帰ってしまったということだった。そこで私は、秦孔暦が叔父さんを追い出した上で、文野なる人間を経営者として工場へ迎え入れたこと——つまりこれは、乗っ取りであることに気づいた。

私は、さっそく立川海軍航空廠へ行き、父に面会して、その内容を報告した。父は、九月の休みを利用して帰った時に、秦孔暦と文野を追い出し、工場を閉鎖してしまった。父は、今野部長に事情を説明し、一日でも早く、自分が帰って工場を再開できるよう懇請した。今野部長も心配して、関係各所に手を尽くして、父の徴用期間の短縮を働きかけてくれた。丁度、それから二ヵ月後に、「海軍大臣嶋田繁太郎」の名で「海軍協力工場」の許可証が送られてきた。私はいそいで立川へ行き、父に許可証が出たことを報告した。

同年一一月に入ると、親会社の今野部長から外交担当として、磯部保良という人が派遣されてきた。彼は大学出で、病気のために軍隊には入っていなかったが、なかなかの手腕家であった。父は、父の遠縁にあたり、梅田に住んでいた姜成龍という人の家の二階を借り、そこに磯部を住まわすことにした。私は時々彼の部屋を訪ねては、工場再開について相談をしていたが、なかなか容易なことではないようだった。父は月に一回、家に帰り、工場再開のための指導をしてくれたが、私たちが実際に工場を動かすことは困難であった。

その頃になると、米軍の攻撃は日増しに激しくなり、一九四四（昭和一九）年七月七日にサイパン島が陥落した。一八日には東条内閣が総辞職し、八月には日本の一億国民総武装が閣議決定され、特攻隊が編成されるところまで追い詰められていた。一一月二七日には、とうとう、米軍機B29が東京を大規模に空襲する事態にまで至った。

日本政府は軍需産業の生産力を一層高める必要性にかられていた。父の工場再開も、このような状況のもと、少しでも軍需品の生産力を高めるために、急を要する問題となっていた。そこで、親会社の今野部長も、本社の上層部を通じて軍部に働きかけを行った。父の徴用期間が短縮されれば、軍の協力工場が再開され、生産力に役立つ、というわけである。こうして、同年一二月末に、父は軍属から除隊を認められて家に帰ってきた。

八　東京大空襲と父の工場

一九四五（昭和二〇）年の正月は、私たち家族にとっては、最良の年となるはずであった。父は、さっそく工場の再開に着手した。運転が再開してまもなくすると、憲兵の将校が工場の現場視察に訪れたという。本社からは、とにかく生産量を増やすよう矢の催促だった。製品の納入が間に合わない場合には、普段なら不合格の製品もすべて合格にして、納めるようになっていた。当時、軍需工場の施設は、ほとんどが地方に疎開したり、空爆で被災したりしていたため、生産力の低下は慢性的な問題となっていた。亜細亜パルプ工業にしても、本社を残して工場を茨城に疎開していた。何よりも、戦線の拡大にともない、伸びた補給船を維持するために、多数の艦船が失われており、その穴埋めは緊急の課題となっていた。

一九四五（昭和二〇）年に入ると米軍機B29は、連日連夜、空襲を仕掛けてくるようになり、東京は首都としての機能を果たせない焼け野原と化していった。足立区内でも、学童の疎開をはじめ、一般住民の地方への疎開が増えていたが、朝鮮人には、朝鮮の故郷へ帰るか、日本に残るかの選択しかなかった。また、私の場合、父が工場を経営している関係上、疎開という選択肢はなおさらなかった。父が帰ってこられたのは、軍需品の生産をする条件と交換であったので、工場を離れる自由などは、事実上存在しなかったのである。

ところが、三月一〇日、父の工場の生産もやっと軌道に乗ったころ、工場も金杉の事務所も、いや、それだけでなく——私たちの住居も、すべて焼失してしまった。東京大空襲である。

三月十日、その日はいつもの空襲と違っていた。夕闇が迫る頃から、私たちの周囲には何かが起こる兆しなのか、不気味な雰囲気が漂っていた。ただならぬ空気を感じていると、空襲警報のサイレンが鳴り出した。私の家は裏庭に結構大きな防空壕を備えていたが、近所の人たちが、みんな近くの荒川土手へ避難していくので、一緒に避難することにした。妹の昌月は、上野という運送屋のオート三輪に乗せてもらって、どこかに避難して行った。私と両親と末妹の昌淑は、荒川土手に避難した。荒川土手は、人の群れで溢れかえっていた。先ほどまでは、遠くの方で、米軍機を迎え撃つ高射砲の音が響き渡っていたが、午後九時には高射砲の音がやみ、米軍機の大編隊のエンジン音が、だんだんと大きく響いてきた。そして、爆弾の炸裂する音と、焼夷弾の火の玉が四方を火の海にしていった。私は、川の岸辺の向こう、遠くの方角が真昼のように燃えているのを他人事のように眺めていた。しかし、あっという間に、わが街、本木町にも焼夷弾の落下によって火の手が上がった。私は昌淑を連れて、土手の上の人の群れから下りて、七〇メートルほど先の川のふちまで歩いていった。これで安全な場所だと思ったのもつかの間、私たち兄妹の頭上に真っ赤な火の玉が降ってきて、妹が被っている頭巾に火がついた。私はとっさに妹を川に突き落とし、自分はなすすべもなく、その場に立ちすくんでいた。その時、空になった焼夷弾の円筒状の鉄片が無数に落ちてきて、地面にめりこんでいく。もはや生きた心地はしなかったが、何かを考える余裕すらないほど、それらは瞬間的な出来事であった。

私がわれにかえって妹を川から引き上げた時には、月の明かりの下、私たち兄妹の周囲は、例の円筒状の鉄片から飛び出したなにか液状のものが燃えており、鉄片それ自体はそこら中の土に深くめり込んでいた。私たちの頭上に映った焼夷弾は、七〇メートル先の西新井橋の木造の欄干を燃やしていた。もし、あの鉄片が私たちに直撃していれば、即死したか、それに近い重傷を負ったに違いなかった。

東京一体は、米軍機の無差別爆撃によって、見るも無残な状態に陥り、死者は八万三千人、負傷者約十万人、家屋の焼失は二三万戸、罹災者は約百万人にも達した。私たち一家も住宅や工場を失い、着の身着のまま避難していたので帰るところはなかった。飢えと寒さに耐えながら、朝を迎えると、父や母は仮住まいを探す算段を始めた。幸い、従兄の家が焼失を免れていたため、しばらくの間、世話になることができた。しかし、いつまでも人の世話になるわけにもいかず、住居探しと工場の再建を考えなければならなかった。私にしても、学校が焼けてしまったので、これからいかにすべきか、思案に暮れていた。とはいえ、母がまもなく、関原商店街のなかの一軒屋が疎開して空き家になっているのを見つけたので、その家を借りて住むことになった。

父は磯部と工場再建のために親会社と相談をしながら動いていたが、それまでの間、臨時工場を建てることにした。梅田町にある約百四十坪の空地に広い倉庫があったのを借り、準備にとりかかった。父はどうにか、五月から工場の操業を開始したが、親会社の方は、増産に追われていたので、いくら急ピッチで製造しても「遅い」と矢の催促であった。他方、七月末日づけで、軍需省から「工場復興命令書」というものが出された。これは、軍事権を背景に、工場の建設用地に適当と思われる場所があれば、土地所有者の意思のいかんにかかわらず占有することが可能というもので、工場の建設だけでなく、それに必要な建築資材まで支給される、というものであった。だが、この命令書によって、新しい工場の建設用地を物色しているさなかに、八月一五日、戦争は日本の敗戦で終わったのである。

父は、親会社へ納入した製品の代金を回収するように、渉外担当の磯部に指示したが、彼は敗戦にうちひしがれて働こうとしなかった。親会社それ自体も、会社の機能が停止しており、役員が不在となってしまったため、代金を回収することは不可能であった。父は、この先工場を動かすのに、どうすればよいのか分からず、従業員を抱えて暗中模索をしていた。

九　独学を志して

先にも書いたが、私の一家は一九四五年三月一〇日の東京大空襲によって、全てを失ってしまった。私の住んでいた家も、父が経営していた鋳物工場も焼失し、私が通っていた大成中学校まで焼けてしまった。私は失意のどん底にあった。

母が借りた一軒屋に引越しをすることになったが、空襲が来るたびに荒川での焼夷弾の記憶を思い出した。連日連夜、B29の空爆にさらされ、逃げ場のない私は、死に対する恐怖心におののいていた。同じ年の五月には、私が引っ越した町にも米軍機によって無数の爆弾が投下された。爆弾が頭上をかすめるように落下してくる瞬間は、不気味な音がして生きた心地がしなかった。その音の行方が、私の生死を決めるからであった。

私は失意の中で彷徨《ほうこう》をつづけ、焼失した学校の周辺を歩きながら、わずかに焼け残った書店を見て回っていた。学校が焼けて教科書までが焼失し何一つ持っていない私には、独学しか残されていなかった。

ちょうどその頃、独学に熱中している少年がいるとの噂を聞いてその人に会うようになった。彼は本名を、金景潤といい、「健ちゃん」と呼ばれていた。全く朝鮮語が通じない二世であり、個人的には朝鮮人と付き合いがない人間であった。彼は私より一才年が上で、将来も独学で哲学の道を極めたいと言っていたが、実力の程は未知数であった。わたしが、ただ一つ、彼と共通点を見出したのは、哲学を共に勉強することであった。それからは彼と一緒に勉強をするようになった。これが、わたしたち二人が親友となる出発点となったのである。

私の家が関原商店街通りに移転してからは、健ちゃんと度々会って一緒に勉強するための打ち合せをした。私が以前購入した紀平正美の『哲学概論』（岩波書店、大正五年）を二人で読み、議論を深めていくことにした。私の家では人の出入りが頻繁なので彼の一人部屋で勉強を始めた。

哲学書を二人で声を出し合って読んでは、その内容に私たちなりの解釈を加え、討論するのである。いくつかの疑問点はあっても、大先生が書いた理論であるから間違いはない、と信じながら、例えば、紀平の『哲学概論』は「人間は神によって与えられているという考えは、コペルニクスの太陽中心説、ダーウィンの生物進化論によって根本的に打撃を受けた」（一頁）から始まる。私たちは、このような言葉にも感動し、繰り返しそれを声に出して読んだ。しまいには、『哲学概論』の好きな箇所は暗記してしまうほど、熱中して読み続けた。私は、紀平に影響されて以来、神の存在を否定するようになった。

しかし、疑問点もあった。例えば、『哲学概論』には、学問とは「知識のために知識を求める」ものだ、とか「研究者は何のために研究して居るのかの問いには……彼等はその目的を知らない」（三頁）とか、あるいは、「唯物論は最早……全く心という存在を否定し、物質を唯一の実在とするにいたった」（二一五頁）などと書いてあった。要するに、『哲学概論』では、学問の研究というのは、自己満足に尽きる、ということを強調していた。大先生の書いていることなので、私はそれを間違いないと信じてはいたが、本当にそれでいいのか、という一抹の疑念はあった。また、唯物論には物質のみで心がないという考え方を、読んだときに、私はそれでは唯物論というものは、一体なんであるのか、という疑問をもちはじめた。当時の私には、それらの疑問について、教え導いてくれる師はいなかったのである。健ちゃんと二人での独学は、空襲の恐怖を、一時やわらげてくれるものだった。議論をしているときだけは、焼け野原も、空襲警報も、全てを忘れられるのであった。

だが、一方でそれは、具体的な目標を欠いた学問のための学問でもあった。時代的な流れもあったかもしれないが、私たちは、パスカルやショウペンハウエルなど、虚無主義的な哲学にも没頭していった。

米軍の空爆は日に日に激化し、本土上陸をも視野に入れた準備体制が考えられつつあった。軍部は、朝鮮から親日派となった文化人らを神田のYMCAへ呼んで講演会を開いた。そこには大勢の朝鮮人学生が動員され、その中に私服の憲兵も紛れ込んでいた。講演の目的は、学徒志願兵に応募させるための勧誘であり、弁士たちの話も、すべてそのような話題に集中していた。それに反発したある学生は、私服の憲兵によって連行された。数日後に、その学生と同じアパートに同居していた友人のもとに憲兵が四角い箱を持って現れた。箱の中身を見て、それは生首だった。そんな噂が、朝鮮人学生の間にまことしやかに広まり、私の耳にも伝わってきた。この話をしてくれた学生の悲愴な面持ちが今も印象に残っている。

第五章　民族が解放されて

一　日本の敗戦と在日同胞

一九四五（昭和二〇）年八月一五日、日本の敗戦の報が流れた。この時、私の脳裏をかすめたのは、関東大震災の折に起こった朝鮮人の虐殺事件である。私はその話を聞いていたが、今度もその二の舞となるかもしれないと内心は恐れていた。私は、妹たちに学校を休ませ、外出をしないように強く注意をしておき、知り合いのもとに相談に行ったりして、事の成り行きを見守っていた。かつて父とトラブルがあった、金岡ら協和会補導員の動きにも注意が必要だった。先に話したように、協和会補導員は特高警察の手先として、朝鮮人の動きを監視しており、密告をする役割をしているので、彼らがどう出てくるかは予断を許さなかった。

本木町の二人の補導員の動きは、金岡補導員は三月一〇日の空襲で、行方知れずになっていた。しかし民族が解放された今や、彼はこれまで恨みを買った人たちから追われる身となっていた。もう一人の長谷川補導員は、敗戦の翌日から、日本軍の将校用の日本刀を腰にさして、何かを警戒するように歩いていたが、彼もいつのまにか姿を消してしまった。

数日がたつと、地域の朝鮮人たちは、解放の喜びを声にしつつ、どこからともなく、あちこちから集まってきたが、何をどうすればよいかわからないまま、「朝鮮独立万歳！」だけを叫んでいた。

かつての日帝時代の警察は、戦前・戦中とにわたって、在日同胞に対する、当局の弾圧は大変強いものであった。戦況の悪化にしたがって、国内の治安引き締めのためにも、朝鮮人の取り締まりは日増しに厳しくなっていた。例えば、私のなかで印象に残っている一つの事件がある。私が住んでいる地域は、東京の中心街に出るのに、西新井橋を渡らなければならないが、その橋のたもとにある交番のことである。この西新井橋交番が、当時はある種の関所の役割をしていて、朝鮮人に対して弾圧的なふるまいをしていた。町から山手線の鶯谷駅まではいくつもの交番を通らなければならないのだが、その中でもっともいやな交番が、西新井橋北側の交番であった。この橋は南北の両側に交番があり、南側の交番は橋から離れていて問題はない。問題は目の前を通り過ぎることになる北側交番である。本木町から出るときも厄介だが、帰ってくるときにも運が悪いと呼び止められる。北側交番に立っている警察官は、橋を渡ってくる通行人をいつも監視していて、少しでも不審を感じたら、「ちょっと待て」と呼び止め、根掘り葉掘り質問をする。そして朝鮮人と分かると、協和会の「手帳」を見せろというのである。ポケットに何か入っているかもしれないと言って、時には身体検査のようなこともするが、特に問題になっていたのは、女性にまで身体検査に近いことをしていたことだった。警察官の横暴は目に余るものがあり、反発する朝鮮人は多かったが、ほとんどは泣き寝入りするしかなかった。

そのような状況の中、本木町の住人で、姜克鐘ら少年四人のグループが、五月のある霧の出た夜に、西新井橋の欄干百十六本に白チョークで「朝鮮独立万歳」と書いた。彼らは、現行犯で逮捕され、西新井警察署から荒川、南千住の各警察署をたらい回しにされ、独立運動の指導者の名前を言えと、拷問されたという。彼らはそれに耐えて、結局三ヵ月後に釈放された。姜克鐘らは、独立運動を企てるような少年たちではなかったが、この交番の朝鮮人に対する差別と横暴に耐えかねて、独立万歳と書いたのであった。

このような西新井橋交番も、戦後は統制経済の取締りと、外国人登録証明書のチェックが主要な仕事に変わっていった。とはいえ、時代の変遷がありつつも、交番の警察官たちの対応は、戦前の「おいコラ」「ちょっと来い」から、「おい」とか「ちょっと」に変わった程度であった。横柄な態度はあいかわらずであった。一九六〇（昭和三五）年一〇月の、一〇〇号線道路建設工事にともなって、この悪名高き交番は廃止された。この時、ようやく解放された気分になったのは私一人だけであろうか。

話は順番が後先となったが、いずれにしても、戦争が終わったことで、このような異常な状況はがらりと変わった。そのような雰囲気のなか、早く故郷へ帰りたいと家財を整理する人たちが、ぞくぞくと出てきて、その数は日増しに増えていった。私の父もその中の一人であり、父は工場にある残りの鋳物の材料で、家庭用の食器を作る準備を始めた。当時、足立には鋳物工場が四軒しかなかったが、そのうち最初に故郷に引き揚げていったのは、呉本製作所の呉東春であった。彼は工場の整理を終えると、そこで働いていた同郷の全栄湖に設備一式を残して、済州島へ帰っていった。

父は、残っていた材料を早く食器に作りかえるために、職人を募集しはじめたが、以前の職人たちは各地に散ってしまい、結局年を越してしまった。それでも一九四六年二月には、食器類の製造を終えて、それらの荷造りも済まし、父の代理人が、東京港からチャーターした漁船に、荷造りした食器類を、家財道具と一緒に積み込んで済州島へ出航した。

荷物が無事に故郷の済州島へ着くのを確認したのち、私たち家族も引き揚げる手はずになっていた。だが、予想もしなかった事態が起こった。チャーターした舟は、間もなく、四国の沖合で警備船に拿捕され、積荷を差し押さえられてしまったので、その先のことは、裁判で争うことになったのである。

父は、急いで現地に行き、地元の弁護士に依頼して裁判に持ち込んだ。だが、一年近くも争った結果、結局、敗訴となってしまった。没収された積荷は戻らなかった。その上、父は裁判で勝てると信じていたので、訴訟費用も家にあるだけの貯金を注ぎ込んでしまった。父は、四国から帰るときには、静岡に住んでいる、かつての竹馬の友である李季白（後の朝鮮総聯中央本部副議長）宅に寄り、ミカンをトランク一杯に詰め込んで、それを土産に戻ってきた。戦後間もないこともあって、ミカンは高価であり、庶民の手には届かない時代で、私たち兄妹は、はじめてミカンを飽きるほど食べた。こうして、私たち一家は、全財産をなくし、帰るに帰れなくなって日本に在留するようになったのである。

二　戦後の社会混乱

(一)　闇屋と新興成金

日本が敗戦した直後、鈴木貫太郎内閣は、「軍需用保有物価資材ノ緊急処分命令」を閣議で決定した。この時点で日本がもっていた軍事物資や資材が、どれくらいあったかというと、ガソリン、アルミニウム、鉄鋼から生活物資に至るまで、当時の日本経済を一年半以上支えられる分量だったといわれている。これは、その頃の金額で約二千四百億円、現在の金額に直すと三十兆円にも相当する莫大なものである。鈴木内閣の放出命令には「払下げは原則として有償とする、但し払下げ代金は直ちに全額支払いを要せず」とあった。要するにこれは、解釈の仕方次第でどのようにもできるということである。実際、この処分に直接関与したのは、高級官僚、政治家、軍の幹部、軍需会社の重役、御用商人らであったが、かれらがこの物資を処分した方法はさまざまであった。空襲で焼失したということで、あるいは不良品という名目で、物資はまたたく間に闇ルートに消えていった。

それから半月後に、東久邇宮稔彦内閣が成立すると、旧軍需物資の放出があまりにひどすぎるとして、「放出中止命令」が発令された。しかし、その時に回収できたのは、旧陸・海軍ともにわずか三割足らずだった。

このように旧日本軍に繋がる組織にはかなりの物資が蓄積されていたが、敗戦後、不正に処理され、その存在は隠匿されていた。これらは「隠退蔵物資」とか「隠匿物資」などと呼ばれていた。

一九四六（昭和二一）年一月二一日には、東京・板橋・滝野川区の旧陸軍造兵廠で大量の隠匿物資が発見された。地域住民三千人が押し寄せ、米、大豆、木炭など多量の隠退蔵物の譲渡を要求するも、責任者であった小林軍次（元陸軍少将）は、滝野川区役所に譲渡済みだとしてこれを拒否。これに対し、住民たちは譲渡書が偽造であることを暴露し、区民選出の委員二十人によって、公定価格の半値で区民に配給することを区長に認めさせた。ところが、同月二五日に、東京都は警視庁を動かし、隠退蔵物資を押収。この時の物資のほとんどは、闇ブローカーを通じて闇市場に流れたという。

その一方、一般庶民は敗戦による混乱のなか、飢えに苦しんでいた。日本全国で、じつに千三百万の失業者が巷を徘徊し、農村出身者や資本家の子弟を除けば、虚脱と飢餓のどん底から這い上がるために、何でもしなければならなかった。朝日新聞によれば、九月六日までに、上野の浮浪児二三二人が警察によって収容され、一一月一七日までに、上野、愛宕、四谷警察署管内で、一五〇人が餓死したという。また、一二月一五日から一七日の三日間で、上野地下道の浮浪者二千五百人が一斉に収容されたとの報道もあった。

一九四六年一月一〇日の時点で、盛り場に出た露店は二五〇ヶ所、一万七六六七店に達し、二月五日付の毎日新聞は、都民の半数は闇米買いで生活していると報じている。同じ年の夏、八十軒ほどのバラック造りのマーケットが御徒町近辺に姿を現した。そこで売られたもののほとんどが、甘味品、特に芋飴で、これが現在の「アメ横」の由来になったといわれている。

その芋飴の原料を運ぶのは「かつぎ屋」の仕事であった。経済警察が目を光らせ始めると、かつぎ屋たちは、上野駅から一駅先の御徒町で降りるようになった。マーケットが御徒町寄りにできたのは、そんな事情からだったのである。当時の上野駅は、東北、上越、常磐、信越線の上下線で、一日一二〇本の列車が出ていた。この列車に、二十万人の乗客が乗って、買出しに殺到するわけであるから、一枚の切符を手に入れるのは容易でなかった。駅の外で三泊もして切符を買うなどというのは当たり前で、その買出しも、上野駅を通過する時は、いつ経済警察の手入れがあるかとびくつきながらであったと知人から聞いている。

一九四九年六月になると、警視庁は、物資の流れが次第に好転し、経済面からの取り締まりの必要性がなくなったとして、「道路交通取締法」による交通秩序の保持のための露店取締りに重点を置くようになった。戦後四年にして、ようやく正常な状態に復帰したのである。一九五一年一月一二日には、連合国軍総司令部（ＧＨＱ）の勧告により、路上での露店は交通の妨害になるとして、これらの露店は全て閉鎖されてしまった。

このように、戦後の混乱期には、隠匿物資の不正な闇取引があとを絶たなかった。国が法律によって統制品に指定した生活物資が、取り締まりの網の目をくぐって、ヤミ（闇）市場へ流れた。それによって巨万の利益を得たものも現れ、このことが新興成金を生み出したことも、その後の日本経済を考えるにあたっては、見逃せない事実である。

こうして、戦後の日本経済は、あたかも一億総闇屋であるかのような混乱期を経ることになったのであり、ようやく正常化に向かったのは、一九五〇年台に入ってからのことであった。日本の敗戦は、在日朝鮮人にとっては植民地政策からの解放であり、その喜びは言葉では言い尽くせないものであった。だが、それと同時に朝鮮人は日本のあらゆる職場で、放置され、失業状態となっていた。そして、職場のない朝鮮人が行き着くところといえば、手っ取り早く仕事のできるヤミ市場くらいだったのである。

（二）帰国へ向けて

一九四五（昭和二〇）年八月一五日、第二次世界大戦は日本の敗北で終結した。朝鮮は日本の植民地から解放されたが、その時、すでに日本には二三六万人の朝鮮人が在留していた。彼らの多くは、この戦争中に強制的に日本に連行され、炭鉱や鉱山、軍需工場、軍事施設、土木工事現場などで重労働に従事させられていたのであった。日本の敗北で、彼らは強制労働からは解放された。しかし、日本政府は彼らに対し、何の補償もしなかった。在日同胞たちは、無一文に近い状態で放置され、それに対する責任ある対策はなされなかった。このような不安定な状況の中で、各地では在日同胞の団体が次々と組織されていった。同年一〇月一五日には、それらの団体の全国組織として、在日本朝鮮人聯盟（朝聯）が結成された。この朝聯の目的の主眼は、在留同胞が帰国を果たすまでの間、生活を助け、帰国同胞の支援をするというものである。その間に、日本国民との友好促進をはかることも目的の一つだった。そしてまた、母国語を知らない子弟に対しては、帰国してからも祖国の社会に自然に溶け込めるように、自分の民族の言葉や歴史を教えることが重要だった。これらの目的から、朝聯は出発したのであった。

最初の頃は、民族教育をする施設として、工場の一部やお寺、日本学校の教室などを借りて、朝鮮語や朝鮮の歴史を教える講習所というかたちをとっていた。

しかし、諸般の事情により、在日同胞の帰国が長期化するにしたがって、在日子弟に対する民族教育も、本格的な学校へと発展していった。

朝聯は、帰国者を援助するための出張所を、下関や博多に開設し、帰国者の便宜を図る事業を積極的に推進していった。日本政府が強制連行者の輸送を優先させている状況の中で、取り残されていた一般の同胞を独自に支援したりもした。

この当時、在日同胞のほとんどが帰国の日を一日千秋の思いで待ち焦がれていた。同年九月末になると下関に約二万人、博多には約一万人の帰国者が集結し、道ばたにテントを張って、一ヶ月近くも乗船の順番を待ち続けていた。しかし、帰国者が絶えず集まってくるので収拾がつかず、病人まで発生する有様だった。

朝聯は、日本の厚生省や運輸省と交渉して、帰国者の輸送業務の一切を取り仕切り、帰国者の名簿作成や帰還

帰国する友人との記念写真（1945 年 11 月）

証明書の発行から、特別輸送列車の計画、乗船手続きの世話、帰国者が持ち帰れない財産の管理まで行った。さらに、日本政府に対して乗船地における宿泊所の設置や船舶の増便を要求したり、帰国同胞援護会や朝鮮人救護会を結成したりとさまざまな活動を展開した。

九月二日に上陸した連合軍は、占領軍政策の覚書による指令を次々と発令した。その中には、当面一一月一八日から一二月三〇日までの間に、毎日一千人の帰国者を輸送する計画の指令も含まれていたが、帰国者が出港地に数万人と待機している状況では、焼け石に水であった。その上、出港地では衛生状態が悪化して、赤痢やチフス患者が発生しており、帰国業務は一時中断せざるを得なくなった。

このため、帰国者の中には、漁船をチャーターして非合法的な方法で帰国する者もかなりいた。私の親族も、知人たちと漁船をチャーターして帰国する途中、機雷に触れ、一行全員が死亡するという事故に巻き込まれている。当時の状況からして、死体すら探すことができず、また支えを失った家庭は崩壊してしまった。こういった話は、枚挙にいとまがない。

在日同胞の人口は、一九四五（昭和二〇）年八月一五日時点では約二三六万人であったが、一九四六年一二月末日までの一年四ヶ月に一九三万人が帰国の途についた。このうち一〇二万人は合法的に帰国したが、八一万人は非合法で帰国したと言われている。また、さまざまな事情によって、六四万七千人が、日本への残留を余儀なくさせられていた。

最も大きな事情とは、一九四六年三月に、連合軍総司令部から出された「三八度線以北に本籍を有する者は引揚を停止」との通達であった。これによって、彼らは故郷に帰れなくなった。さらに、同年四月一日からの帰国者は、一人につき二五〇ポンド（イギリスの量計で一ポンドは約四五〇グラム）までの重量しか荷物を持ち帰ることができなくなった。これは、日本国内にある財産を国外へ搬出することを制限するための措置であった。それでも故郷へ帰ることを希望する人の数は増していき、彼らは二五〇ポンドを超過した分を在日本朝鮮人聯盟に寄付して帰っていった。

さらに連合軍総司令部は、「帰還希望者登録」を一九四六年三月までに行わなかった者は、帰国の権利を失うとの通達を発表した。これを受けて、登録申請をした在日朝鮮人は五一万四千人にのぼっており、当時六四万人いたうちのほとんどの人が、帰国を望んでいたことがわかる。連合軍総司令部は、同年八月八日の覚書「朝鮮へ及び朝鮮からの引揚の件」で、在日朝鮮人の帰国業務の完了は、特殊な事情が生じた者も含め、一二月三一日までを限度とし、それ以後は、「如何なる場合にも引揚の延期は許されない」との通達をした。

日本政府は、在日朝鮮人の帰国の最終期限が決定されると、早速、在日朝鮮人を対象とした「外国人登録令」の公布を閣議で決定した。一九四七（昭和二二）年一二月時点の在日朝鮮人の数は、五九万八千人であり、これを基礎として外国人登録が実施された。

しかし、日本の法律上では、在日朝鮮人は日本国籍所持者であるから、閣議で「在日朝鮮人は当分の間は外国人と規定」し、「国籍欄に「朝鮮」と記入するよう」決定した。この時から在日朝鮮人は外国人として登録されることとなり、新しい在日朝鮮人社会を形成する出発点となったのである。

一九四六（昭和二一）年一〇月三日には、朝聯の内部で意見の対立から分裂した人たちによって在日本朝鮮居留民団（民団）が結成された。翌年の二月には、東京本部が設置されたが、実態としては、同胞の中で具体的な活動を始めるまで、まだ時間がかかった。

三　足立の同胞組織とその変遷

戦後、日本では、在日同胞による多くの同胞組織がつくられた。その中には、現在も存続しているものもあれば、消滅したり、発展的解消をしたりしたものも含まれている。ここでは、足立の在日朝鮮人にとって、大きな意味をもった組織の変遷について、その歴史を確認しておきたい。

（一）朝聯と下部組織

戦後の混乱の中で、足立の朝鮮人は、故郷へ帰るまでの間の生活の糧を求め彷徨していた。一九四五（昭和二〇）年一〇月一五日に朝聯が結成されると、同じ年の一〇月に、東京本部が、そして足立区と葛飾区が連合した城北支部が結成された。さらにその下部組織として、足立では千住と千住柳原地域が千住分会となった。千住分会は、千住二丁目にある呉相殷が経営していた産経新聞販売所を事務所とし、分会長にも呉相殷が選ばれた。分会の役員には、千住寿町でスナック酒場「舞姫」を経営していた趙奎錫、千住三丁目の北千住駅前で自転車預り所を経営していた趙鎔奎のほか、孫道淵らがいた。酒場「舞姫」の趙奎錫は、後に帰化して西山武彦と名乗り、新宿で美容室の経営をしたり、全日本美容新聞を発刊したりと活躍し、武蔵野市会議員になった。北千住駅前で豊原自転車預り所を経営していた趙鎔奎は、戦時中、私が中学に通っている時に、自転車を預けていた時からの知り合いであった。自転車を預ける時に、言葉のアクセントから、朝鮮人であることを知り、お互いに名乗りあっていた。その当時の北千住駅は小さい平屋で、広場などと言えるほどの広さもなかった。預り所は、北千住駅を背にして左側の角にあったが、駅前の開発事業で立ち退きとなり、他へ引っ越していった。彼は、のちに東京第四朝鮮人初級学校教育会長に就任した。こういった人たちが、千住分会の中心メンバーであった。これらの顔ぶれは多様であったが、みな早くからこの地域に住んでいて、民族的な意識の高い人たちであった。

その次に結成されたのが本木分会で、同年一〇月下旬に、足立区本木一丁目（現在の関原一丁目六番二〇号）を事務所として組織された。役員は次のとおりである。

分会長　朴龍奉　副分会長　鄭洪基　総務部長　韓致権　経済部長　閔泳祐

社会部長　朴太丁　財政部長　金聖三　青年部長　金君玉

この人事は、馴れ合いと熱意を優先に選ばれた感があり、選出された人たちの役員としての能力は未知数であった。分会長の朴龍奉は、戦時中から分会事務所の住人で、その地域の顔役であった。彼にはこれという職業はなく、婦人と子息が働いて生計を立てていた。彼自身は、地域の同胞間の争いごとの仲裁や、相談ごとなどの面倒をみて、同胞の間では信頼のある人だった。副分会長の鄭洪基は、性格的にまじめな人であり、無難な人柄であった。総務部長の韓致権は事務面で優れていて、毎月の会費の集金のために、会員の家を戸別訪問していた。社会部長の朴太丁は、郷里が私と同じで、彼の息子と私は友人であった。彼は、翌年に城北支部から分離して、足立支部を結成するときにも、社会部長となった人であるが、アジ演説が得意だった。彼が演説するときは、必ず「三千里《サムチョルリ》江山《カンサン》」という言葉を使うので、あだ名も三千里江山になり、三千里江山と言えば、名前を言わなくても、足立区では誰でも知っている人になった。彼もまた、好んでこの名前を使っていた。三千里江山というのは、朝鮮半島の南は済州島の漢拏山から、北は白頭山に至るまでの全民族の総称であり、この言葉が同胞社会では意見の対立を和らげる役割も果たしていた。経済部長の閔泳祐は事業家で、いろいろな種類の商売をしていた。三益《みます》アパートのような不動産業もやっており、後には三益映画館を本木町と千住柳原の二箇所で経営したり、ガソリンスタンドの経営をしたり、かなり経済的に実力のある人である。財政部長の金聖三は、分会事務所と道路をはさんだ隣で古鉄商をやっており、財政面について任せられるだろうと、分会長が判断しての人事だった。しかしのちに彼は、本木一丁目（現在の一〇〇号線沿い）に分会事務所として、約一六坪の建物を買い取った時に、トラブルを起こすことになる。青年部長の金君玉は、分会長の隣に住んでいた。柔道初段とも二段とも言われていて、体が大きく、実質的には分会長のボディーガードのような存在であった。このような顔ぶれが、本木分会の組織の中心メンバーだった。

分会長の自宅の応接室を臨時事務所にしたが、大勢の人たちが出入りしているので狭く、早急に事務所を確保することが要求された。さらに、分会事務所の建物の中には、三世帯が住んでおり、分会長の朴龍奉、青年部長の金君玉のほかに、事務所の入口の正面に文昌夏という人が住んでいた。しかし、事務所ということで人の出入りが多く、毎日騒がしいので、彼からは苦情が絶えなかった。分会長は、ベニヤ一枚隔てた隣で生活していたから、彼と親しいこともあって、聯盟事務所は在日同胞にとって公的な機関であるから、我慢するようにと説得したが、それも限界に達し、ついには正面衝突となってしまった。

結果は、団体をバックにもっている人たちには勝てず、文昌夏は浅草方面に引っ越していった。それからまもなく、一二月初旬に、分会事務所に適当な家が本木一丁目（現在の関原一丁目一八番地）に約一六坪の平屋を買い取り、その一部を修理して事務所にした。この建物を買うときに、所有者名義人を、分会財政部長の金聖三が独断で彼個人の名義としたことで、後に問題となるが、この時は誰も知る由もなかった。

本木分会に所属する地域は、本木、関原、梅田、高砂、五反野、西新井の一部にまで及び、じつに足立同胞の過半数を占めていた。一九四六（昭和二一）年一二月の東京都の統計によると、足立区の在日朝鮮人（南北朝鮮人の総称）の数は、七四二人となっていた。この足立が葛飾と連合した城北支部から分離して、朝聯足立支部となったのは同年の一月中旬になってからである。すでに足立には本木分会と千住分会が組織され活動しており、これが支部結成の基礎になっていた。結成大会は、足立支部の結成大会というより、ある種の演説会のようなかたちで、本木小学校の講堂に、約六〇人の同胞が集まって行われた。当日、会場の演壇の後ろには、尹炳玉のほか、八人の幹部団が居並び、司会者は金万有がつとめていた。弁士は、辺海中のほか五人で、四人は幹部団から出たが、一人は聴衆の中から、私の故郷の先輩である宋勲信が出て、熱弁をふるった。私は、まだ一七歳になったばかりであったが、政治には関心をもっていたので、彼に連れられてこの大会に参加したのだった。五人の演説が終わり、朝聯中央から来た人で文化人としても有名な金斗鎔の、挨拶を兼ねた講演があった。私はその講演が終わると、すぐに帰ってしまったので、後のことは直接は知らない。しかし、後から聞いた話によると、朝聯足立支部委員長に尹炳玉が選出されたとのことであった。そして、支部事務所は本木二丁目一八番地の大山鉄工所（社長は孫某と名乗っていた）の事務所に臨時に同居することになった。

しかし、足立同胞の組織が同胞企業の事務所と同居では、支部の役員会すら開けないので、それに関しては、本木分会事務所で開くようになった。それゆえ、足立支部は本木分会と実質的に一緒になってしまった。このような状況を改善するため、同胞の中から支部事務所を早急に確保するための資金を集める運動が起こった。そして、たまたま大山鉄工所の近くの本木二丁目二二二番地（現在地は本木二丁目一三番一一号）に、四五三坪の売り地が出たので、これを取得することができた。建物は、足立区五反野南町にある天理教梅島教会が、古い教会の建物を建て替えるとの話をある同胞から聞いたので、これを安い金額で買い取り、解体して候補地に運んで組み建てた。こうして、朝聯足立支部事務所は、ようやくしっかりと機能するようになった。事務所が機能するようになると、その下部組織として、本木分会、千住分会を基礎としつつ、興野分会、江北分会、そして千住柳原分会が組織され、のちに綾瀬から六月町、花畑方面の地域を網羅した普賢分会が組織された。こうして朝聯は、一九四九（昭和二四）年、団体等規正令によって強制解散されるまで、六つの分会をもって運営された。

一九四六（昭和二一）年四月一〇日になると、朝聯青年部保安隊や自治隊の解散にともなって、同年五月一〇日に、在日本朝鮮人民主青年同盟（以下民青）が結成された。

足立では四月以前に、民青足立支部準備委員会が組織され、事務所は朝聯足立支部事務所内に同居するかたちで設置され、準備委員長に柳端仁、副委員長に金昌瀅が就任したが、結成大会にも同じ人事であった。これらの団体は、一九四九年九月八日に、団体等規正令の適用で、朝聯とともに解散され、それに関連する団体の財産は全て没収されてしまった。

(二) 民団と下部組織

在日本朝鮮居留民団（略称民団）が結成されたのは、一九四六（昭和二一）年一〇月三日である。民団の構成員は、朝聯の中から意見対立で離れた人たちや、朝鮮建国促進青年同盟（略称建青、一九四五年一一月一六日結成、委員長は洪賢基）が分裂した一派、新朝鮮建設同盟（略称建同、一九四六年一月二〇日結成、委員長は朴烈）の人たちなどであった。一九四七（昭和二二）年二月に東京本部が、一九四八（昭和二三）年六月には足立・葛飾連合支部が結成された。

そして、一九四九（昭和二四）年五月に足立の同胞五八人によって、民団足立支団が結成され、団長には金周奉（尾竹橋病院理事長）が選出された。支団事務所は、一九五〇年に入ってから本木一丁目九三六番地の旧村田ゴム工場跡を修理して設置され、活動が開始された。それから民団足立支団事務所は、一九六〇（昭和三五）年以降、千住中居町にある鄭東淳の会社、森本建設（株）に一時移転した。そして、一九七四（昭和四九）年四月に、民団足立支団新会館建設委員会が発足し、一九八〇（昭和五五）年九月一二日に、千住桜木町二丁目一一―四号に韓国足立会館が建設され、今に至っている。

民団の参加団体としては、一九五二（昭和二七）年に足立韓国人納税貯蓄組合（組合長、金周奉）が、一九六五（昭和四〇）年三月二〇日に大韓生活協同組合（組合長、鄭東淳）が設立された。また、一九六一（昭和三六）年五月に東京韓国人商工会（会長、李康友）が、一九六二（昭和三七）年二月に在日韓国人商工聯合会が、そして、一九九三年（平成五年）三月になって足立韓国人商工会（会長、玄棋洙）が結成されている。

（三）民族学校の展開

民族教育は戦前から全国各地で非合法的に実施されてきた。しかしそれは、民族教育の内容云々というよりも、民族意識の高揚が主たる目的であった。足立での民族教育は、一九四五（昭和二〇）年八月一五日の民族解放以後に本格化した。始まりは、同年九月下旬に、足立区梅田町（現在の西新井栄町）にあった東亜工業（株）（社長、尹柄玉）の工場の一部が改造され、足立朝鮮初等学院としてスタートを切った。校長は尹柄玉で、姜明才を専任教師として、約三〇人の児童が集められ、朝鮮語と歴史が教えられた。同じ年の一〇月一日から足立区千住旭町の千住第二小学校の教室を借りて、権泰勲が朝鮮語講習所を開設し、これも三〇人近くの児童を集めて朝鮮語と歴史の教育が行われた。また、一〇月三〇日には、足立区五反野南町に、天理教梅島教会の広間を借りて、韓用益が朝聯足立学院を開いて、朝鮮語と歴史を教えていた。この学院の児童数は六〇人ほどと言われていたが、詳細は不明である。

一九四七（昭和二二）年二月には、足立区内で、先に述べた三箇所で民族教育が行われているのを、一箇所に統一するため、足立区本木町一丁目二五番六号に東京足立朝鮮初等学院が建設された。それまで尹柄玉が校長として学校建設や学校運営に大きく寄与してきたが、これを機に林光澈（のちの東京朝鮮中高級学校校長）が校長に就任した。同時に、足立朝鮮学校管理組合が設立され、学校の運営に携わるようになり、これが、のちに在日朝鮮学校教育会となった。

学院は、一九四八（昭和二三）年四月一日に、学校名を「東京朝鮮第四初級学校」と改称し、児童数も二六〇名となった。こうした朝鮮学校は、在日同胞が自分たちが受けられなかった教育を、子どもの世代に託し、夢を実現する場でもあった。しかし、一九四八年四月一〇日に、兵庫県知事の指令により、朝鮮人学校の閉鎖令が出されるという出来事が起こった。これに対し、在日同胞は閉鎖令に反対する運動を全国的に展開した。これが阪神教育事件である。

東京では、同年四月二七日に、都内の一四の朝鮮人学校の管理組合（現在の教育会）理事長と校長が逮捕された。翌月三日に、朝鮮人教育対策委員長と森戸文部大臣との間で覚書が取り交わされて、一応の解決を見たが、翌四九（昭和二四）年九月、朝聯が団体等規正令によって強制解散させられると、朝鮮学校も朝聯の財産であるとの理由で、閉鎖を命じられた。これは、民族教育にとって壊滅的な危機といってもよい事態であった。

日本政府は、東京都を通じて、朝鮮人学校を都立学校に改編し、同年一二月二〇日から「東京都立第四朝鮮人小学校」としてしまった。そして、これまで朝鮮人教師によって教えてきた民族教育は、正科から除外されて、課外としてのみ認められるようになった。つまりは、学校の通常の授業は、日本政府認定の教科書によって行われ、授業が終わってから、課外として民族教育を認めるということだった。だが、それまでの教科書から、急に日本語で書かれた教科書に変更されても、大多数の児童はついていけるはずもなく、混乱が起きていた。

同年一二月二〇日に東京都側から派遣され赴任してきた新任の校長、阿川昔《あかわせき》をはじめとした日本人教師たちと、従来の学校長である韓用益をはじめとする朝鮮人教師、そして、生徒の父兄たちが、一同に集まって協議を行った。私は父兄を代表して阿川校長に「朝鮮の教師たちをそのまま留任させて、お互いに協力し合ってください」と要望した。しかし、日本人教師たちは返答に困っていた。結局は、二人の朝鮮人教師を採用し、残りの教師は教師の補助員として屈辱に耐えながら教壇に立つことになった。補助員には、給料が全く出ず、彼らの生活費は同胞父兄たちのカンパで補っていくしかなかった。

こうした、日本当局のやり方は在日朝鮮人からみれば、民族教育を内部から崩壊させる意図でなされたようにしか見えなかった。彼らは、それが難しいことを知ると、新しい手を打ってきた。五年後の一九五四（昭和二九）年一〇月四日に、東京都教育委員会は、在日朝鮮人ＰＴＡ東京都連合会（現在の東京朝鮮学校教育会）に対して突然、「都立朝鮮人学校は昭和三〇（一九五五）年三月三一日限りで廃校とする」と通告してきたのである。こうして、一九五五（昭和三〇）年四月一日をもって、「東京都立第四朝鮮人小学校」は、今度は東京都から「学校法人東京朝鮮学園」の設立を認可され、たんなる私立の各種学校として、再び朝鮮人による自主的な学校運営を始めることになった。足立では、同年五月二五日に「東京朝鮮第四初級学校」と改称し、児童の数も増加していった。

ただ、足立では初級部（小学校）を卒業したあと、中級部（中学校）へ進学するには、隣の荒川区にある東京朝鮮第一初中級学校へ行かせるしかない、という状況であった。そこで、足立の学校に中級部を新設する問題が提起されていたが、資金面の問題が頭痛の種であった。

荒川の初中級学校からは、受け入れが困難であるとかねてからたびたび言われており、仕方なく一九六四（昭和三九）年四月一日、足立の第四初級学校に中級部を新設することとなった。しかし、中級部の新入生が二年に進学してくる頃には、もう教室が不足し、収容能力は限界を越えるようになった。同胞たちの中からは、新校舎を望む声が運動として広がり、一九六五（昭和四〇）年、新校舎建設委員会が結成された。専任の事務局長として康賞琪が決まり、私も非専任の事務局次長をつとめることになった。建設委員長を誰にするか、討論をした結果、李成達に決定した。その理由は、学校建設費は八千五百萬として、その資金を集めるのに、一千万円の大口の寄付金を出すメンバーを四人にして、四千万円を基礎にしなければならなかった。それには、資金力の弱い李成達を建設委員長にして、無理ではあるが、一千万円をカンパさせる必要性があったからであった。こうして、一千万円の出資者は、李成達、金万有、高福英、金昌寿の四人となったのである。ところが、高福英と金昌寿の申し出により、一千万円は個人ではなく、二人が共同経営をしている中和化成の会社の名前で出資すると言い出した。つまり、一人頭にすると、五〇〇万円にしてくれという話である。これでは、一千万円の予算が狂ってしまう。仕方がないので、一千万円の不足分は、追加カンパをすることにして、学校建設を推進していった。

私個人は、出資額としてはその下のランクであり、他の商工会員らも並んでいたので、まとまるのが早かった。ただ、李成達は、毎月、康賞琪が金を受け取りに行くと五〇万とか一〇〇万の金を出すのに、そのつど夫婦喧嘩をしているようであった。彼は、パチンコ店梅田センターを経営していて、毎日の現金は入っており、彼の民族教育に対する熱意は大変なものであった。ところが、途中で、彼は高福英、金昌寿が、一人につき一千万円ずつ出していると聞いていたのが、五百万円であるという話を聞いて怒り出し、自分も五百万円にするといって、聞かなくなった。しばらくしてから、記帳したとおり最後までの全額を出したのであるが、彼には金銭的に大変な無理をさせてしまった。そして、寄付金を回収するまでは、人によって、三年以上もかかり、毎月支払うのに商工人たちが高い利息の金を借りてまでして、記帳の金額を支払っていた。

実は、新校舎建設運動に火がついたのは、ある出来事がきっかけであった。ある日、同胞の一人の老母が、民族教育のために役立ててくださいと、建設委員会にお金を寄付しに来たのである。金額はわずかなものであった。しかし、聞けばそれは、毎日少しずつ一〇円とか二〇円のタンス預金を一〇年間もこつこつと、民族教育のために貯められたお金であった。この話が足立の同胞に伝わると、それがきっかけとなって、多くの同胞たちが、校舎建設運動にすすんで参加するようになった。

日本当局はこの運動に対して冷淡で、一円の建設補助金も出してはくれなかった。いざ校舎の建築段階になってみると、木造二階建ての旧校舎での授業に支障なく工事を進めるのは大変なことだった。まず鉄道のレールを敷いて旧校舎を運動場に引っ張りだし、跡地に鉄筋四階建ての新校舎を建てることになった。新校舎は一九六六（昭和四一）年にようやく完成した。

このようなエピソードからは、足立同胞や商工人たちの民族教育に対する熱意がいかに大きかったのかを知ることができよう。

しかし、学校の校舎が完成したあとから、学校の運営費が、教師の人件費などで、毎年三六〇〇万円前後も必要であるのに、それに対して、商工人たちは学校建設に無理をして寄付をしていたので、運営費までは出せないとして協力しない人が多かった。当時は、日本政府から、小中学生に対する助成金がなかったので、父兄からの授業料だけでは、学校運営の二割から三割程度しか満たすことができなかった。結局は、商工人に寄付を頼むようになるのであるから、学校を運営する教育会の役員も大変であった。私はそのような実態を良く知っている立場にあったので、かれらが私に何とか運営費を集める中心的役割を引き受けてくれないかと頼んでくるので、協力せざるを得なくなったのである。一般的には、学校を建設するときには、寄付した人の名前が宣伝されるので、無理をしてでも協力をするが、運営費としての寄付は一般的にあまり評価されないので、協力しないのが普通であった。私は、立場上、そのような人たちと一緒になるわけにはいかなかったのである。

それから七年後の一九七三（昭和四八）年、東京都から突如、都市計画による高速道路建設のために、朝鮮学校を移転するようにとの通告があった。都側から、移転先の候補地を何箇所か提案してきたが、児童の通学距離や敷地の広さの問題から、容易に折り合いがつかなかった。

学校の移転問題で、都の公団側との話し合いに立ち会ったのは、総聯足立支部委員長の孫鎬周、東京朝鮮第四初中級学校教育会々長の柳賛三、それから、足立朝鮮人商工会理事長である私、という三団体からの代表であった。

高速道路計画に伴う立ち退き対象には、足立朝鮮人商工会々員の作業所や住居なども一一世帯が含まれていた。道路公団との間の話し合いは、一九七六（昭和五一）年七月に、私が商工会理事長を辞任するまでに、なんとか決着を見たが、学校の移転問題の解決にはさらに時間がかかった。児童の通学可能範囲には限界があり、移転場所の選定は困難で、その後も交渉が続けられた。

学校の移転先が、ようやく足立区興野町の旧スタンダード製靴会社の跡地に決まったのは、一九八三（昭和五八）年になってからであり、一九八四（昭和五九）年九月二日に鉄筋四階建ての校舎本館と、体育館が完成した。それまで学校建設委員会の役員たちは、よくやったと思うが、ただ一つ惜しいことがあった。というのも、建築費は、東京都の道路公団側からの立ち退き補償金で足りるはずであったのに、体育館の追加工事をする名目で、同胞から資金が集められ、それによって同胞たちからの不満の声が上がったからだ。さらに、学校が完成した後、公開されるべきだった具体的な費用の明細については、一般同胞には大まかなことしか伝えられなかった。これは、運動が素晴らしいものであっただけに、大変残念なことであった。

四　足立朝鮮商工人のあゆみ

先にもふれたように、戦後の混乱期の日本では、全国のいたるところに闇市場が出現して、金さえあればどんな品物でも買うことができた。戦後の始まりは、統制経済が破綻し、「ヤミ」が一般化したときからである、と考えることもできるだろう。これは、日本の経済構造が根底から変わってしまったことを意味しているからだ。その変化には、敗戦直後、政府が握っていた膨大な物資を、軍部と軍需産業の役員たちが隠匿して、闇市場に流したことも大きな影響を与えていた。

この当時、足立の朝鮮人はほとんどが失業状態であり、解放された故国へ戻るために帰国の準備を始めていた。しかし、帰国までのつなぎの期間は、食糧の買い出しに行ったり、あらゆる仕事を手当たり次第に引き受けたりせざるを得なかった。一九四五（昭和二〇）年一二月末の日本政府による国勢調査では、全国の在日朝鮮人は一一五万五五九四人であり、足立の朝鮮人は三六二七人であった。翌年、一九四六（昭和二一）年の連合軍の指令による人口調査では、在日朝鮮人の数は、全国で六四万七〇〇六人、足立では七四二人。さらに翌年、一九四七（昭和二二）年の法務省による外国人登録令の調査では、全国で五九万八五〇七人、足立で二五二七人となっていた。この時期、全国的にみると、故郷へ帰っていく人たちのため、在日朝鮮人の数は減っている。

一方、足立では独自に産業が発達し、同胞人口は増加の傾向を見せた。

それでは、戦前の足立で事業をしていた人たちの名前を上げると、まず砲金鋳物工場を経営していた人たちから話すと、私の父姜尚現は一九四一（昭和十一）年春に大阪から上京して光善鋳造工業所を起こした。

私の従兄金大祐も宋斗昊と共同で三星鋳造工業所を経営したが、戦後、従兄は故郷へ帰り、宋斗昊は千住で天野製菓会社を経営した。呉東春は呉本製作所を経営していたが、戦後は故郷へ引き揚げた。そのほかに名前は忘れたが、西村鋳造工業所と洪某氏の徳山鋳造工業所があった。

その他に梅田町の東亜工業で軍手を作っていて、戦後は国際タクシー会社を経営した尹炳玉、梅田町の東光化学で試薬品を作っていて、戦後は千住桜木町で尾竹橋病院を経営し、民団団長になった金周奉、東京大空襲の時、泪橋で開業していた医院が焼失したため、西新井大師近くに金本医院を開き、のちに西新井病院となった金万有、同じく東京大空襲で本木町の仕切り場を焼失した漢学者の康桂林、千住火力発電所の請負業をやり、戦後も発電所解体に従事した石田組の李晩龍、興野で松村金属という旋盤工場をやっていた鄭舜玉、また、西新井で読売新聞販売所を経営していた李雨甫、本木で産経新聞販売所を経営していた呉中卿らの名前を挙げることができるだろう。

戦後になってから、足立はゴム産業が独自に発達していったことが大きかった。誰でもここに来ればどうにか生活ができるということで、関西および東北を中心に各地から、人づてで多くの人が集まってきた。実際、当時の足立は家賃も安く、ある種の人情味に溢れた暮しやすい場所だったのである。

戦時中、足立には鋳物工場が五軒あったが、戦後はいずれの工場も閉鎖し、それまであったその他の業種の工場も、おおむね機能しなくなっていた。これらに取って代わったのは、ゴム工場だった。戦後、最初に本木町で出現したゴム工場は、呉文芳兄弟が経営する村田ゴムと、鄭斗浩の経営する池原ゴムであった。

呉文芳は、彼の叔父である荒川区の呉福琛（三和ゴム社長）の支援を受け、生ゴムのブローカーとして儲けていた。その噂が広がると、神戸の長田町を中心に地縁・血縁を頼って多くの人たちが集まってきた。長田町は、戦時中からゴム製造にかかわる人が多く、その人たちが技術をもって、足立に集まってきたのである。わずか一年あまりで、ゴム工場は急速に増え、それに関連した家内工業まで入れると、数十軒が本木町を中心に広がった。このことで、本木町とその周辺地域は活況を呈した。呉文芳は、ブローカーからのルートを通じて、旧軍の隠匿物資を安く買い取り、それをゴム工場の同業者へ売って、短期間で巨額の富を手に入れた。しかし、生活が派手になり、まもなく破産してしまった。地元の人たちは「お稲荷さん《とっちぇびくしん》」を祭ったために、急に大金が入り、そして出て行ってしまったと噂した。

池原ゴムの鄭斗浩は、ゴムを練る大きなロール機械の設備までして工場を運営していたが、外部からゴム製造に関わる人たちが大勢やってきて、本木町に集中し出したので、自社の工場を細かく仕切って工場団地にし、賃貸しを始めた。さらに、ゴムロールの機械を使って、外部から生ゴムを持ちこんでくる人たちに、一キロいくらという風に「賃練り」をすることで、安定した経営を続けた。賃練りとは、各種の原材料を混入したものを持ち込み、ロールで練るサービスのことである。

戦後、本木町に出来たゴム工場は、先に述べたもの以外に、金寛東の三人の株主による共同経営であった金剛ゴム、李旦一の森山ゴムなどもあった。森山ゴムは、早い時期から工場を始められていたが、競争が激化してくると、工場を売却して荒川へ移転した。その工場を、玄棋洙が、彼の同郷の人たちの援助を受けて買い取り、これが相互ゴムになった。この他にも、高富造の高田ゴム、呉振玉と呉秉玉兄弟の丸美ゴム、許君玉のキングゴム、金光俊の三光ゴム、興野町にあった金宗枢の二和ゴムなどがあった。一九四七（昭和二二）年になると、小規模のゴム工場は、二十数軒に達しており、それらの工場では、ゴム長靴や、自転車のタイヤ、ゴム鞠などが製造されていた。一方で、競争が激しくなり、倒産する工場も次々と出始めた。

一九五三（昭和二八）年に入ると、ゴムに代わってビニールやプラスチックが新しい時代の産業となり、中和化成の高福英、金昌寿が共同経営で綾瀬に工場を設立する頃には、本木町のゴム業界も、ビニール産業に鞍替えしていった。ゴム業界に関わったのは、足立出身者だけではなく、関西から、特に神戸から上京してきた人が多いので、足立同胞の人口も増加していた。

一方、戦前から本木町に住んでいて、皮の切れ端でチェーン・バンドなるベルトを造って細々と生活してきた人たちも、戦後は皮革の材料が統制品から除外されたので、しっかりとした皮のベルトや、鞄、ランドセルなどを製造するようになっていた。戦後、これらの商品を最初に製造し始めたのは、李成達、鄭泰先、崔仁溶、金福来、金民漢らである。金民漢などは、戦時中から台東区入谷の金宮産業で軍の皮革産業会社を経営していた、その道では古株の人であった。

他方では、足立から区外へ進出した人たちも多く出ていた。浅草に進出したのは、金秉楊、呉甲保、尹斗植、金基先らで、彼らみな浅草か上野を経由して、さらに他の場所へと進出していった。金秉楊は新宿へ進出し、歌舞伎町の一角でホテルの経営、呉甲保も歌舞伎町の入り口に東海苑のビルを建てた。上野へは、金基浩が進出しており、一九四五（昭和二〇）年の秋に、上野広小路で闇市が出現した頃、青空露店であった場所の権利を買い取り、既製服の製造を始めた。

私の従兄である姜昌元も、一九四九（昭和二四）年の夏に、御徒町駅近くの鉄道高架線の下（通称「カート下」）で、石ケンの製造をしていたが、戦時中からの疲労がもとで、病に倒れ、帰らぬ人となった。その後、金基浩や金昌撫らも上野や湯島に進出して行ったが、彼らも今はこの世を去っている。

（一）足立朝鮮人商工会の結成と発展

戦後の足立では、故郷へ帰ったり、足立から他の地域へ移ったりしていく人たちよりも、関西方面をはじめ他の地方から転入してくる同胞の数の方が多かった。足立に居住している同胞の数が増えてくると、事業をしている人たちがお互いに助け合うための相互扶助組織が必然的に生まれた。一九四九（昭和二四）年一〇月中旬、本木町の料亭「酔月」で同胞商工人三〇数名が集まって、足立朝鮮人商工会（以下、商工会）が結成され、初代理事長には金奉珍が就任した。事務所は本木町一丁目一〇二七番地、金奉珍の会社である光栄ゴムの事務所と同居することになった。まもなく、千住仲町で土建会社を経営している鄭東淳から、千住仲町で洋画専門の映画館を建設したいが、資金不足で困っているので、商工人の有志から出資金を募りたいとの申し出があった。商工人たちはこれに賛同し、多くの人が金を出資した。その当時、私は、学業と事業を両立させたいと思い、私が一七才の頃から、父の代理で商工人の集まりに出席していた。そのため、ほとんどの商工人は知り合いであった。

商工人からの出資金を集めた鄭東淳は、一九五〇（昭和二五）年一〇月に、映画館「千住ミリオン座」をオープンした。落成式には、足立商工人の有志たちも出席した。私も父の名代で出席したのだが、盛大な式で、生まれてはじめて赤飯の弁当を食べた。帰りは、商工会の第二代目理事長となったばかりの金万有と一緒になったが、彼

足立朝鮮人商工会会員旅行（1968年9月21日・熱海ニューフジヤホテル）

との会話の中で、こうやって足立の商工人たちがお互いに力を合わせて、一つの映画館が完成したように、第二、第三の事業家を育てていくべきだ、という話があったのを覚えている。

ただ、この出資は取り決めが曖昧で、のちに鄭東淳は、商工会から金を融資してもらったと主張、一方出資者の側は、出資金として投資したのだから配当金を出すべきだと主張し、対立してしまったと聞いている。彼はのちに商工会を脱退したが、民団足立支団長をへて、東京本部団長になるまでの名士となった。

一九五一（昭和二六）年五月下旬に本木一丁目（現在の関原一丁目）にある相互ゴム（社長、玄棋洙）の事務室で、商工会常任理事会が開かれた。出席者は、理事長の金万有、副理事長の康沢準、専務理事の玄棋洙であった。討議の中心議題は、第三回定期総会で行われる役員改選の件であった。その内容は、その総会で金万有が理事長を辞任し、康沢準を第三代の理事長に就任させるというものであった。商工会理事長を辞任した金万有は、新しく足立朝鮮商工協同組合を設立して、その理事長に就任することで協議をしたが、金万有は、協同組合をつくっても当面はメリットがないと拒否した。このため、金万有と康沢準の間で感情的な対立が起こり、その会議では玄栱洙の仲立ちで治まったものの、これがのちにいたるまで尾を引くことになった。足立では、協同組合設立はあまり必要性が感じられていなかったので、六年後の一九五七（昭和三二）年一一月にようやく設立された。

こうして、その一年後の一九五二（昭和二七）年八月に、足立商工会第四回目の総会で、理事長に康沢準、副理事長に高公秀が就任し、専務理事制は廃止された。玄栱洙は、専務理事の辞任を機に、民団志向に方向を変え、数年後には足立民団団長となり、足立韓国人商工会を結成して、その理事長になった。金万有は理事長を辞任する時に、それまで商工会総務部長であった李聖雄を金本医院（のちに西新井病院）事務長に引き抜いていった。李聖雄にしてみれば、給料が安い商工会より、待遇のよい医院の事務長となるのは当然で、実際彼は、金本医院を西新井病院の建設をするのに大きな貢献をした。しかし、商工会を辞めたことは、周囲から問題視されていた。

足立商工会は、康沢準が理事長に就任したのち、一九五五（昭和三〇）年一二月に、越冬生活資金四〇万円の政府系金融機関から融資を受けた。それまで、日本当局は外国人を融資対象から外していたため、これは全国でも初めてとなる画期的な出来事であった。このことが前例となり、それから二年後の一九五七（昭和三二）年七月以降は、東京都全体の商工会が、日本政府系の金融機関から制度融資を受けるようになったが、これは康沢準の大きな功績であった。

しかし、康沢準は理事長の座に固執しすぎたため、周囲から批判が出始めた。仕方なく彼は、一九五八（昭和三三）年七月に、新しい会長制を導入して、東京商工会の承諾を得た上で、初代会長の役に就いた。そして、新理事長には高永豪（当時は高公秀）が就任し、副理事長には、私、鄭舜玉、高福英の三人が就いた。そして、会長は対外的な仕事を担当し、理事長は体内的な仕事を担当することが明確にされた。康沢準は、初代会長になってから、ちょうど私が商工会理事長を八年間つとめて辞任した一九七六（昭和五一）年まで、一五年間在任した。高永豪は、理事長に就任してから三年目に、心臓を悪くして入退院を繰り返し、理事長の責務が果たせなくなってしまった。彼が辞める一九六六（昭和四一）年まで、病の彼に代わって、私が実質的に理事長に準ずる役割を果たした。また、一九六六年六月には、康賞琪が専任の理事長として就任した。彼は、第四初中級学校建設の際に、専任の事務局長として手腕を発揮したことで高い評価を得ていた。

それまでの、商工会の役員職は、無報酬の人が多かったため、同胞への名誉ある奉仕という位置づけであったが、このとき初めて、有給の専任職が置かれることになった。康賞琪が専任となった背景には、当時商工会が一六〇〇万円もの借金で、破綻の寸前にあったため、学校を建設した実績を買われ、再建を託されたという事情があった。しかし、理事長に就任してからまもなく、彼は商工会を再建することが容易でないことを悟り、一年目をつとめると、辞任してしまった。彼の後任として、私に理事長を引き受けてほしいという話が来たが、私は商工会の内部を誰よりもよく知っているため断った。彼は仕方なく、金容浩（総聯支部副委員長）の理事長就任を決議したが、彼もまた、康賞琪ほどの人間が再建できないものを、自分ができるはずがないとして、病気を理由に辞退してしまった。そこで、商工会は、再び私に理事長を引き受けるよう、強く迫った。

当時の私は、まだ三〇代で、情熱をもっていた。足立同胞のための商工会が危機に瀕しているのを、それ以上傍観することができなかった。そこで、悩んだ末に、この話を引き受ける決心をした。引き受けるからには、私が理事長として経営している赤不動病院が潰れることになっても、足立商工会を再建するという覚悟であった。一九六八（昭和四三）年七月一六日に、商工会は定期総会を開き、私が商工会理事長に選出された。

その当時、足立商工会は破綻する直前にあった。私は病院の経営を事務長に任せて、商工会再建に集中した。まずは、商工会の役員たちの意識の改革をする必要があった。そこで、商工会で、読書会や討論会などを開催し、役員たちを、箱根にある経済学院へ研修に行かせたりもした。私は、総務部長を一緒につれて歩いて商工会員宅を自転車で戸別訪問をした。行く先々で、経営の状況を聞き、それを再建のための参考とした。会員たちのあいだには、商工会にたいし不平不満が山ほどあった。そこで、これを一つ一つ解決するように努めた。

最もさしせまった問題は、商工会がかかえる一六〇〇万円の借金をどのように返済するかということだった。私は思案をしたすえに、一つの結論に達した。それは、商工組合中央金庫（商工中金）へ行き、足立商工会が保証できる手形割引の枠を新規に認めてもらうということであった。私は、商工中金上野支店の支店長に会いにいき、上限額三千万の手形割引を認めてくれるように交渉した。数回にも及ぶ厳しい交渉の結果、ようやくこれが認められたので、これを借金返済の基礎とすることとなった。早速、足立商工会の緊急理事会を招集して、三千万の手形割引枠が認可された経過を報告し、これで千六百万円の借金返済の資金源とすることを説明し、そのためには各役員が月三分の利息でこれを資金を使ってほしいということで、了解を取った。一般に当時の銀行は、差別的な融資をしていて、在日朝鮮人の商工人たちは資金繰りに困っていた。個人が月三分の利息で借り入れすることは、普通であるが、日本人であれば割高でしかなかった。しかし、そのような高利の金でさえ、在日朝鮮人にとっては有難いと、争ってこれを利用するような状況だったのである。上限枠は、役員一人につき二百万とし、それぞれ連帯保証人をつけてもらうことにした。この方法で、商工会員に手形割引をした結果、会員たちは大変喜んだ。商工会は、月三分の利息の収入によって、商工会の千六百万円の借金は二年足らずで完済された。この噂を聞いた荒川商工会（理事長：康仲権）も商工中金へ行って、手形割引の交渉をしたが失敗した。他の商工会でも割引を受けたところはなく、足立商工会だけが手形割引を受けていたのでうらやましがられていた。また、このように借金の返済の見通しがついてくると、役員たちも自信がでてきて、積極的な商業活動を展開するようになった。新規入会を希望する商工人も日に日に増えていき、この方法をとってから二年目にして、当初八五名であった会員は、三百名近くにもなった。そこで、会員相互間の親睦のため、旅行会をはじめとしたレクリエーションなどで、会員同士が会う機会を多くつくるようにした。また、一般会員にも、商工人としての自覚と誇りをもてるように、箱根の経済学院にも多くの会員を研修に行かせるようにした。この時期になると、足立商工会の噂が広まり、全国の一五四の地域商工会のなかでも、もっとも模範的な商工会とまでいわれるようになった。

一九六〇年代後半に入ると、日本経済は、いわゆる高度成長期に入り、その後半には、ベトナム戦争の特需もあって、「いざなぎ景気」と呼ばれる好景気が続いていた。銀行をはじめとした金融機関では、金がだぶつき始め、新たな貸付先を探さなければならなかった。日本の銀行は、以前は、お金に困っている同胞企業経営者が頭を下げに行っても、なかなかお金を貸さなかった。しかし、今度は逆に、銀行員の方が、企業を訪問して、金をどんどん借りて使ってほしいと頼むような状況になったのである。足立の同胞商工人たちは、このように金融が緩和されているさなかであって、事業の拡張をはかるようになってきたのである。当時は、あらゆるものの需要が高まっており、足立に多くあったような、小さな町工場は、大手企業には相手にされなくなっていた。業績好調な企業は、大きな生産設備をもつ工場しか相手にしなくなった。また、当時は地価も日増しに上がっており、都内に大きな工場設備をもつことは、難しかった。そこで、足立地域の同胞商工人が、事業を拡大するためには、土地の安い地方に、一千坪以上規模の土地を購入し、そこに大量生産が可能な工場を建設するしかなかった。

従来の銀行は、選別的な融資を行なっていたので、同胞商工人たちが、大規模な融資を受けられる見込みは小さかった。しかし、今述べたように、銀行は、少しでも多くの金を貸すように、事業方針を完全に転換していた。そこで、在日同胞が、このような工場を経営することも、可能となったのである。

例えば、丸石ビニール工業株式会社の郭明哲は、得意先が、大手の東芝であり、事業の拡張にせまられていた。そこで、千葉県に、第二工場を建設し、そのおかげで、事業を安定させることができた。丸美ゴム工業株式会社から独立した、呉秉玉は、日興化成工業株式会社を設立していたが、彼もまた、茨城に第二工場を建設して事業を拡張した。その他にも、多くの足立同胞商工人たちが、同様のかたちで、事業を拡大していき、足立地区商工人の一部は、貧困から成長へと、抜け出していった。

一九七六（昭和五一）年七月、私は足立商工会の理事長を八年間その職にあったが、故あって畑違いの在日朝鮮社会科学者協会関東支部（のちに東日本本部）副会長に転任した。その後任として梁錫河が理事長に就任したが、二年後の一九七八（昭和五三）年七月に辞任し、その後任に姜一が理事長に就任してからは十三年間も続いた

(二) その他のおもな組織

そのほか、一九七一年四月に、足立将棋・囲碁クラブ（会長・金炳玉）が結成された。金炳玉の自宅を仮事務所として、年に二回定例大会を中部福祉センターで開いていた。これが足立で初めての囲碁クラブの組織であった。私は、彼とは親しい関係でもあり、クラブを組織するときも商工会理事長として力を入れて応援した事情があった。私は、彼に新しい団体、足立生活協同組合を組織するよう提案した。その理由は、足立には分会事務所が七ヵ所もあるが、その事務所は月に一回くらいの会議のときしか利用しておらず、それ以外は空き家になっていたのである。これを活用して、地域住民の生活必需品、たとえばおコメや味噌、洗剤などの生活用品を生産している会社から、直接仕入れて、日本人を含めた近隣の住民に安く販売するのに、場所が必要であった。分会の事務所はいろんな意味で重要であり、とくに、仕入れた品物を保管し、分会の役員たちの協力をしてもらうように、総聯支部に働きかけをした。当時の足立には、今のような、スーパーマーケットや、コンビニエンスストアなどはなく、生活物資を手軽に割安に買える場所が少なかった。金炳玉は、この事業を生涯の生きがいにしようと、資料を読んだりして勉強をしていた。しかし、残念なことに、総聯足立支部の委員長は、この提案について、話は聞くだけ聞い

足立同胞商工人有志と団体役員及び私の家族（1968 年７月）

ても、協力する気がまるでないようだった。私が、そのことを金炳玉に話すと、彼は大変残念がっていた。私としても、足立支部の役員たちの漫然とした、マンネリ体質に対しては、怒りを感じるよりも、もはや呆れてものが言えなかった。

一九七二（昭和四七）年八月一〇日には、足立区議会議員たちによって、日朝友好区議会議員連盟を結成する話が、当時、自民党足立区議会議員幹事長、常田進と私の間で進められていた。この連盟は、足立区の区議会議員と、足立区の在日朝鮮人とのあいだで、友好や交流を深めようという趣旨で私が考えたものであった。常田議員は、私にとっては、専修大学の一年先輩にあたるので、色々と立ち入った話ができる間柄であった。その当時の、足立区における、日本人と朝鮮人の関係は、平和的なムードであり、私は、今後も日朝間で相互に理解をしあえるように、区議会議員としての組織体を作ってはどうかという話を彼にもちかけた。話を聞くうちに、彼もこの計画に同意してくれるようになった。彼は、各党の区議会議員とも打ち合わせて準備会を開き、日朝友好区議会議員連盟が、ここに結成されたのである。初代会長に近藤弥之吉、事務局長に林信男が選出され、連盟に加入した区議会議員は全区議五六名のうち五五名にものぼった。

一九六七（昭和四二）年五月、私は、同和信用組合（後に朝銀と変更）の理事に就任した。理事は、足立支店を新設するために、足立地域から二名を必要としていたようだった。その当時、同和信用組合の支店開設が東京都から認可されるためには、その支店の管轄内全体で、同胞から出資金六千万円以上を集めることが認可基準であった。私は、三十代の若さにまかせて、組合の本店の常務理事と、開店予定の支店長である李永俊らと三人で、出資金集めに奔走した。しかし、小口の出資金しか集まらず、私自身あせりを感じていた。最後に、綾瀬地域に期待をかけて、三人で乗り込むことにした。それは、この地域には、地下鉄千代田線が、一九七一年に開通し、駅ができるとの噂があり、活気のある地域だったからである。しかし、実際には、綾瀬地域では誰一人として出資に協力してくれる人はいなかった。こうなると、私が旗振りをするしか方法がなかった。私は、自ら二百万円の出資金を出すことにして、本木を中心に出資金を集めた。こうしてようやく、一九六八（昭和四三）年四月一五日に、同和信用組合の足立支店が開設されたのである。

その頃、足立の商工人たちの間では、趣味としてゴルフをやりだしている若い層が増えてきた。それまでは、ゴルフといえば、金持ちの遊びだという認識が強かった。たしかに、足立の商工人のほとんどは生産関係者であり、他の地域のようなサービス業種は少なく、また全体に零細企業が多かった。そのような状態にあって、東京商工会が毎年主催するゴルフ大会に、足立から選手を数人参加させるのにも、苦労をするありさまであった。ゴルフ選手がいないというわけではなかった。しかし、地域対抗の競技をするというのに、あまり水準が低いのでは、足立商工会の威信にかかわる問題であった。それで、東京大会があると、商工会員でなくても、ゴルフの上手な人を探したりしていた。そんな苦い経験があって、私は、ゴルフ同好会のようなものを作ろうと考えていた。この頃から、日本では、ゴルフはサラリーマンでも趣味としてやれるようになり、それほどお金がなくても競技ができるよう大衆化していった。一九七三年六月には、足立商工会が主催するゴルフ競技大会が始まり、それを契機に、足立ゴルフクラブが結成され、会長に宋正述が選出された

一九五〇年代以降、日本は戦災から目覚しい復興を遂げ始めていた。足立区の本木町も、関西方面からのゴム工場の進出で活性化していった。ゴム製品の供給過剰で、製品の売れ行きが落ちると、今度は長田町からやってきた、高級シューズの製造に切り替えていく業者が増えた。一九五四（昭和二九）年に、映画『ローマの休日』が流行すると、新しいブームが起こった。主演女優オードリ・ヘップバーンが演じたお忍びの王女が露店で買ったサンダルに履き替えて、ローマの広場を駆け回ったのが実に魅力的で、それに目をつけた長田町の業者が作ったサンダルが、爆発的に売れたのである。サンダルは、ヘップバーンの名前を取って、「ヘップ・サンダル」と呼ばれ、本木町にもさっそく長田町から製品の型や材料、接着剤などが取り寄せられ、製造が開始された。

このヘップ・サンダルは、足立地区に大きな経済的な利益をもたらした。ヘップ・サンダルを製造するには、いくつかの工程が必要であるが、その工程を地域の一般家庭に内職として配分して、サンダルの生産を分業化していった。生活困窮者の多い本木地区でも、多くの人たちの生活がこれによって潤い、生活水準を引き揚げた。サンダルは、ビニール製品であったから生産コストが安く、また仕事場もそれほど大きなものを必要としないため、小資本でも参入することができた。生産者は、一般家庭の内職に、下請けをまかせることもできた。

しかしながら、このように簡便に作ることのできるサンダルは、地域住民の健康を蝕んでいくものでもあった。サンダルを張りつける接着剤には、速く乾燥をさせるために、ベンゾール（ベンゼン）を使用していた。これが原因で、ベンゾール中毒の患者が多く出てきたのである。症状としては、極度の貧血や肝臓障害、あるいは血管の障害といったものであった。

しかし、彼らは、サンダルの張り工から離れては、生活ができないので、健康問題を気に掛けながらも、その仕事をやめるわけにはいかなかった。一九七〇年代に入ると、ヘップ・サンダル業者が、足立だけでも二百軒を超えた。サンダルは明らかに生産過剰となり、販売ルートの確保も困難になっていった。このため、サンダルの卸売り問屋では、値下げをするようになったが、サンダルを生産する業者の方では対抗手段がなく、最終的には生産原価から考えて、ほとんど利益が出ない状況になった。そこで、サンダル業者は、今度は、下請けの職人たちの給料を下げることで、利益を出すようになった。最後に、すべてのしわ寄せを食うことになったサンダル職人たちは、労働時間を延長するしかなかった。下職たちは、朝の七時から、夜の十一時まで、ひたすらサンダルを作り続けて、安くなった報酬の埋め合わせをするしかなくなっていった。私は、このような事態を、足立朝鮮人商工会として、何とかしなければならないと思ったが、そう考えている間にも、サンダル業者は、少しでも多くの注文を取るために、自ら販売価格の引き下げをするようになっていった。

この状況を放置すれば、みなが共倒れになる、そう考えた私は、「足立ヘップ・サンダル協同組合」を設立することにした。足立のサンダル業者を集めて、協同組合設立について趣旨の説明をした。加入希望者には、加入書の提出をお願いしたところ、わずかな期間で、百二十軒ものサンダル業者がこれを提出しにやってきた。こうして、一九七六年三月、サンダル組合が組織され、組合長には康成浩が就任した。サンダル組合の設立は、私にとって、足立朝鮮人商工会理事長としての最後の大きな仕事となった。

五　朝聯解散以後の組織の変遷

一九四九（昭和二四）年九月、日本政府は朝聯に、団体等規正令第四条を適用し、強制解散した。これは適用というより濫用と言った方が正確で、朝聯関連の財産が次々と接収されていった。朝聯足立支部事務所の敷地であった四五二坪と建物も、朝聯の財産として接収され、一九五一（昭和二六）年、競売にかけられた。落札した人は、荒川に居住している文という人で、朝聯側は文氏に対し足立商工人有志を通じて、買取の交渉をした結果、彼は同じ同胞の立場から、ほとんど利益を考えずに、落札した価格に近い金額で売却してくれた。ただし、それには条件がついており、彼が民団と関わっていた立場上、落札した土地建物を、そのまま団体の事務所としては使用しないことであった。

こうして、旧朝聯足立支部事務所は、足立商工人の有志によって買い戻すことができた。しかし、事務所には使用できないことから、今後そこで何をするかが問題であった。多くの同胞が同意したアイディアは、保育園をつくるということだった。これは朝・日親善のためにも役立つはずだとして、名称を「新道保育園」として出発した。おりしも朝鮮戦争で南北が殺戮し会う中、聯盟まで解散させられた今となっては、足立の同胞たちが、日本社会の中で、孤立するのではないかという不安と、平和を望む強い気持ちが、この「新道保育園」という名にはこめられていた。

保育園の運営は、金容浩が責任をもつことになった。彼は、夫人が日本国籍をもった保育士であったこともあり、まさに適任者であった。保育園の園児は、日本の子どもが中心であったが、朝鮮人の子どもも入園するようになり、朝・日友好親善の役割を担うに相応しい保育園に成長していった。

同じ朝聯の財産でありながら、本木分会事務所は接収を免れた。これは、先にも書いたように、一九四五年、本木一丁目（現在の関原一丁目）に新しく購入した建物の名義が、元財政部長の金聖三の個人名義になっていたことが幸いした。

一九四九年九月の朝聯解散以後、全国的には、解放救援会が同胞たちの相談ごとの臨時窓口となった。解放救援会は、一九四八（昭和二三）年六月に阪神教育事件をはじめとした当局の弾圧による被害者の救援活動をする目的から、康亀範を中心に結成された組織であった。つまり、同胞の権利問題などの運動を展開する団体ではなく、同胞たちの不安を解消するための相談とか、逮捕された人たちに救援の手を差し延べる団体であった。それから少し後、一九五一（昭和二六）年一月九日に、在日朝鮮統一民主民族戦線（民戦）が結成され、同年二月には、足立民戦が文景南を議長として結成された。一九五〇（昭和二五）年に起こった朝鮮戦争により、同じ民族が南と北に分かれ殺戮をしあう悲惨な状況を見た在日同胞は、戦争に反対する運動が展開されているさなかのことであった。

ただ、民戦が結成されると、彼らは朝聯本木分会の事務所を、足立民戦事務所として当然のことのように使用し始めた。これは、本木分会事務所を買い取る時に、経済的に支援した商工人の了解も得ずに行われた。さらに、後になると、日本共産党足立地区委員会まで、臨時事務所として入り込んでくる有様となった。いくら共産党が在日朝鮮人の運動を指導していたとしても、これはあまり感心できないと思ったのは私だけではなかった。そのことがあってか、かの団体は一年足らずで引越して行った。

一九五二（昭和二七）年一二月には、民主愛国青年同盟（民愛青）足立支部が結成され、姜元京が委員長に就任した。そして、その翌年の一九五三（昭和二八）年七月に、朝鮮戦争は休戦協定が成立した。この後、現在に至るまで南と北は三八度線を境に「休戦」状態が続くのであるが、このときは、とにかく民族同士で殺戮しあうという事態が止まったことに、皆喜びを感じた。

このような新しい運動が展開するには、民戦事務所が手狭すぎること、また老朽化していたことから、一九五四（昭和二九）年一月から、本木一丁目の事務所は二階建てに新築することに決まった。さっそく資金のカンパも始まったのだが、ここで問題となったのが、建物の名義が旧朝鮮本木分会財政部長であった金聖三の個人名であったことであった。名義変更に協力するよう、話し合いがもたれたが、彼は既に民団の所属に変わっており、容易でなかった。数回にわたって交渉したが、印鑑を押さないので、やむをえず時価相場に近い金額を彼に支払って、買い戻すことになった。一方、資金調達も、先頭に立って金を出す人がおらず、上手く行っていなかった。そこで、私が五〇万円を寄付することにした。五〇万は当時の金としては大金であったが、月三分の利息で借り入れをして、これを捻出した。後から知ったのだが、会館建設に私と同額のカンパをした商工人は一人もいなかったのだった。支部会館が完成する数ヶ月の間は、旧朝聯足立支部であった新道保育園に、臨時の事務所を置くことになった。

（一）足立民戦が方向を見失う

朝聯が強制解散されてから、在日朝鮮人は行き場を失い、巷を彷徨していた。一年半が経過して、先に書いたように一九五一年一月九日に、ようやく新しい団体組織である「在日朝鮮統一民主戦線」（民戦）が結成されたが、当初、在日朝鮮人が、在日同胞の権利を守る団体として、民戦に大きな期待をかけていた。しかし、それはやがて、失望へと変わっていった。

それは、同年二月に、日本共産党が第四回全国協議会（いわゆる四全協）において、在日朝鮮人を「少数民族」と規定し、連携を図るとの方針を発表した。そして、民戦もその決定にしたがって、「三反闘争」（反米・反吉田・反再軍備）を進めていったからである。民戦の内部では、四全協の方針にたいし、韓国の李承晩政権への反対運動（反李）に加えて、「四反闘争」にすべきだという決議がなされた。だが、共産党は一九五四（昭和二九）年二月一三日にいわゆる「二月方針」を発表。そのなかの、「在日朝鮮人運動について」と題された部分で、民戦および民対の四反闘争方針は、「民族主義的偏向」であると批判し、在日朝鮮人の運動を、共産党の指導権のもとに従属させるために、あらためて「三反闘争方針」を打ち出したのである。

この方針によって、民戦内部では、結成当初からの対立が表面化していった。民戦は、民対および祖防隊グループによって、民戦の自主性が失われていることを自己批判し、実力闘争偏重から、政治闘争へと転換する方針を決定していた。しかし、共産党の方針は変わらず、そのために民戦内部の対立はだんだんと深刻化していった。

一九五四年四月から、足立民戦の指示で、「足立成人学校」が開講することになった。「足立成人学校」は、民戦の文化活動の一環として社会人の啓蒙を目的に、つくられた自由学校であった。私のところにも、講師の依頼がきたが、私は生まれてこのかた、人にものを教えたことがないので、自信がなかった。しかし、足立民戦の書記長だった康賞琪からも、やってもらいたいとの指示があり、引き受けることになった。決まった教材はないので、何を教えるかは、私が自由に選択してくれていい、とのことだった。私は考えあぐねたあげく、「人間の歴史」というテーマで教えることに決めた。本当は、永田広志の唯物史観を教材にして、教えたかったのだが、やや専門的すぎる心配があったので、それは参考にとどめることにした。

足立成人学校では、四月一日から、毎週一回講義をする約束になった。開講当初は、青年男女が八人ほど、講義を受けていたが、だんだんと人数が減っていった。二ヶ月目になると半数となり、やがて三人にまでなったところで、私は自信を失ってしまい、講座を中止してしまった。最後に、受講生たちに授業について感想を聞くと、私の教えかたは「難しい」とのことであった。私は、初めて、人に教えることの難しさを、痛切に感じるようになった。

私が、成人学校での講義を二ヶ月で失敗に終わらせてしまったことは、その後の私の人生体験に大きく影響することになった。何かを教えるときには、相手の立場や知識の度合いを把握し、教える側がそれに合わせることが基本である。私は、ひとりよがりの、自己満足的な教え方をしたことに気がつき、強い自己反省の念にかられていた。

講座をやめてから三ヵ月後、今度は康書記長から、足立で文化活動を展開したいから、団体組織をつくるようにいわれた。私は、初心者には上手に教えることには失敗したが、同じ学問を追及するもの同士の集まりであれば、喜んでやりたいと思っていた。

もっとも、政治的な団体ではなく、文化的な団体を組織するということになると、私はいささか自信がなかった。唯一に近かった経験は、学生時代に朝文研を組織した時のものであった。

そんなふうに私が迷っていると、康賞琪書記長は、私に宋史瑝なる人物を紹介してきた。彼は、仙台にある河北新報の記者をやっていた人物であった。彼は、最近になって足立へ引っ越してきたとのことで、非常に積極的で活動的な人物のようだった。ただ、一つ気になるのは、彼はしゃべりすぎで、やや自信過剰な人間に見えたことであった。民戦は、どうしてこういう経歴のある人を連れてきてまで、文化団体を組織しようとしているのか、わかりかねた。

とはいえ、私も足立に文化団体をつくるというのは、よいことであるし、もし実現するなら素晴らしいことだと考えていたので、彼と一緒に組織づくりをしていくことにした。

団体の名前は「足立社会科学研究会」（足立社研）となった。一九五四年一〇月一日に、会員一〇名で、足立社研は出発した。会長には私が、副会長には宋史瑝が選出された。研究会は、毎週二回とされ、集まりも和気あいあいとした雰囲気であった。私は、この研究会を、足立同胞の実態調査から始めてみたい、と考えていたので、そのことをみんなに話した。ところが、宋史瑝がこれに異議をとなえ、それは研究ではないから、『資本論』の研究をやりたいと言い出した。研究会の進め方は、『資本論』の一巻から、重要なところをピックアップして、討論するという。彼は、経済学を学んだ人のようで、商品と貨幣に関する価値の問題についての理論を展開して見せた。

その当時、インテリのあいだでは、マルクスの『資本論』を読んでいることが、知的エリートであるという雰囲気が強かった。私といえば、法学は学んだけれども、経済学には自信がなく、『資本論』も部分的にわかる程度の生かじりであった。

研究会は、会を重ねていくうちに、宋史瑝が得意とする『資本論』を中心にしたものとなっていった。それはそれで、有意義なのだが、私としては、もっと足立同胞の現実的な問題についても、討論をしたかった。しかし、当時の民戦の、政治至上主義的な方針のなかではそれは非常に難しかった。そこで、もし、同胞たちの現実的な問題をも扱いたければ、民戦の運動方針を批判するしかなかった。

ちょうどそのころ、一九五四年六月二八日に、中国の周恩来首相と、インドのネール首相が、会談で「平和五原則」を発表した。「領土・主権の尊重」「相互不可侵」「内政不干渉」「平等互恵」「平和共存」というこの五原則の提唱は、アジアの情勢を平和の方向へと大きく動かすものであった。

時を同じくして、同じ年、共和国から「南北統一呼訴文」が在日同胞に送られてきた。民戦は、一九五四年一一月八日に、第五回大会を開いて、この呼びかけを支持する決議を採決した。しかし、共産党から、それは民族主義的偏向であるとしてきびしい批判を受け、この支持決議は、最終的に骨抜きにされてしまった。

民戦が、主体性のない運動におちている状況にたいし、在日同胞の有志たちは、五四年一一月三〇日、「在日朝鮮南北平和統一促進準備委員会」（統協）を結成した。

それから一ヵ月後の、一九五五（昭和三〇）年一月一日に、共産党は、「在日朝鮮人運動について」を発表し、ようやく在日朝鮮人運動の指導に対する方針を転換した。つまり、「三反闘争」を引っ込めて、在日朝鮮人の自主性に任せる方向へと変わらざるを得なかったのである。この転換には、「平和五原則」や「南北統一呼訴文」の影響が色濃くみられた。

正式な「在日朝鮮南北平和統一促進委員会」の結成大会は、一九五五年一月三〇日、上野の下谷公会堂で開かれ、朴春琴、権逸のほか、在日同胞の左右の人士が一堂に集まった。しかし、大会を妨害する反対派もかけつけ、会場はかなり混乱した状況に陥った。

足立においても、統協足立協議会が、足立朝鮮人商工会の事務所で組織され、梁万基が会長に選出された。こうした急激な情勢の変化をうけ、民戦は同年三月一一日に、第一九回の中央委員会を開いた。書記長の李大宇（金忠権）から経過報告があり、その後、「祖国統一民主戦線中央委員」の肩書きで、韓徳銖が「在日朝鮮人運動の転換について」という演説をおこなった。彼がおこなった路線転換の演説は、まさに在日同胞が望んでいた運動の始まりを意味しており、時代に合致した、新しい在日朝鮮人の権利を擁護するものであった。

（二）足立で総聯が結成するまで

足立社研では、『解放新聞』に掲載された、韓徳銖と李大宇の両方の論文について、研究会を始めることになった。社研のメンバーたちは、宋史瑝を中心として、民戦支持派が多かった。だが一方で、会長の私が民戦に批判的であることを知っているので、どちらの論文を支持するかは、公然とは言い出しづらい状況にあった。そこで、議論は、私と宋史瑝との二人の対立に終始してしまう状態であった。宋史瑝も、社研の状態、つまりは民戦に批判的である私のことを、足立民戦の書記長に報告しているようであった。

私は、これではらちがあかないと思い、足立全体の同胞有志たちをまじえて、議論をしようと提案した。みんなも、それがよいと同意したので、さっそく足立民戦の事務所を訪問して、康書記長に、それまでの経緯を報告し、社研主催で両氏の論文にたいする公開討論会を開きたいと申し出た。これにたいして、康書記長は、本木新道保育園の場所は提供するが、二つの論文を直接対比して、どちらが正しいとか、間違っているといった批判はしてはならないと条件を付けてきた。そして、論文の内容を下敷きに、足立同胞の生活をどうするかについての討論をするようにと、テーマの変更を押し付けてきた。私はついに、李大宇の論文を支持する民戦の運動方針にはついていけない、と言ってしまった。そして、自分は韓徳銖の主張する路線転換を支持すると、はっきり言った。これを聞くと、彼は感情をあらわにして、「君は、韓徳銖論文の支持を訴えるために、足立の同胞を動員しようとしているのか」と不快そうであった。私は、それ以上食い下がれば、公開討論会自体が圧力によって中止されることが明らかだと思ったため、これには答えず黙っていた。

このような対立のなかで、同年三月二五日に、足立社研の主催による、足立同胞の有志約五十人を集めた討論会が開かれた。出席者のなかには、討論会を監視するために、足立民戦議長の文景南がきており、会場の正面に陣取っていた。彼の出席が、公開討論会開催の条件であった。私は内心、これでは自由な討論はできないと思ったが、どうしようもなかった。

私の方はといえば、韓徳銖が組織しようとしている団体の委員である、東京朝鮮中高級学校校長の林光澈が頼りであった。この人は、同じ足立に住んでいたので、私が彼の家に行って、集まりの趣旨を説明し参加したのだったのである。しかし、彼もまた、足立民戦議長の前では、何も言うことができず、挨拶のほかには一言も発さなかった。私自身もまた、力不足もあって、自分の意見を十分には述べられなかった。しかし、私と宋史瑝との論争もあり、どうにかこの問題を、討論会という、ひらかれた場に持ち込むことができたという感じはあった。討論会が終わると、「どちらが正しいのかわからない」などと独り言をいいながら帰る人もいた。

その後、民戦は、足立での公開討論会から二ヶ月もたたないうちに、解散してしまった。韓徳銖の論文と、それが示した路線転換に、多くの人が同調したためである。

同年五月二五日に、在日朝鮮人運動の路線を転換するための新しい団体である、在日朝鮮人総聯合会（総聯）が、浅草公会堂にて結成された。議長団には、韓徳銖ほか五名が、事務局長には李季白が選出された。私も、二日間の結成大会に参加した。この団体は、結成当初は集団指導体制から出発し、民主主義中央集権制によって運営されるようになった。同年の六月下旬には、東京都本部の結成大会が開かれ、私も代議員に指名されたので参加した。議事進行の過程で、荒川の金漢澈をはじめ、民戦時代の幹部たちが議長団につめよるなどで大会の議事進行が一時中断もあったが、どうにか無事に終了した。私は、この大会に参加してみて、足立支部の結成を急ぐ必要があると痛感した。そこで、さっそく支部結成の準備会を急いで開催した。個人的にこれぞという人に会って、準備委員になってくれるよう説得した。そして、同意してくれた人だけで、六月二八日に、結成の準備会を、私が経営する赤不動医院で開いた。準備委員は、朴昌溢、金仲権、高徳龍、そして私の四人で構成した。

総聯足立支部結成大会は、民戦の幹部たちや、解散反対派の妨害を回避するために、民戦足立委員会解散の集会を利用して、民戦の解散と同時に、その場で総聯足立支部結成大会に切り替える、という方法をとることにした。

七月一〇日、東京朝鮮第四初級学校で、民戦足立委員会解散の大会が、文景南、金万春、康賞琪を議長団にして開かれた。この場には、総聯中央から韓徳銖の命によって、孟東鎬が参加していた。計画どおり、民戦解散後そのまま総聯結成大会が開かれた。討論に入ると、女同委員長の金順児が、民戦に対する不満をぶちまけた。私も、足立社研を代表して登壇し、民戦の運動が同胞のための運動になっていなかったことを指摘した。そして、民戦が、韓徳銖論文をめぐる足立での公開討論会に、圧力をかけるために、監視役として、文景南議長を参加させて、同胞たちの自由な発言を封じたことを批判した。その上で、民戦は、官僚主義的であり、運動の自主性もなく、民主主義とは縁もゆかりもない強権的な組織体制であった、と述べた。これを聞くと、文景南は驚いて、そんな裏があったのか、と議長団席から発言した。文景南も、自分が公開討論会を監視するために、派遣されたとは知らなかったのである。康賞琪は、全てその通りであったと、自己批判し、謝罪をした。このことで、大会の主導権を、総聯足立支部準備委員会が握った形になり、民戦の解散宣言と同時に、予定通り、会を総聯足立支部結成大会に切り替えることができた。

民戦足立支部解散時の議長団も、そのまま議長団として席に座ってもらったまま、総聯の結成大会が粛々と行われた。孟東鎬も、私の隣に座り、私と二人でいろいろと打ち合わせをしながら、大会を進めていった。総聯役員の人事の選出にかんする選考委員には私が入った。そして、委員長に柳賛三、副委員長に朴昌溢を、その場で新たに選出することを提案した。委員の中からは、東京都本部の時のように議事妨害があった場合のことを考えて、私がそのまま委員長になるのがよいという意見もあった。しかし、私は役員に入るつもりはなかったので、その種の妨害にたいしてはきちんと対処するということを言って、断った。そして、委員長にふさわしい人間として、柳賛三を推薦した経緯があった。

実は、この人事はすでに準備委員会で内定していたものだった。柳賛三は、「柳屋酒場」の親父で、私は彼と何回か会って、いろいろと話をしたところ、彼は人柄がよく、慶尚南道の出身であることから、同地の出身者が多い足立で人望が厚かった。みんなも、それを知っていたので、この人選は準備委員会の同意を得ていた。彼はそれまで、組織の役員をした経験などなかったが、人間的に信頼ができるというところが買われたのだった。総聯足立支部結成準備委員会は、地方主義、家族主義的な偏向が、特に済州島出身者への差別が強い時期に済州島出身者のみで役員を独占することは避けねばならなかった。それ故、彼を委員長にすることを決定し、私は、準備委員会を代表して、柳賛三と会い、正式に足立支部委員長への就任を要請した。彼は最初、組織のようなものについて、あまり経験がないことを理由に、辞退していたが、そのことは私たちが応援しているので心配がないと説得し、承諾してもらった。副委員長の朴昌溢は、準備委員の中から適任ということで選ばれたのがその真相である。

第六章　反抗と情熱の思春期

一　足立青年練成会の組織

前にも話したとおり、一九四五（昭和二〇）年三月の東京大空襲によって、私の家族は家も工場も失ってしまい、一家はやっと空家を借りて、仮の住まいとしていた。学校までも焼けてしまい、私はサイレンの音を聞くたびに、いつ爆弾投下によって死ぬかわからない、という生と死のはざまで、ほとんどノイローゼに近い状態だった。

そんな時、一縷の希望を満たしてくれたのは、友の存在だった。その名は健ちゃんと称し、本名は金景潤である。彼は、私より一つ年は上であったが、お互いに独学によって将来の目的に向かって進もうという桃園の誓いともいうべき約束をした仲であった。私は毎日のごとく、彼の家を訪れては、青雲の志を抱きつつ、情熱的な議論をしたり、哲学書を読んだりしていた。空襲警報が鳴っても、議論をする間は話を途切れることなく続けたほどであった。

健ちゃんと私は、二人で小さな木製の机に向かい合って、毎日のように同じパターンで哲学書を読み、その内容についての感想を語り合ったり、討論をしたりすることしか知らなかった。夏の暑い時期には、書物を読んでいるうちに眠気がさして、居眠りをすることもあった。そんな時は、お互いにビンタをはることで、精気を取り戻し、学習を続けた。

こうしているうちに、八月一五日が来た。戦争は終わり、私たち朝鮮人は解放された。自分の故郷へ帰る人や、逆に地方から上京してくる人で、在日同胞の人口構成も大きく変わっていった。足立区内の青少年たちも、何をどうするか目標を失い、生活苦とニヒリズムによって、刹那的な生き方に傾いていく毎日を送っていた。私も同じ渦の中で喘ぎながら、解放された祖国に何か役に立つことはできないか、と考えるようになった。同じ年の一〇月に、朝鮮人聯盟が結成されたので、それに大きな期待を寄せていたが、役員たちの横暴に反発を感じるようにもなっていた。

それでも、足立の青年たちは、聯盟の保安隊に入っていった。私は少年だったのでまだその対象外であったが、彼ら保安隊とはいつも会って、いろんな議論をしていた。彼らは、朝鮮が解放された喜びに自己陶酔していたが、何をどうするかという具体的な方向は見失っていた。私は、まずは自国の言語と歴史を知り、健全な精神を養うためには身体を鍛えるべきだと考えた。そこで、この趣旨に賛同してくれた友人たちと、足立青年練成会を組織した。学問の道で志をともにしていた健ちゃんは、母国語を全く知らない上に、民族性ももっていないので、この組織には参加しなかった。共同代表として、洪文吉、金基先と私の三人が選ばれ、二〇人が会員となった。

幸いなことに、梅田町にある東亜工業（株）の工場の一角を改造して、すでに足立初等学院が開設されていた。私たちが、校長の尹炳玉と交渉したところ、地域の青年たちが夜学をしたいとの熱意に喜び、学校の教室ばかりか、担当として姜明才先生までつけてくれた。

夜学は一二月中旬から始まり、参加者は二〇人にもなった。二〇才を過ぎた青年たちが三分の一もいて、一六才の私が最年少であった。尹炳玉校長の長男、尹榮基も参加しており、彼は早稲田大学理工学部の学生で、二〇才以上に見えた。

一方、身体を鍛えるスポーツの分野では、サッカーが選ばれた。ボールさえあれば、比較的簡単に始められるスポーツであるというのが、その理由だった。ところが、いざサッカーを練習するためにボールを買いに行くと、注文して二ヶ月待ちであった。現在のように、簡単にサッカーボールが手に入る時代ではなかった。

サッカーの担当は、洪文吉だったので、彼は金を集めてボールを購入した。それから、荒川土手の河川敷で、練習を始めた。民族解放後、在日同胞がサッカーを始めたのは、この足立青年練成会が最初だったのではないかと思う。

姜明才先生は、昼は児童の教育を担当し、夜は私たちのために週二回も夜学にて教鞭をとってくれた。しかし、若い私には、なかなか内容が理解できなかった。学習に飽きてくると、討論会も開かれた。当時の若者たちは、政治に対する関心が強く、祖国が三八度線で分断されたことや、在日朝鮮人聯盟のことなどを、討論のテーマとしていた。

私も、青年練成会の責任者として、討論会では会を活発にすべく積極的に発言をした。私は、聯盟の末端機関である本木分会役員に反発を感じていた。そこである時、「聯盟は暴力で全てを解決しようとしている横暴な団体だ」と批判をした。しかしこの発言が、尹榮基と対立するきっかけとなった。彼の父、尹炳玉は、聯盟足立支部の初代委員長となったばかりであり、彼にしてみれば、聯盟への批判は許されないことだったのだ。彼は、聯盟は暴力的な団体などではなく、マルクスの社会主義を理想とする組織だと主張した。私の方はと言えば、マルクスも社会主義も知らない、ただ現実に起きている本木分会の役員の横暴が問題だとして、それを暴露し批判した。また、民族が解放されたとはいえ、われわれは自分たちの言語や歴史を知らないのであって、それを学んで本当の意味での朝鮮人になるために、夜学に通っているのだと主張した。夜学生のほとんどは、私の意見に賛同してくれた。そして、姜明才先生まで私の発言を支持した。このため、尹榮基はかなり不満な様子であった。

私は、翌日早速、神田の書店街にマルクスや社会主義の本を探しに行ったが、なかなか見つからなかった。戦後、四ヶ月を経過したばかりであり、新刊本は出版されていなかった。古本でようやく、『×××無産者階級』という本を見つけて、手にとってみた。戦時中は、社会主義やマルクスという言葉を使用できなかったので、当時出版された書物は、その部分がすべて「××」という伏字になっていたのである。中身を少し読んでみると、やたらに「×××階級」とか「××主義」とか、とにかく××が出てきて、私には内容が理解できなかった。結局その本は買わなかった。この時期の先輩たちは、社会主義という言葉を、インテリであるという形容詞として使っていた。今にして思えば、足立青年練成会での討論で、尹榮基がマルクスや社会主義を持ち込んだのも、彼がインテリであることを誇示するためであった。彼は、のちに、私が大学一年生の時、在日朝鮮学生同盟中央委員長になった。

この事があった次の水曜日に、私たちがいつものように夜学に行くと、表の門が閉まっていて、内側からカンヌキがかけられていた。中には入れないので、みんなは外で私を待っていた。私は洪文吉、金基先らと一緒に、尹炳玉校長に面会を申し込んだが、家族の方が出てきて、病気で会えないと拒絶された。せめて会うだけでも、とお願いしたが、熱が高くて無理だということだった。仕方なく、みんなに帰ってもらい、われわれは改めて対策を協議することにした。

翌日、聯盟本木分会の役員から呼び出しがあった。私が何も知らずに事務所に行くと、まだ結成されていない準備委員の青年同盟本木分会会長の高富造と総務部長の金仁泳が、事務所の入り口に机を置いて待ち構えていた。彼らは、「聯盟の悪口を言ったのは貴様か」といきなり暴力をふるってきた。意表をつかれた私は事態をつかめず、とにかく呼び出した理由の説明を求めた。するとその返事は、夜学の討論会の席上で、聯盟を批判したことが理由である、というものであった。状況を総合すると、尹榮基が、父親の尹炳玉に討論会で口論したことを報告したに違いなかった。

私は、高富造分会長に、弁明の機会を与えてくれるよう頼んだが、聞き入れてもらえなかった。私にとって幸運だったのは、その時、事務所の奥の部屋に聯盟本木分会長の朴龍奉がいたことだった。彼は、高富造の発言をさえぎり、そのくらい良いではないか、と言って私が帰れるように取り計らってくれた。実は、朴龍奉は私の遠縁の祖父にあたる人で、立場上困りつつも、かばってくれたのだった。私は心中、聯盟に対して憤懣やる方ない思いを抱いたが、自分の感情を抑えて家へ帰った。

翌日になると、私が聯盟の分会事務所で殴られたとの噂が広まり、青年練成会のメンバーたちが私の家に集まってきた。彼らは集団で分会事務所に押しかけて、暴力行為について追求すると息巻いていた。私はそれを止め、練成会の解散を提案したが、メンバーたちは反対した。それから半月後に、聯盟足立支部から私に呼び出しの連絡があった。今度は、私が一人で行かず、会の役員に連絡して、洪文吉と金基先をともなって、三人で足立支部へ出頭した。当時の聯盟足立支部事務所は、足立支部が発足して間もないこともあり、本木二丁目にある大山鉄工所の事務所と同居していた。私たち三人が出頭した時には、聯盟の支部委員長尹炳玉は留守で、待っていたのは青年同盟足立支部結成準備委員長柳端仁と、副委員長金昌澄の二人であった。同じ青年同盟本木分会の高富造は、私に暴力を振るった事件以後、分会の青年たちから非難されて、それ以後この問題には一切関係しようとはしなかった。彼は三十才前後で、本木一丁目に高田ゴム工場を経営していた。その財力にものをいわせて、横暴なふるまいをしがちであったが、事件以後は彼に従う青年はいなくなってしまった。それと比較すると、柳端仁と金昌澄の二人は、対応が紳士的だった。私は、聯盟を批判した理由について、「聯盟の分会が何でも暴力的な方法で解決しようとしていることに対し、それを改めさせようとして事実を述べたのだ」と説明した。そして、それが原因で朝鮮学校で民族の国語と歴史を学んでいる夜学まで中止させようとするのは、おかしな考えだと訴えた。彼らもまた、私たち若者が真剣になって民族の教育を受けようとしていることに、共鳴してくれた。

私たちは、この日を境に足立青年練成会の組織を解散し、サッカーボールは聯盟本木分会の青年部長金君玉が預かった。しかし、この事件はこれで済んだわけではなかった。今度は青年同盟ではなく、聯盟の分会役員たちが、入れ代わり立ち代り私の家にやってきては、庭先で大声で「聯盟批判している奴は出てこい」と怒鳴るようになった。

当時、私の家は門があって、中に入ると庭があり正面が住まいであったが、左側に別棟の小さい住宅があった。私はこの家で健ちゃんと二人、朝から晩まで勉学に熱中していた。しかし、勉強をしている最中でも、分会の役員が怒鳴りにくるので、私は少しノイローゼ気味になってしまった。父は、私が戦時中から虚無主義的な考えを持っているのを多少知っていた。それを心配してのことだろうか、本木二丁目に住んでいる遠縁の姜己伯を家に呼んで事情を説明し、毎日朝から夕方まで、用心棒の役目をしてくれるよう頼んでくれた。彼は大阪から上京して間もなかったが、大阪では柔道の先生をしており、三段という腕前であったから、私にとって精神的な助けとなった。私は、一切の雑念を捨てて学問に集中することができた。それから数日後、分会役員が私の家を訪問し、私に会いたいと父に告げた。父はとうとう怒りだし、「中年の大人たちが一七才になったばかりの子供を相手に何をしようとしているのか、帰ってくれ」と言い、追い返そうとして争いになった。父と一緒に部屋で外の様子を見ていた姜己伯は、庭へ出て連盟の役員を投げ飛ばしてしまった。私は部屋の中から一部始終を見ていて、これでもう私をいじめには来ないだろうと安心した。

この事件があってからは、聯盟の役員が私の家に来ることはなかった。しかし、この事件の十日後に、父が本木の知人の家で、聯盟の分会青年部長金君玉に暴行されるという事件が起きた。私は、父から話を聞いて、すぐに医師に診断書を書いてもらい、警視庁特別捜査係に告訴状を提出した。私が警視庁を選んだのは、地元の西新井警察では加害者が驚かないと考えたからである。この告訴状によって、金君玉には警視庁からの呼出状が届いた。それが私の父からの告訴のためと知ると、彼は驚いて、私の家に彼の母親や奥さんをやって、何とか告訴の取り下げをしてもらえないか、と頼んできた。金君玉自身はプライドもあって来なかったが、彼の母親と夫人は二度にわたって私の家に来て、再び暴力行為はしないと約束し、これまでのことを謝罪した。父も納得し、私に告訴の取り下げを指示したので、私は警視庁に行き、父に言われたように告訴を取り下げた。その後、金君玉は分会の青年部長を辞任したが、今度は聯盟の足立支部の役員会において、勝手に私を少年部長に任命してしまった。私は本人の承諾も取らないで一方的に決められたことが不満であった。しかし、周囲の人は、支部で決めたことを拒否すると、私にいろんな不利益が出るから受けるようにと、私を説得したので、やむを得ず承諾することにした。こうして、足立青年練成会から始まった夜学をめぐる事件は、一区切りついたのである。

二　初めての事業を模索して

一九四六年一月、私は一七歳になり、将来に対する希望に燃えていた。在日同胞は不安定な立場に苦しんでいた。毎日の生活苦にあえぎながら、一刻でも早く故郷へ帰ろうとする人たち、あるいは日本で多少なりとも蓄えをして故郷へ帰ってからの生活の資にしようと考えるもの、さらにはさまざまな理由から日本に残る人たち、などが入り交じって、それぞれの将来を模索していた。足立は土地の値段が安く、生活が苦しい中、同胞のあいだで自然に助け合いをしている人たちが多かった。ここでは、外部から入ってきても生きていけるという噂も広がり、地方から多くの同胞たちが流入してきた。特に関西からゴム関係の技術を持った人たちが多く入ってきたのは、先にも述べたとおりである。そのため、本木町ではゴム工場が急速に増えてきて、それに関係する仕事に携わる人たちが増えていった。

こうなると当然、町は活気づいてくる。こういった町の姿を目にしていた私も、ゴム関係の事業を起こそうと考えていた。一月下旬には、母に大阪へ行く承諾を取り、費用をもらって、私は大阪に向かった。大阪には私の親族たちが結構住んでいた。特に、浪速区の恵比須町の市営住宅には数人が住んでおり、そこの姜昌玉・昌弘兄弟を訪ねた。彼らは、ゴム鞠工場で働いていた。そこで、東京で私と一緒にゴム鞠の製造をしてみる考えがあるかどうか聞くと、喜んで上京したいという。

私は打ち合わせを済ませ、東京へ帰ってから父に事の経緯を報告し、協力を求めた。父は、私たちの住んでいる本木一丁目の関原商店街にある家に、昌玉一家を住まわせることにして、私たちは梅田町にある工場の一角にいくつかの部屋をつくればいいと言ってくれた。そして、一九四六（昭和二一）年二月下旬、私たち一家はそこに移った。三月の初めには大阪から昌玉一家が上京してきた。昌玉は、これでゴム鞠を作るんだと言って、大阪からもってきたゴム鞠の型を一個見せてくれた。これに加え、兄弟はゴム鞠を造る技術を提供してくれる。そして、機械をはじめとする設備や、運転資金、販売に関することの一切は、私が受け持つことにし、利益配分は半々にすることで、共同経営の話がまとまった。これは、条件的に言うと、私たちの方にかなり不利なものであった。しかし、私としては、同じ親族であるから、損得勘定を抜きにした上で相互扶助の精神でやっていきたいという気持ちがあった。またそれだけでなく、私にとっては初めての経営事業であったから、まずはなんとしてもこれを成功させることが先決問題であると考えていた。実際、製品の販売となると、私はその方面の知識が皆無であった。考えたあげく、ゴム鞠を売っている小売店を探して、仕入先を尋ねたが、教えてはもらえなかった。当時は戦後間もない頃であったから、ゴム鞠を売っている店自体あまりなかった。何軒かをたずねてようやく、浅草の蔵前にあることを教えてもらった。早速蔵前の卸商の店を歩いて注文を取ったが、数量としてはあまり多くなかった。

その後、散々探した末、全国規模で展開している商社に出会い、まとまった注文は取れたが、今度は製造が間に合わなくなった。ともかく、私たちの持っている技術は幼稚なもので、生産を高める方法がない。ゴム鞠の製品は、ボイラから出して一週間前後で、半分ほど空気が抜けてしまう。そこで、それを補うために、鞠のヘソの部分から空気入れを使って気体を注入して仕上げるのだが、それでも日数が経過してくると空気が抜けてしまう。そのため、返品されてきてしまうので、信用を失なうのだが、にもかかわらず注文は殺到し、処理は追いつかない。

このような状況であったから、需要の面からみると、私たちの事業は前途が明るく、希望に満ちていた。ところが、利益配分の問題は、この希望に暗い影を落としていた。私は、約束どおり、設備に投下した資金に対して、半分の負担をしてもらおうと計算をしたのだが、兄弟はそれについては一切応じず、意見の対立が生まれていた。私は、工場や彼らの家族の住居を提供しており、さらに製品の販路にまで責任を負っていた。その上、設備に投入した資金まで一切責任をもてとなると、不公平にも限度があった。そこで結局、設備に投下した資金は私が責任をもつことにし、共同経営を解消することにした。彼らにしてみれば、共同経営とは、自分が持っている技術に関することであり、後は一切を相手が負担してくれると考えていたのである。

最終的には私は、鞠工場を廃業することにした。私は鞠工場を近代化して、容易に大量生産が出来る方法をいくつか考えていたのだが、共同経営を解消したあとに新しい方法で鞠を量産すれば、相手は自分を追い出してから工場を独り占めして儲けたと言うだろう。これまでの経緯からいっても、かなりこじれることが予想される。そこで私は、こういう関係はもう一切打ち切ってしまおうとしたのである。

ところが父は、こんなに儲かる仕事を捨ててはいけない、とその設備をつかって本木一丁目の金栄湖と一緒に鞠工場を始めた。だが、うまくことは運ばず、父は一年もしないうちに、共同経営をやめてしまった。金栄湖は、私の父からゴム鞠の製造に必要な設備の一切を安く手に入れることができたため、それを基礎にして、丸信工業化学を設立し、利益を得た。ゴム鞠の製造は、当時はまだ競争が激しくなかったので、事業として大きく成長する可能性を持っていたのだった。

結局私は、大きな利益を得るチャンスから離れてしまった。事業という点から言えば、私にとって最初の仕事であり、また試練であり、大きな勉強となった。

三　三週間の断食に挑戦

一九四六（昭和二一）年、私が一七歳の時に、成田山の新勝寺の一角にある断食堂で、三週間の断食に挑戦したときの話をしたい。実は、二週間がたち、三週目に入ったところで、急に中断し私は家に帰ってしまったのであるが、私がなぜ断食をしようと思ったのか、そしてなぜ中断してしまったかを書いておこうと思う。

先にも書いたが、私は戦時中、連日連夜の空襲により神経をすり減らしていた。ニヒリスティックな生き方を強いられる中、戦争が終結し、私たち朝鮮民族は解放された。戦後、混乱のさなかに、在日朝鮮人聯盟が結成されたが、これは在日同胞の権利を守るために切望されていた組織だった。しかし、下部組織である足立の本木分会では、幹部の横暴が目に余る状態だった。それに反発した私は、足立青年練成会の夜学での討論会で、連盟を批判した。このことが原因で、練成会は解散に追いやられてしまった。生活のために起こした最初の事業は、ゴム鞠工場であったが、これも共同経営という制約に阻まれて、意見の対立から黒字解散する結果になってしまった。それらの試練を乗り越えて、友人と勉学に集中しようとしたが、過去のことを忘れようとしても、なかなか忘れられるものでなく、さまざまな雑念のため、苦悩していた。

ちょうどその頃、たまたま神田書店街へ行く途中、明治大学の前を通ると、正門に大きな看板が立っていた。何事かと読んでみると、西式《にししき》断食療法の講演会があるとのことだった。私は断食については、仏教の始祖釈迦や、インドのガンジーが実行していたことから、常々関心を持っていた。また、書物を読む時に、いつも雑念に悩まされ集中できない私は、精神統一をはかるのに、断食療法が効果があることを本に書いてあったのを思い出し、ぜひ講演会を聞きたいと思った。しかし、子どもの私が大学の中に入っていき、講演を聴くというのは非常に勇気の要ることで、難しかった。そこで、私は断食に関係する本を書店街で探すことにした。駿河台から神保町にかけて、焼け残った書店をまわり、西式断食療法と、梅田式断食療法という、二冊の本を買って帰った。

私はそれらの書物を、健ちゃんと一緒に読み、とにかく断食を実行してみようと誓い合った。しかし、断食を何日間実行するかの問題で、二人のあいだで議論になった。結局、インドのガンジーが三週間実行したのだから、私たちも三週間を目標にしてみようという結論になった。三週間までなら、ガンジーが実際に実行してみせたのだから、絶食をしても死なないという確信をもてたからである。西式断食療法でも、三週間が人間の生命の一般的限界であるとし、それ以上の断食は薦めていなかった。断食をして得られるもの、それは人間の煩悩から来る雑念を捨てることによる、精神統一であった。

こうして、私たちは七月中旬に断食を実行することになった。準備を始めつつも、私は内心では、断食に失敗して死ぬかもしれないという不安を持っていた。しかし、断食によって雑念が消え精神統一ができるのであれば、将来進もうとする学問の道においても有益であることは間違いないと思い、万難を排して実行せねばならない、という決意を新たにした。

西式断食療法の書物には、断食に入る際の手引きが書かれてあったので、その手引きにしたがって準備を進めていった。そして七月中旬、成田へ行く前日、母に大阪に行ってきますと嘘をついて、お米二合と着替え、旅費を頼んだ。母は、旅行へ行くのにお米二合とはどういうことかと尋ねたが、うまく返事ができなかった。それでも、とにかくどうしても必要なのだとせがむと、母は半信半疑で私の要望にしたがって、支度をしてくれた。

翌日の朝、健ちゃんと待ち合わせの場所で合流して、京成千住大橋駅から成田へ向かった。成田駅で下車すると綿屋旅館を探し、そこで断食に入る前の準備をするはずであった。この旅館は、成田山で断食する人たちの窓口になっていた。手引書では、三週間の断食の前に、綿谷旅館で三日間宿泊し、お粥から糊状の重湯までの食事に切り替えることになっていたのである。しかし、私の場合母を騙してやって来たので、綿屋旅館に事情を説明して荷物だけ預け、実行前の三日間の準備期間を飛ばして、いきなり断食堂に入った。断食堂は新勝寺の入り口の階段の右側にあった。小屋のような平屋建てがあって、断食堂の入り口は小さな公園になっていた。断食堂の中には、断食修行者が六人いて、私たちが加わることで八人になった。私たちが入っていっても、中にいた修行者は無関心で、煎餅布団の上で横になっていた。綿屋旅館から私たちを案内してきた女の人は、中に入って私たちの布団を用意すると、ここでの生活を一通り説明して、帰ってしまった。私の寝る場所は入り口で、そこから空が良く見えて、薄暗さはなかった。また、健ちゃんは、私と並んで隣に布団を敷いていたから、寂しさもなかった。夜になると空腹感を覚えたので、水を飲んでお腹を満たした。翌朝には断食堂内のことがだんだん分かってきたが、ほとんどの者は、布団をかぶったまま安静にしているようであった。私たちは、まだ二日目に入ったばかりであったから、元気も良く、二人で公園を散策したり、議論をすることで空腹感を紛らわせていた。堂の部屋の中には、東北地方から来たという私たちより一才年上の人が、一日前に入ってきていた。来年、東大の法科を受験すると言って元気がよかった。年令が近いこともあって、いろいろと雑談をしているうちに、なぜ断食をするのか、という目的についての話になった。彼の場合は、六法全書の必要な条文を暗記するためだという。私たちは、暗記の効率を上げることもあるが、基本は雑念を取り払い精神統一を図るのが目的であると話した。ニュアンスは異なるものの、お互いに共通した目的を持っていることが確認できて嬉しかった。残りの人たちは、年令が五歳以上も離れているようで、話をする雰囲気ではなく、己の修行に精一杯という感じであった。堂に入って修行している人は、普通は一週間から二週間の計画を立てていて、三週間も断食を続けるのは特殊なケースであり、めったにいないとのことだった。東北地方から来た彼も、二週間を目標としていた。

二日目の夜になると、空腹感が増してきたので、布団に寝そべりながら、あれやこれやと思いをめぐらしていた。何気なく部屋の外へ目をやると、入り口の開け放した扉の間から、夜空に燦然と輝く星の群れがあった。それに目を馳せると、自分自身がなぜか遠い世界にいるような気持ちになり、観念したかのように眠りにさそわれる。されど、眠りは浅く、朝まで幾度となく目がさめる。また、良く夢をみて、これも苦痛であった。三日間が過ぎると空腹感はだんだん薄れて、ただ神経が過敏になっていった。夜の睡眠はあいかわらず浅く、いつも夢をみるので、夜中に何度も目がさめる。そんな状態がさらに数日続き、一週間目が終わると、寺の住職から呼ばれた。本堂へ上がって、住職の前に坐ると、お茶碗に半分くらいの八分粥が私たちの前に置かれ、食べるように言われた。私は空腹に慣れたようで、それほど空腹感はなかったが、出されるままにお粥を食べた。

私たちがお粥を食べ終わるのを待っていたように、すぐに説法が始まった。それに対して私は、先祖のことは敬っているが、それ以外に信仰を持っていないし、これからも私は無神論者であるだろうということを、住職に話した。すると住職は、それでも参考のために聞くように、として説法を続けた。説法が終わると雑談に入り、住職から少年の身で断食を決意した事情を聞かれた。私は、心の中にある私なりの考えを答えることにした。そして、私たちは独学で学問の道を究めたいと思っているが、その為にはどうしても雑念が障害になっている、それを断食によって取り払いたいのであり、また自力で目的を果たすための信念を養いたいのだと話した。こうして、約一時間ほど話をしたあと、部屋に戻った。

それから第二週目の断食が続けられた。日が経つにつれ、体力は落ちていったが、頭脳は冴えて敏感になっていくよう思えた。だが、繰り返しになるが、神経が過敏になってくると、夜中に夢をよく見て、目が覚める。それが苦痛であった。断食が二週間に達する頃、二日間続けて母の夢を見た。母を騙して成田の断食堂に入ったのが気がかりだったこともあるかもしれない。私は母に何か異変でもないだろうかと、心配になって、友人にそのことを話した。すると、健ちゃんも三週間の目標を変更して、二週間が終わったら帰ることにしてはどうか、と言った。翌日が二週間目であったので、本堂に寄り、同じようにお粥を食べた。そして、部屋へ戻り帰る準備をした。断食堂では、私たち二人が一番の古株になっていたので、皆に別れを告げる段になると、堂を離れるのが少し寂しく感じられた。

普通は断食後、三日間はお粥から普通食に戻るまで旅館に宿泊することになっていた。ところが、私たちは、綿屋旅館へ行き、預けてあった着替えや荷物をもらって、一泊もせずに家に帰ることにした。それを告げると、旅館の方では大丈夫だろうか、と驚くやら心配するやらだったが、とにかく私たちを見送ってくれた。旅館から成田駅までは、通常なら五分以内の距離であるのに、駅までたどりつくのは大変だった。途中にある緩やかな坂を登れなくて、半分は這うような状態で、かなりの時間をかけてようやくたどりついた。

やっと家につくと、母が私の姿を見て、驚くやら呆れるやらで、「一体何事が起こったのか」と私を責め立てた。まるで、死んだと思っていた息子が帰ってきたかのように、喜びと安堵感が母の顔にありありと感じられた。私は、大阪へ行くといって母を騙したことをわびて、成田山の新勝寺へ行ったことを説明した。母はさっそく食事の準備をしようとしていたので、それを止めて、夕食からお粥にして欲しいと頼んだ。しかし、母は私の体が早く回復するように気を使って、ご飯と栄養のある食事を作ってしまった。仕方なく、母が出してくれたものを食べることにして、それからは正常な献立になってしまった。とはいえ、その後しばらくは、胃を悪くしてしまい、かなり苦労したことは言うまでもない。

私の考えでは、三週間という目標が達せられなかったのは、母を騙してきてしまったという負い目と、不眠の苦しさが原因であった。しかし、断食の過程で、無我夢中になって目標に立ち向かおうとした経験は、私のニヒリズムにとって、一つの薬となったように思えた。

私が断食修行をした後、その噂が広まって、友人や知人が多く私の家を訪れるようになってしまった。これは、勉学の妨げになった。私の周辺の人たちは、断食について何の知識も持っていなかったので、話にはいつの間にか尾ひれがつき、まるで、私が成田山で仙人になるための修行をして帰ってきたかのような噂が、まことしやかに流されていた。そのため、ことの真相を知るために、皆が私の家に訪ねてくるのであるが、実に迷惑な話であった。しかし、私にとってその経験は、のちの人生において必要となる、集中力や、忍耐力を与えてくれるものとなった。精神力を養うためには雑念を取り除くことの重要性を知った私は、このあと、座禅も組むようになった。一般的には座禅というものは、正座をして行なうものである。ところが、私は正座をすると足がしびれて、五分以上もたない。これでは精神を集中するどころではなく、気が散ってしまうので、私はあぐらをかいた自然体の姿勢で、毎日二十分間、無念無想、無の境地に入るよう努力した。実際、このようにすると、不思議と雑念が消えていくように思えたのである。

四　進路に思い悩む

健ちゃんとは、一緒に断食から帰って以来、彼の家でそれまでよりももっと、長く過ごすようになった。私が事業を企画している時以外は、いつも二人で学問に没頭していた。木造りの古いテーブルにお互い向かい合って勉強していると、時には疲れて居眠りをすることがある。そんな時は、やはり断食の前からそうであったように、互いに気合を入れる意味でビンタを張り合った。そして、夕方になるときまって、荒川土手の河川敷を散歩して、一日の日課を終えるのである。私たちが土手を散歩する時間帯には、大勢のアベックがたむろしていた。その辺りを通る時は、それとなくアベックたちの後を追う形で歩いたりして、その小道を愛染小路などと呼んだりもした。

断食から帰ってきてから変わったことの一つとして、進路についての考え方があった。断食堂で東大志望の青年に出会ったことも大きかったかもしれない。私たちは、独学で一生を終わるのか、それとも大学へ進学すべきなのか、たびたび議論を重ねた。私たちが悩まなければならなかった理由の一つに、在日同胞が置かれている状況のことがあった。つまり、私たちは多かれ少なかれ、故郷へ帰ることを前提としていたので、このことが大学への進学に対する強い制約となっていた。たとえ故郷に帰らないとして、日本の大学へ多額のお金をかけて入学したとしても、卒業してから日本の会社に入れる見込みは小さい。それで何をするというのだろう？　お金がないのに、無理をしてまで日本の大学に入るべきではないのではないか？　しかし、もしお金さえあれば、独学で苦労するよりも、立派な学者から直接知識を習得することが早道であろうことは、想像に難くなかった。苦しい生活を強いられている両親に学費を出してもらうことは辛いことであり、それだけの価値があるのかということは、大問題であった。日本の大学を出ても、日本社会で受け容れてもらえない朝鮮人インテリ。かといって彼らは労働者にもなりきれず、結果として家族にも苦労をかけているインテリを見ていて、私は、そのような人間にはなりたくなかった。

そんな議論を二人でしているうちに、一つの理想が見えてきた。それは、弁護士を目指すことであった。弁護士になれば、日本にいても、故郷に帰っても、社会に貢献することができるのではないか？　実は、（当時の）日本では朝鮮人は弁護士や判事、検事の仕事には就けないということを知ったのは、大学に入った後のことであった。

しかし、とにもかくにも、そんな理由から大学の法科を志望することになった。だが、私たち二人は、旧制中学を中退していたので、大学受験資格がなかった。その頃、もともと神田にあった駿台商業学校が戦災に遭い、台東区黒門町の黒門町小学校に仮校舎として移転している話を聞いた。そこで、同校の定時制四年に編入する試験を受け、合格することができた。一九四七（昭和二二）年四月から私はそこに通うことになった。

私は、大学を受験することを親友の健ちゃんに話した。早稲田大学を受験したいと思い、この年の一〇月に二人で大学受験のための入学案内を取りに行った。ところが、ここでなんという偶然か、大隈講堂の入口の階段に座って弁当を食べていた尹榮基に出会ってしまった。彼は、私を見るなりとっさに、笑ってごまかそうとした。私も彼の顔を見るなり、昨年の足立青年練成会をめぐる嫌な思い出が、脳裏をよぎってしまった。私は、健ちゃんに早稲田は受験しないから帰ろう、と言って家に帰った。帰りの途中、彼は、ちょっと不愉快そうな顔をしていたので、早稲田で尹榮基に会ったことや、かつて彼との因縁を一通り説明しなければならなかった。

この一件のあとも、私たちは毎日勉学の合間に、大学受験の志望校について話し合った。私は中学が神田だったこともあってか、神田界隈の大学に行きたかった。明治大学と中央大学は、朝鮮人が集中している感じがあったので除外した。法政大学は神田から多少離れている。そこで、日本大学か専修大学のいずれかに決めようと思った。私が聞いたところによると、専大は教授陣が優秀で、法科では安平政吉教授という著名な先生が刑法を教えているのが魅力であった。さらに、授業料が他の大学よりも安いというのも、大きかった。このお話を健ちゃんに聞かせ、一緒に専大を受験するよう説得すると、同意してくれたが、彼はやはり経済的な事情で大学へ進むのにかなり消極的になっていた。

これは私とて、同じであった。前にも話したとおり、私の家は、戦後故郷へ帰ろうとしたとき、チャーターした漁船とともに、全財産を失っており経済的には厳しかった。その後も、月日がたつにつれ、生活は厳しくなっていた。父は戦後閉鎖した工場を再開しようと夢見ていたものの、そのような見通しは容易に立たず、毎日時間をもてあましていた。父は、どこかの占い師に聞いたらしいのか、私は人を助ける職業につく宿命を背負って生まれているので、医師になって人を助けなさい、と医科大学へ進学するよう何度も繰り返し言ってきた。父は、医科大学へ入学するには、文系の二倍以上のお金が必要であることも、まったく分かっていなかった。それどころか、家が経済的にどの程度苦しいのかも、よく分かっていなかった。もっとも、これは私とてさほど変わりはなかった。私も経済的なことには比較的無関心なほうで、家の生活のことは母から何も聞かされておらず、大して知ってはいなかった。

ともあれ、こうして、私は健ちゃんと専大の専門部法科を受験することになった。他の大学は受験せず、専大の試験が不合格となったら、二人して独学で弁護士資格に挑戦しようと約束し合った。当時は、経済的事情によって大学へ行けない人たちでも、独学で弁護士になる道が開かれていた。すなわち、旧制専門学校卒業資格を与える「専検試験」に合格すれば、司法試験を受験する資格が得られた。独学で専検試験に合格するのは、大変難しいということは承知していたが、それしか道がないならば、と覚悟していた。

学業以外では、事業に対してもあれやこれやと色々と模索をしていた。共同経営で失敗した例の教訓を生かして、新しい事業を始めたいと考えていた。そして結局は、戦前から父が経営していた真鍮、砲金専門の鋳物工場を始めることに決め、同年四月に、光善鋳造工業合資会社を設立した。社長は、名目上父が就任し、私は取締役として出発することになったが、役員名は戦前の創氏改名のときに通称として使用していた「吉田」の姓を用いることにした。営業の種目は水道のコック（栓）製造で、そのための会社設立を東京区裁判所の足立出張所へ提出して承認された（当時は法務省の登記所ではなかった）。

ところが、いざ会社を運営し始める段になると、資金の問題をはじめ、経営というものの難しさを痛感した。かつて父が戦時中に鋳物工場を経営していた頃は、需要が物凄かったから、品物の注文などをとる必要はなく、むしろ生産が追いつかないのできりきり舞いをしていた。しかし、そのような単純な経営感覚で工場を始めたのは大失敗であった。鋳物工場経営は、半年足らずで行き詰まってしまった。

民族が解放されてから二年がすぎた一九四七（昭和二二）年。この頃になると、地方から東京へ流入する同胞たちが増加してきて、特に地価の安い足立に入ってきた同胞の数は、統計によれば二千人以上にも達していた。当時、足立区における同胞の生活の実態はどうだったかというと、最低限の生活条件は確保されていた。定職をもたない人でも、地方へ行っては安いお米やイモ、野菜などを買ってきて、それを物価の高い東京で売ることで暮らしていくことができた。急速なインフレの中を生き抜くための知恵であったといえるだろう。これは、一般的に、「かつぎ屋」とも「買出し」とも言われており、要するにヤミ屋であった。私の母も、十七歳くらいの若い女の子を連れて、東武鉄道沿線に出向き、適当な駅で下車して見知らぬ農家でイモや野菜類を手に入れていた。「売ってください」ではなく「分けてください」と頼み、それを背負って帰るのである。上の妹の昌月も学校が休みの時などには母と一緒に買出しに行っていた。私の家では、母が節約のために毎日一食以上はサツマイモを出していた。おかずは、「おから」に野菜類を混ぜたものが多く、ほとんど毎日のように出された。母は、九歳と八歳の二人の妹に、交代で豆腐屋へ「おから」を買いに行かせたが、ちょっと遅れていくと養豚業者がまとめて買っていった後で売り切れてしまっていた。そこで、他の豆腐屋に行って買ってきたりもしていた。いわば、私たちは豚の餌と同じものを食べていたのである。

この時期、足立区内の同胞は、本木、関原に集中しており、興野町を入れると、足立同胞の過半数を超える人数が住んでいた。これは推計であり、正確な数字は残っていないが、当時を知っている人であれば、誰も否定しないであろう事実であった。それゆえ、当時の在日同胞の組織である聯盟足立支部の中心は、本木となっていたのである。彼らの故郷はほとんどが済州島と、慶尚南道南海郡出身者であった。慶尚南道南海郡の出身者は、戦前からの居住者が多く、チェーン・バンドを造って生計を立てていた人たちが多かった。後に皮バンドはもちろんのこと、ランドセルまで製造するようになっていった。済州島出身者も、足立に戦前から居住し鋳物工場などをやっていたが、この人たちは戦後、故郷に帰国したり、工場を閉鎖したりしているケースも多かった。むしろ足立には、それと入れ替わりに地方からゴム関係の技術を持った人たちが多く入ってきていた。足立は道路がほとんど未舗装であり、雨が降ると泥んこだらけになった。そこで、ゴムの長靴が必需品だったのだが、これは足立ばかりではなく日本全国に似たような状況があった。本木界隈は、ゴム長靴の生産に関係するだけで、あっという間にゴム工場が十数軒も立ち並び、それに関連する人たちもどんどん入ってきていた。ゴム長靴の製造販売の競争が激化していくと、こんどは高級ハイヒールやビニールサンダルといった具合に、造られる製品も多様化していった。

第七章　嵐に生きた青春

一　弾圧と抵抗と

私が一九四六（昭和二一）年四月に聯盟足立支部少年部長になってからは、何かにつけて聯盟事務所へ呼び出されることが多くなった。足立支部では、毎月の役員会と三・一記念日と八・一五記念行事のほか、何回かの大会があって、そのたびに参加するよう動員された。同年一二月二〇日、在日朝鮮人生活擁護人民大会が二重橋前で開かれた。一万余人が参加したといわれている。金天海、尹槿が演説をし、デモ行進がなされた。陳情のために国会から首相官邸に代表団が入っていった後から、デモ隊も官邸に侵入しようとしたので、警官がこれを阻止するために出動した。しかし、デモ隊は警官を振り切って中庭に入ってしまったので、米軍のMPが出てきた。当時は、まだ米軍がデモ隊を取り締まることは少なかったので、それがどういう意味をもつのかよくわからなかった。ところが、彼らが、実弾を発射したため、おそらく空砲であったが、デモ隊は興奮し隊列の後ろの方でガラスの割れる音がした。官邸の玄関の真上にある照明のガラスが旗ざおで突かれ、割られてしまったのである。

米軍のMPが介入したこと、そして、器物が損壊されてしまったこと、この二つが重大であった。大会で選出された交渉委員全員が、占領軍政策違反の罪に問われ逮捕された。彼らは軍事裁判で重労働五年の刑を受け、後に南朝鮮に強制追放された。私は子どもではあったが、このような極左分子の過激な行為に対し、心の底から怒りを感じたものだった。というのも、デモというものは、いかなる理由があろうとも、平和的に行なわれるべきであって、官邸に不正に侵入したり、物を壊したりすることは、好ましいことではないと思っていたからである。

前にも触れたように、戦後の日本は空前のインフレに見舞われていた。物価はあれよあれよという間に上昇していき、戦争が終わって二年がすぎる頃には、十倍とか、ものによっては二十倍にまで跳ね上がっていた。一般庶民の生活は苦しくなるばかりで、日本政府も物価を安定させるために、配給制による統制経済を実施した。つまり、アメリカ型民主主義を標榜しながら、実態は社会主義的な統制経済を取り入れているという、不思議な状況だったのである。その結果、官僚主義が全てを支配しているような世の中になっていた。事実、一九四六（昭和二一）年一〇月に施行した臨時物資需給調整法では、経済の全般にわたり厳しい統制がおこなわれた。これでは、官僚天国をつくるようなものであった。この法律によって、生活必需品のほとんどが、統制品目に入った。それらは、ヤミ物資として高い値段で売買された。これらを扱う人たちは、権力を持った官僚に賄賂を使って見逃してもらうこともあった。当時は、日本全国で統制違反にあたるヤミ取引が半ば公然と行なわれており、逆に言えば、金さえあれば何でもできる時代でもあった。

この頃から内外の情勢は非常に厳しくなり、在日同胞にとっては激動の時代が訪れることになった。象徴的であったのは、民族教育の学校を廃止させる法律が公布されたことである。前にも述べたように、この学校は、諸般の事情で故郷へ帰れなかった朝鮮人の子弟が、いずれ故郷へ帰ったとき不自由しないよう、自国の言葉と歴史を教えるためのものであった。一九四八年一月、日本政府は「朝鮮人学校設立の取扱いについて」という通達を、各民族学校に出した。これは、全国にある民族学校で朝鮮語を正科から除外し、日本の教科書を使用させるものであった。これに対し、民族教育を守る運動が展開されたことも、先に話したとおりである。

同じ年の三月五日、朝鮮では、米軍司令官ホッジ中将が、南朝鮮単独選挙を実施するとの「布告文」を発した。「単独選挙」というのは、三八度線による南北分断を固定化する狙いをもっており、布告文によれば早くも五月一〇日に実施されるとのことだった。布告文によって、南朝鮮で事実上の実権を与えられた李承晩は、周囲の反対を押して単独選挙を強行しようとした。このような強行策を阻止すべく、四月三日に済州島の島民が立ち上がり、反対運動が展開された（済州島四・三事件）。この運動は多大な犠牲を払うことになり、一説には、当時の済州島の人口三十万人のうち、八万人近くが虐殺されたといわれている。しかし、この必死の抵抗も空しく、単独選挙が強行された結果、八月一五日、三八度線の南側では大韓民国（韓国）が樹立され、李承晩が大統領に就任、同時に米軍政は廃止された。それに対し、八月二五日、北側では朝鮮民主主義人民共和国（共和国）が樹立され、金日成が首相に就任した。こうして、南北が二つの分断国家として誕生したのである。

大統領になった李承晩は、単独選挙に反対した済州島に弾圧を続けた。そのため、人びとは、ゲリラとして抵抗運動を展開したり、あるいは危難を逃れて日本へ渡ったりした。李政権は、ゲリラを掃討するために、同年一〇月二〇日に軍隊を派遣した。だが、派遣された韓国軍は済州島へ向かう途中で、麗水や順天で反乱を起こし大混乱となった。済州島民への弾圧に反対してのことだった。この反乱は、多くの死者を出した後、鎮圧部隊によって収拾された。そして、事件関係者として約百人もの軍人が処刑された。

一方、日本では一九四八年一〇月に、GHQ東京軍政部から警視庁への覚書で、「北朝鮮国旗或ひは之に類似するポスター等も日本国内において、いかなるときと雖ども掲揚すべからず」という指令がなされた。これはもちろん、共和国を認めないということであった。それ以後は、共和国の国旗を掲揚した場合はもちろん、見せただけでも逮捕され、軍事裁判の対象となった。同年一一月一〇日の朝鮮学生同盟の国旗事件も、新宿の朝鮮奨学会グランドで運動会の折に、共和国の国旗を掲揚したとの理由から起こった。この事件で、委員長姜理文と、常任委員李喆洙が逮捕され、軍事裁判で三年の重労働の実刑を宣告された。

二　学生時代のはじまり

結局、私たち二人は、運良く専大の専門部法科に合格した。しかし健ちゃんは、あまり喜んでいなかった。彼は、やはり授業料を払うことが難しかった。それなのに、私が半ば無理やりに、受験をさせてしまった形であった。私は、彼とは将来を誓い合った親友として、一緒に学問の道を歩みたいと思っていた。そこで私は、母を騙し、入学金と授業料の前期分を二倍の額にして伝えた。何も知らない母は、私の要望どおりに二人分のお金を出してくれ、こうして、彼と私は一緒に大学に入学することができた。

私は心の中で、母にわびた。私の家もお金があるわけではないのに、なんという親不孝をしたのだろうか。母は、内緒に隠していたへそくりをはたいて、このお金を出してくれたのだった。

一九四八年四月一日、私たち二人は、晴れて専大専門部法科に入学した。入学当日にクラス委員を二名選出することになっていた。選出方法は、自薦、他薦いずれの方法でも良いとされていた。私は、親友である健ちゃんを推薦する演説をした。演説は簡単なものであったが、それによって、彼はクラス委員に選出された。その直後、私が朝鮮人であることを知った朝鮮人学生たちが、私のところにやってきた。そこで、このクラスには五人の朝鮮人学生が入学していたことを知った。新しく知り合った入学生のなかでは、殷宗烈の印象が非常に強かった。彼は、在日朝鮮人少年団の初代団長であり、私もまた、在日朝鮮人聯盟足立支部少年部長をしていたことから、お互いに親近感を抱いていた。翌日彼は、私を東京駅八重洲口の前にある在日朝鮮人聯盟中央本部に案内してくれた。彼の長兄が、同聯盟の中央の外務部長をしているという話も聞かせてくれた。私と彼とは、時間があればよく雑談などして親しくなっていき、私は彼を自宅に呼んだりもした。また、在日朝鮮人少年団の第二代団長の朴溢にも紹介されて、彼の家のある豊島区周辺で一緒に遊んだりした。

新しく出会った友人たちとの付き合いだけでなく、私は、自分に関心のおもむくまま、色々な場所を訪ねてみることもあった。ある時、新宿にある在日本朝鮮学生同盟（学同）の事務所も訪れた。学同は当時、在日の学生たちの権利を守る活動をしており、私としては、当然関心があった。学同の事務所は、財団法人奨学会ビルの中にあった。その一部を事務所とし、二階は学生寮になっていた。ビルの裏側に広い運動場があって、学同事務所は裏側の入り口に看板をかけて出入り口にしていた。私は学同の事務所に入って多くの先輩達と挨拶を交わし、知り合いとなった。私は、この日に、学同の入会手続きを済ませてしまった。隣の奨学会は、大学の入学希望者のうち諸般の事情によって入学資格のない者に独自の試験をして、その成績表と推薦状を発行する業務も行っていた。そのために日本政府の文部省から視学官の麓保孝《ふもとやすたか》がその任にあたっていたのであるから、ある意味で公的な性格を帯びた機関だった。

専修大学入学を記念して金景潤（健ちゃん）と（1948年4月）

私は、東京に住んでいるといっても足立区の下町育ちで、全くの田舎者であり、何でも見てやろうとの好奇心と、向学心に燃えていた。私は独学でやってきたので、大学とは何か、独学とはどんな違いがあるのかを知りたいという、探究心に燃えていた。私は、大学に入学すると、専大の教授陣について確認するため、大学案内の資料を調べた。そこには、かねてから尊敬していた教授の名前がやはりいくつかあった。そこで、その教授たちの授業に自主的に聴講をするようになった。他の大学の好きな講義を盗み聞きしたこともあった。当時の学生は、苦学生が多く、大学の授業を受けられない学生もいた。

そこで、出席は取らず、試験をパスして単位さえとれば、進級できるようになっていた。だから、私が他の大学で授業を受けても、怪しまれる心配はなかった。

三　大学の社研と民科

大学では、各部会の活動が活発であり、文化団体系と体育会系ともに、新しい部員を獲得するために、ビラや看板まで出して宣伝をしていた。当時、私はマルクスや社会主義に関心があったが、そういう知識を教えてくれる人は、周囲にはいなかった。たまたま、社会科学研究会の看板を見て、数ある研究会のなかで「社会」と名がついた研究会はこれしかなかったので、そこを訪れた。私が、開口一番、入会したいと申し出をしたら、部会の皆が喜んで受け入れてくれた。部室の半分は、机が横列に並べてあり、その後ろに、日本民主主義科学者協会（民科）専修大学班と書いてあった。詳しく聞いてみると、この組織は、日本全国の社会科学者の団体の下部組織であり、民科専大班は会員が三十五名ほどとのことであった。私は即座に、社研とともに民科専大班にも入会を決意し、その会員となるための申込書に記入をした。だが、記入をしているうちに、専門部会の所属という欄があり、私は一瞬考えてしまった。これは、専門に研究をしている学者が加入する組織であり、私のような、これから勉強していこうという者には、場違いなのではないか。そう考えて辞退しようとすると、先輩たちは、民科は学者だけの集まりではなく、これから勉強しようとする人は誰もが入会できるようになっている、と教えてくれた。これは、民科の大衆化であり、その証として各大学に民科の班を組織して、学生達を入会させているのだという。私はこの話を聞いて、私がこれから知ろうとしているマルクスや社会主義のことも、この組織に入れば、全てが解決すると思い、専門部会の欄に哲学部会と書いた。法律部会にすることも考えたが、法律はこれから大学の講義やゼミで学ぶものであるし、哲学ならば、独学である程度かじった経験がある、というちょっとした自惚れもあった。それにまた、私は唯物論にたいして特別の思い入れがあった。

こうして、私は二つの研究会に入会した。私は、入会して早々、かねてから関心をもっていたマルクス主義や社会主義について、教えを請うた。先輩たちは親切にマルクス主義についての基本文献を一通り紹介してくれた。例えば、『空想から科学へ――社会主義の発展』『フォイエルバッハ論』『反デューリング論』『史的唯物論』『唯物弁証法』などが、重要な文献であるとのことだった。私にははじめて聞く本の名前ばかりだった。しかし、これらのなかに、マルクス主義、社会主義の基礎理論があるに違いないと信じて、さっそく本屋で購入して読むようになった。『唯物弁証法』を読んでいると、弁証法の基礎原理として三つの法則を理解する必要があることがわかった。それは、(一)量から質への転化の法則、(二)否定の否定の法則、(三)対立物の相互浸透の法則、であった。これにたいして、観念論では論理学における三つの原則が存在する。それはすなわち、(一)演繹法、(二)帰納法、(三)帰一法の三段論法である。唯物論の法則と観念論の法則を対比しつつ、両者の違いを理解することが重要で、私はこの問題に夢中になった。そして、だんだんと、思惟と存在、意識と物質などの理論をとおして、唯物論のものの見方と考え方が理解できるようになり、階級性や思想性というものも理解できるようになっていった。

しかし、理論的にはマルクス主義や社会主義に対する理解が深まっていっても、現実的には、私が今まで培ってきた保守的な体質をすぐに変えるのは難しく、時間を要することだった。この意味で、私の唯一の救いは、観念論から唯物論への自己変革を遂げる過程で、自らがヒューマニスト（人道主義、人間主義者）となっていったことであった。すなわち、マルクス主義や社会主義というものは、人間性をもったヒューマニズムでなければならないと確信したのである。

私は、唯物論の文献を熱心に学んだことが先輩に認められたのだろうか、翌年の四月の民科専大班総会で、班代表に選ばれることになった。私のような新参者が、三十人以上もの会員を引っ張っていけるのか、自信がなかったが、選ばれたからには一生懸命努力しようと思った。

私が民科の専大班代表になってからは、毎週夜間に開かれている東京支部哲学部会の研究会には必ず出席するようになった。民科の東京支部事務所は、明治大学の隣の政経ビルの二階にあった。私は、この研究会に出るようになったおかげで、多くの学者と会う機会に恵まれた。とりわけ、私が師と仰いでいた、著名な哲学者である、三浦つとむ先生から、親身なご指導をいただくことができたのは、大変な幸運であった。

四　運動と友との別れ

私が大学に入学した頃、朝鮮人学生が在学している大学では、留学生同窓会という組織があった。専大にも朝鮮人留学生同窓会があり、四月下旬に定期総会と卒業生の送別会、および新入生の歓迎会が開かれた。私のところにも、先輩から出席するようにとの呼びかけがあった。私は法科の新入生五人に声をかけ、特に親友の健ちゃんにも一緒に出席するよう誘った。しかし、彼は参加に消極的だったので、私は一人で出席した。

総会には大学当局からも来賓が出席していた。役員改選も行なわれ、会長に宋錫才、副会長に尹達鏞、禹済昌、総務部長に李鶴洙、文化部長に私が選出された。私は新入生であるのに、どこを見込まれたのか、役員に推され、かなりとまどった。副会長に選ばれた尹達鏞は、のちに在日同胞では初となる公認会計士の第一号となり、また在日本韓国民団中央本部の団長を歴任している。同窓会の総会に出席して多くの先輩と知り合いになったことで、私のその後の人生は、変わっていくことになった。

私が大学の法科を選んだのは、弁護士になるためであった。ところが、同じクラスの金聖圭が先輩から聞いたと

朝学同のサッカー試合記念写真（1948 年 7 月・中高グランドに於いて）

ころによると、日本国籍がないと、司法試験に合格しても弁護士にはなれない、とのことであった。彼は真剣に悩んでいたが、私もその話を聞いて、非常にショックを受けた。この話の信憑性を確かめるため、私もある先輩を訪ねて事実を確認したが、やはりこのことは本当だった。私は、弁護士になれないと知って失望したが、それでは将来何を志すべきなのかを考えた。その結果、学問の世界で生きたいと思うようになり、唯物論を修得するのに熱中するようになった。

私は大学に入ってから、親友の健ちゃんとは行動を共にできないことが多くなった。そこで、彼に、社研や民科の活動を一緒にやろうと誘いかけたが、返事はいろよいものではなかった。そのこともあってか、私の心の中では、親友としての健ちゃんは、だんだん距離が離れていくような気がしていた。ただ、これまでの独学時代に、二人で一つの机に向かい合って勉強をしていた頃の名残で、私に部会活動がないときには、一緒に帰って以前のように机に向かい合ったりもした。

しかし、親友としての気持ちは、まったく離れたわけではなかった。七月のある日、彼が私にお金の問題で悩んでいる事情をうち明けてくれた。それは、彼の親が経済的に大変困っており、家庭は崩壊状態となってしまい、彼自身、少しでも手助けをしたいという話だった。もっとも、私にも余裕があるはずがなく、二人で考えた結果、二人の学生服と学帽、カバンを夏休みの間に質入れすることにした。実際、そのくらいしか方法がなかった。私は、それらのものを彼に渡して、彼が家庭崩壊の危機を切り抜けられるよう祈った。それから間もなく、彼と会い、私の提供したものが役に立ったとして感謝されたので、私は手助けができたことを喜び自己満足していた。

やがて、約束の夏休みの八月が終わろうとしている頃、突然、彼は私の前から姿を消してしまった。質に入れた品物は期間が過ぎたので流れてしまい、九月から学校へ行くのに着ていく服がなくなってしまった。私が困っている様子を見て、母から問い詰められたので、事情を説明すると、母は私に対して大変な怒りようであった。しかし、私を連れて、古着屋に行き、私に合う寸法の洋服を買ってくれた。当時の学生服は一般の洋服と違い、特別注文をしなければならず、そのぶん値段も高かった。私は、それ以後は、学生服や学帽を身に着けることはなかった。親友も、学校へはもちろん、家にも帰らなくなり、私の前から完全に姿を消してしまった。こうして私は、友を失い、金銭的な負担まで母に負わせることとなってしまったのである。

五　旅立った友——自死と死婚

友人といえば、私は若い頃から、多くの親友に恵まれたが、そのうちの何人かとは、悲しい別れ方をしなければならなかった。その人は、名前を金成実といい、私と同じ年で、一九四八年四月に日大の文科に入学した。彼は、私と健ちゃんが大学へ入学する前に二人で独学をしているころから、私の家に時々訪れていた友人だった。彼は、私たちが勉強する様子を見て、自分も一緒に勉強したいと熱望したため、仲間に入ってもらい、時々議論をしたりもしていた。

彼も私と同じように、戦時中、連日連夜の空襲の衝撃で、虚無主義に陥っていた。そして、戦後も虚無的な考えを変えることができず、常に悩み続けていた。彼の家は養豚業をしており、本木の貧民街では恵まれた部類に属し、経済的には何の心配もなさそうであった。しかし、彼は私に対しては、何かにつけて、人生についての苦悩を語った。私もまた、そんな彼に自分の人生を語り、同じ苦悩を背負った思春期を生きてきた友人として、強い意志を持つように励ましていた。

実際、私の思春期もまた、傷つきやすいものだった。毎日夜になると、眠ることは死と対面することのように感じられてならなかった。人間はなぜ生まれたのか、生きるということに何の意味があるのか。そして、死とは何か、眠ることと死ぬことを重ね合わせて考えていた。もしかして今夜は死ぬかもしれない、私が死んだら母は悲しむであろうと思うと、死から逃れたいとも思った。私は、死生観に関する書物や、宗教に関わる書物などを、読むようになった。しかし、キリスト教、仏教、イスラム教（当時はマホメット教とか回教とも呼ばれていた）などの本を読んでみても、私にとっては何にも得るところがなかった。つまりは、神や仏に頼ることは偶像崇拝ではないか、と思い一切を否定した。結果として、私は自力本願で生きることを決意し、無神論に転化していった。そして、精神修養のための座禅や断食をして自信を鍛えていった。

こうした話を彼にすると、彼も私がやっていたことは外面的には知っていたので、納得をし、よく理解をしていたようであった。しかし、実践することは難しいようであった。強く生きるために、いろいろな話をしたことも空しく、その年の七月、彼は自らの命を絶ってしまった。彼が鉄道自殺をしたと聞き、なぜかと、にわかには信じられなかった。友人をそのような形で失うことは衝撃であり、悲しく思いながらも、同時に人間の死はやはり常に身近にあることを改めて痛感させられた。

彼が自殺をして一ヶ月が過ぎた頃、彼の母親が私の家を訪れた。私の家と、彼の家はあまり離れていなかったので、近くに住んでいるおばさんが来たような、軽い気持ちで私も迎えた。そのおばさんは、私の家の門をくぐって入る時に、長い竹ぼうきとゴミを集めるちりとりを門柱に立てて入ってきた。なぜか、おばさんは、それを逆さに立てて入ってきたのだが、私は、家の庭や道路の掃除をしていたついでに私の家に寄ったのかと思った。ところが、彼の母親は、大きな声で私の名前を呼ぶなり、いきなり「よくも私の息子を殺してくれたね」と怒鳴った。私は何のことやらさっぱりわからず、あっけに取られて返す言葉を失っていた。すると、彼の母親はすかさず、自分の息子は私の悪い影響を受けて自殺したのだと言うのであった。私は、このおばさんは、息子から私のことを何か誤解した形で聞いているのだと感じたが、それを解こうと色々話をしても、聞く耳をもたなかった。私は、これほど無知な人がいるのかと、心の中では思いながらも、なすすべがなく困っていた。そこに、大声を聞いた私の母が、別棟の住まいから出てきた。そこからは、私の母と彼の母との口論となってしまった。

私からすると、友人の自殺の原因も、彼の母親の主張も、まったく理解に苦しむ出来事ばかりであった。ただ、息子をなくした母親の悲しみを思うと、それは察するに余りあり、私は弁明じみたことは一切言わないことに決めた。私の母とそのおばさんとがしばらくの間、口論をしていると、今度は彼の父親がやってきて、そのおばさんを連れて帰っていった。

彼の母親が私の家に入ってくるときに、入口の門柱に竹ぼうきとちりとりを、逆さまにして置いたまま、それを持って帰らなかったことを母に伝えると、母は、それは朝鮮の風習で、「お前は一生涯の仇である」という宣言なのだと教えてくれた。そして、意識的に置いていったのだからそれで結構である、と言った。母は、その竹ぼうきとちりとりを外のどこかに、捨ててしまった。母はそれでも気が収まらないらしく、一人で怒りをぶつけていた。

私はといえば、彼の母親が帰ったあと、一人になると、心無い誹謗中傷に耐えた後の虚無感にひしがれて、己の哀れさをかみしめるしかなかった。

一九四八年という年は、民族学校の閉鎖が強行されたり、外国人登録令が施行されたりしたことで、在日朝鮮人に対する社会的な制約が一段と厳しくなった年であった。また、南北の対立が激化し、三八度線による分断の固定化が進み、統一を願う在日同胞の失望感がただよう状況であった。足立同胞の青年も、そのような周囲の雰囲気を肌で感じ自暴自棄になっていた。そのことから、地元の日本人の不良と争いが起こることもあった。

同年一一月一〇日、文順宝は、そのような争いの巻き添えで犠牲者となった。彼を殺害した犯人は、地元の不良グループに属していて、特攻隊生き残りの復員兵だった。この犯人も、誰かに利用されて犯行に及んだようであった。殺害された文君は、その一家の血を引き継ぐ唯一の相続人であったため、彼の両親は言葉には言い尽くせない悲しみで慟哭していた。彼は、年齢は私より一つ上であるが、仲の良い友達として、良い遊び仲間だった。彼の家の前には、私の従兄が住んでいたので、私が彼の家に遊びに行くということが多かった。私は勉強で疲れたときには、友達の家を訪ねるのが好きで、その友人がこのような悲劇に遭ったことは、忘れられない事件となってしまった。

彼が亡くなって一年忌が過ぎた秋、彼の父親が息子に見合う花嫁を探してきて、亡くなった者同志で、結婚をさせることになった。死者同士の結婚、死婚である。これは、結婚適齢期の子をなくした親の諦めきれない心情として、理解はできることだった。結婚というものは、法律的にいえば、生きた人間を対象としたものである。したがって、このような儀式は、むしろ法を超越した風習として存在していたのであった。

私は、その死婚の儀式に、かつての花婿の友人代表として呼ばれて出席した。儀式は、死者の花婿と花嫁の写真を並べて法事のような形式で行なわれる。両家の親が参列し、酒を代理人が酌み交わし、儀式が終了すると、お互いに親戚として酒を酌み交わして、祝福をする。こうして、亡くなった若いカップルの誕生を喜ぶことで、子を亡くした両家の親たちもまた、ひととき、悲しみから解放されるのであろうか。

私は、同じ年に、相次いで親友をなくしたことで、大きなショックを受けた。その頃、書き残した激しい文章が、私の日記帳には残っている。

友の死に偲《おも》う

（一九四八年一一月の日記より）

私の周囲《まわり》では多くの友人が一人、また一人と去っていく。人は土から生まれて土に還《かえ》ると仏教は説く。キリスト教も天にまします神のもとへ昇ったと言う。唯物論では人間の死を生命発展の過程だと規定する。

いずれであっても、人間の死は、吾れわれにとって永遠《とわ》の別れであり、再び見《まみ》えることのできない人生の悲しみである。

人生においては、たとえ、しばしの別れでさえも涙で見送るものを！　ましてや、永遠《とわ》の別れを何と見送れば良いのであろうか！

六　生き残った友――『レ・ミゼラブル』と『死線を越えて』

悲しい話が続いたが、一方で、希望を感じさせるような、友との出会いもあった。金基先は、一九四五年ごろ、知り合った友人であり、当時は私の家の近くに住んでいた。彼は、足立青年練成会の組織を通して、民族性に目覚め、母国語を勉強したり読書をしたりするようになった。足立青年練成会を組織する時には、金基先が先頭に立って青年達を動員し、私が説得をするという方法を取った、という経緯もあり、私達はそれから、親しい間柄となっていった。彼は、私の家にはほとんど毎日のように遊びに来ていたが、同時に、私の勉強の邪魔はしないよう、細心の心遣いをしてくれるような人柄であった。

　彼は、私との付き合いを通して、それまでの毎日が意味のない日々であることに目覚めたらしかった。私が読書を奨めると、彼はその言葉を真剣に受け止めていた。彼は、幼い頃に父を亡くし、母と二人暮らしだった。彼の母は、一人息子の彼をとても大事に育てていた。そこで、息子が悪い仲間と遊ばないように、いつも彼にそうやって言って聞かせていた。彼が友達と遊びに行きたいと言って母に小遣いをねだると、「誰と遊びに行くのか」と必ず尋ねられる。もし、知らない人と遊びに行くと言えば、それまでの例では小遣いはもらえないというのが常だった。しかし「昌熙《チャンヒ》」、つまり私と遊びに行くと言えば、二言もなく、要望どおりの小遣いをくれる、ということだった。そのため、彼は小遣いが欲しいときには、私と遊びに行かないときでも、昌熙と遊びにいくといって、小遣いを貰うようになった。私は、いつも彼と遊んでいる人間になってしまったようである。それでも、彼の母は、私のことは信用してくれていたようだった。

　彼は、読書をしたいからと言って、私に金千円を渡して、自分が読むのに読みやすい本を買ってきてくれと頼まれた。私はお金がないので、専門書以外の本は買ったことがなかったが、さっそく神田の神保町へ行って、私が読みたいと思っていた本、賀川豊彦の『死線を越えて』とヴィクトル・ユーゴーの『レ・ミゼラブル』の二冊を買い、彼に本とつり銭を渡した。すると彼は、その本をまず私が読んでから、自分に渡してくれ、と言ってくれた。彼がどう考えていたのかは、今となっては推測しかできない。しかし、日頃の彼の性格から言って、私が読んだ感想を先に聞きたかった、ということに加え、私が選んだ本であるから、私も読みたいはずだ、という思いやりから、そうしてくれていたのだと思う。実際、この二冊の本を読んで、私もとても感動を覚えた。特に、『死線を越えて』を読んだ時は、涙が出た。主人公は、かなり恵まれた家庭で育ちながら、自ら進んで自分の信じる宗教のために貧民街に行く。そして、身を投じて奉仕活動を行う。私は、感動し共感すると同時に、一体彼をその活動へと押し進めた宗教とは、すなわちキリスト教徒とは、何であったかをもう一度考えさせられた。しかし、前にも述べたように、私は、その前に無神論者であり、宗教についての否定的な見解をもっており、この認識を変えることはできなかった。

私は、『死線を越えて』を読み終わると、ストーリーのあらましを説明して、彼に最後まで読むよう奨めた。すると、彼は本当に最後までその本を読み通し、自分もまた感動した、と言ってきた。その次も同じような方式で、『レ・ミゼラブル』を読んだ。こうして、次々に読書をしていくことで、彼はそのうち、社会のことをかなり知るようになっていった。読書をはじめとした交流を通じて、彼と私とは、一層親しくなっていった。

その翌年の一九四九年の春には、彼の結婚式が東鮮寺（後に国平寺として国分寺に移転）で行われた。この寺は、入谷町（今の台東区）の都営バス停留所前にあり、一階はいくつかの店舗が入っており、その上の二階がお寺となっていた。約六〇畳の広い場所に本堂を安置していた。在日同胞達の集会所にも利用されていた寺である。式では、私が司会役を務めることになり、主礼（媒酌人）は決めず、私が兼ねる形で行われた。私は結婚式の司会など始めてであるから、その日の四〇人ほどの参列者が満足したかどうかわからないが、精一杯やった。このとき以降、私は時々結婚式の司会をやらされるようになった。

第八章　学生運動と学問のはざまで

一　学生運動に身を投じて

日本政府の戦後の在日朝鮮人に対する政策は、戦前の植民地時代の制度を引きずっていたため、複雑で、不合理なものであった。戦前の在日朝鮮人は、法律上、日本国籍となっていた。しかし、日本の敗戦と朝鮮の解放に伴い、在日朝鮮人は事実上、外国人に戻っていた。しかし、国連軍の占領下にあった日本政府は、戦後の在日朝鮮人に対して一貫した政策をもつことはできなかったのである。

一九四七年四月一二日、文部省は「朝鮮人児童の就学義務に関する件」を通達した。それによれば、日本に在留する朝鮮人は、日本の法律上は日本国籍をもっているから、日本の法令にしたがい、日本人と同様に就学させる義務があるとされた。ところが他方、同年三月二日公布の外国人登録令においては、日本に在留している「在日朝鮮人は当分の間は外国人」と規定され、「外国人登録法の国籍欄には『朝鮮』と記入するよう」に指示し、その法令に違反したものは罰則を科すとされていた。一九四八年一月二四日には、文部省から各都道府県知事に「朝鮮人学校設立の取扱いについて」の指令があり、朝鮮人学校は朝鮮語を正科から除外して、日本語の教科書を使うようにとの通達が出されていた。

このように混乱した政策に対し、在日朝鮮人は、民族学校を守るために全国各地で運動を展開した。同年三月三一日には山口県知事、四月一五日には東京都知事、四月二四日には大阪府知事、兵庫県知事に、朝鮮学校の閉館に反対する陳情書を提出。四月二六日には大阪府庁前広場で陳情中の金太一少年（一三歳）が警官に殺害される事件まで発生した。おりしもその時期、済州島では、三八度線の分断を固定化する単独選挙に反対して、島民が立ち上がり、虐殺される局面となっていた。それと並行するように、在日朝鮮人にとってもまさに激動の時代が始まっていくのである。当初、在日朝鮮人学生たちは、マッカーサーの占領軍政策がきびしいものであるとの認識は、さほどもっていなかった。最初、在日朝鮮人にとって、マッカーサーは「解放軍」の将軍であるかのようにみえた。しかし、先にも述べたが、朝鮮学生同盟（学同）主催の運動会において、北側の共和国の国旗一本を掲揚しただけで、学同の委員長、姜理文が逮捕され、軍事裁判にかけられるに至ると、その弾圧的性格は誰の目にも明らかになっていった。こうした国旗事件は、大阪、山口、滋賀など、全国的に広がっていき、いずれも軍事裁判で実刑判決が下った。

私は、このような戦後の在日に対する一連の非人道的な弾圧を見ていくうちに、これを座視することはできないと思った。私の心中にある保守的性格が、革新的なそれへと変わっていくのは、自然の成り行きであった。

（一）専大朝鮮人留学生同窓会のこと

一九四九（昭和二四）年、私が二〇歳になった年のこと。二年生になったばかりの四月下旬に、専大留学生同窓会の定期総会が開催された。役員改選で会長に姜徹、副会長に文炳洙、総務部長に康景洽、文化部長に崔眞星が選出された。この総会で、卒業生の送別会と新入生の歓迎会を兼ねて行われ、大学当局からも坂上教務課長が来賓として出席し、祝辞が述べられた。坂上教務課長は、私が会長に選ばれたことを祝ってくれて、初めて会ったにもかかわらず、「何でも相談してくれ。できるだけのことはする」と約束してくれた。私はさっそく、教務課長に専大の朝鮮人留学生の名簿を作成したい、という要望を出した。これにより、大学当局の協力を得て、留学生八五人の名簿が作成された。私は、翌年の総会までには、その全員と会うようにしよう、と心に決めた。役員となったからには、留学生のことを知る必要があると思ったからだ。また、大学当局と交渉して、留学生同窓会の部室を確保した。このことで、部室を中心に、会員たちの交流が盛んになった。マンネリ的な会となっていた留学生同窓会は、グループ的な保守性から脱却し、新しい革新的な雰囲気の同窓会に変わっていった。こうした活動のせいであろうか、学校当局までが、専大内で何か朝鮮人留学生に関係する問題が起こると、小さな問題でも、必ず私を探して話を通すようになった。また、大学構内に私が見当たらない場合は、私の自宅に速達が届き、葉書で呼び出しがかかる、というありさまであった。もちろん、当時、私の家には電話などというしゃれたものはなかった。こうしたことが、大学の留学生のあいだで噂となり、それは他大学にまで広がり始めてしまった。誰が言うともなく、私が専大の留学生のボスであると噂されるようになった。明大の孟東鎬（のちの学同委員長）までが、公然とそのように呼ぶ始末だった。もちろん、彼は悪い意味で言っているのではないことは、知っているので、私は無視することにした。

（二）専大朝鮮文化研究会のこと

一九四九年四月に、私が専大留学生同窓会の会長になってからまもなくのこと、明治大学で、朝鮮文化研究会（朝文研）の創立シンポジウムが開催された。このシンポジウムは、明大のOBである宋千文ほかの有志を中心として、組織された。在日朝鮮人が、朝鮮文化の総合的研究を目的とする組織をつくるということは画期的なことだった。というのも、戦前の日本では朝鮮関係の研究は制約されており、研究者も育っていなかったからだ。当日は、解放新聞（のちの朝鮮新報）の論説委員の朴在魯が記念講演をした。シンポジウムは、学同が力を入れて各大学の有志に呼びかけを行ったので、かなりの人数の参加者があった。明大朝文研で、朝鮮関係の研究をすると、明大の文化団体連合会から研究補助費として、年間三万円が支給された。明大朝文研は、当時の朝鮮史の権威だった

専修大学朝鮮留学生同窓会第五回総会記念写真（1951年5月）

東京都立大学の旗田巍《たかし》を呼んで、研究活動を行った。

私は、その状況を見て、専大でも朝文研を設立する必要性があると痛感した。そこで、私は専大の留学生同窓会会長を任されたのを機に、専大朝文研設立の構想を発表し、同窓会の役員会の賛成をとりつけた。結果として、暫定的に朝文研の代表は私がやることとなった。部室は、留学生同窓会事務所を二つに分け、半分を朝文研のものとすることにした。こうして、専大朝文研という一つの研究会の枠組みは出来上がったが、何を研究するのか、その目的と理念は曖昧だった。その時私が思い出したのは、戦時中に、朝鮮半島から連れてこられた人たちが、上野駅のホームから強制的に東北地方へ連れて行かれる情景のことだった。あの人たちは、今どうしているのか、それを調べることから始めたいと思った。そのためには、東北地方の在日同胞の実態調査という研究が不可欠であった。明大の朝文研が、朝鮮の歴史を研究するのが目的ならば、専大の朝文研は、在日の歴史を研究すればよいと思うようになった。

しかし、いざ調査をする段になると、明大と違い専大には研究実績がないため、支援をしてくれる人もおらず、すぐに動き出すことはできなかった。どこの大学においても、新しい研究会をつくって研究費を獲得するのは、簡単なことではない。大学の研究会の上には文化団体連合会があって、連合会は年間の予算を大学から受け取っている。その中に割り込んで予算を獲得しなければならないのである。私は、朝文研代表を二年で辞めて、その後は崔眞星、玄成夏らが引継いだ。その時になって、やっと文化団体連合から予算を獲得することができ、神田校舎に三万円、生田校舎には一〇万円という金額が割り当てられた。その頃には、私はすでに社会人となっていたが、この一報を聞いて大変喜んだ。その夏、専大朝文研は、初めて東北地方への同胞の実態調査に行った。その報告を聞いて、また私が喜んだのは言うまでもない。

前にも述べたが、一九四〇年代末から五〇年代初頭は、在日朝鮮人にとって激動の時期であった。日本政府が、在日の財産を収奪するための「外国人財産取得令」の適用を画策したり、在日の権利を守るための団体であった在日朝鮮人聯盟（朝聯）・在日本朝鮮民主青年同盟（民青）を強制解散させられ、その財産を没収するなど、在日をめぐる状況はしだいに不安定になっていった。さらに、政府は教育基本法を濫用して、朝鮮人学校の「閉鎖令」を発令し、民族教育を担う民族学校を閉鎖した。これによって、在日の子弟が自国の言葉や歴史を学ぶことは、難しくなった。また、日本政府は在日朝鮮人の強制追放をもくろみ、マッカーサー連合軍総司令官へ書簡を送り、その中で三種類もの追放理由を挙げた。これによれば、ほとんどの在日朝鮮人は追放対象になってしまうのであった。そして、強制追放を実施するための閣議決定までして、下関に「朝鮮人収容所」を建設する案まで提案された。このような中、学生たちの手による反対運動も、活発化していった。

二　学同での活動のはじまり

一九四九（昭和二四）年五月八日に、学同関東本部第五回定期総会が明大講堂で開催された。「在日朝鮮学生同盟」（学同）は、非常に大きな学生組織であり、いくつかの資料によると、一九四八年一月現在で、三三六二人の会員を擁していた。その半数以上が、関東本部の会員であり、ほかに、関西本部と東北本部があった。

私は、専大朝鮮人留学生同窓会の役員として、初めて学同の大会に参加したが、この大会は最初からなんとなく異様な雰囲気で進められているように見えた。最後に役員改選に入ると、関東本部の執行委員が各大学の代表から選出されたが、私も専大の代表として執行委員に選ばれた。次に、委員長選出の段になると、複数の候補が推薦され対立が生じた。あちらこちらから、推薦の弁と相手側を中傷するヤジ演説合戦となり、大会は露骨に険悪な雰囲気となっていった。そのような中、委員長には明大の康元周が多数決で選出されたが、一部の学生はそれを無効として議事を妨害し、場内は騒然となった。大会が終了すると、大会決議に不満をもった学生たちが新宿の学同事務所を占拠すると気勢をあげながら、会場を出て行った。一方の委員長擁立に成功した主流派も、これを追う形で学同事務所を守るために新宿へと集結した。このため、双方が学同事務所の周囲で一触即発の状態となった。さらに、非主流派の学生たちが、銀座の暴力団まで動員しているという、噂ともデマともいえないような話が飛び交っていたため、それに対抗しようと各地から青年たちが動員された。

学同事務所の持主である朝鮮奨学会は、事のなりゆきを心配して、地元の淀橋警察へ通報した。これを受けて、警察が介入し、学同事務所の使用を禁止したので、この場は双方大事には至らなかった。しかし、この後十日間にわたって、学同事務所の周囲では組織的な衝突はないものの、両派間の緊張が続き、ついに一八日に事件が起こった。前にも述べたように、この事務所の二階は学生寮となっており、在日の学生が住んでいた。その人たちまでは追い出せないので、警察の介入以後も、寮生たちは自由に出入りし寝泊りしていた。非主流派の一人である、明大生の姜大位が、恐らくは知人の寮生を利用して奨学会館の旗竿に韓国の大極旗を掲げた。これはいわば、非主流派の不意打ちであり、委員長人選は取られたが、南側の旗は立ててやったぞ、という精神的な反撃であった。これは新たな衝突の火種になりかねないと見た警察は、すぐに寮生を含め二階を立ち入り禁止にし、奨学会事務所から学生を退去させてしまった。それ以後、学生は警察の許可なく奨学会館の建物に入ることはできなくなった。学同のメンバーには、明大生が非常に多かったので、学同は明大朝鮮人留学生同窓会の中に臨時事務所を置くことにした。一方、学同を脱退した非主流派の学生は同年五月三一日に、新宿区若松町にある韓国民団中央本部にて韓国学生同盟を結成した。なお一般的には、以上の経緯をまとめて、学同五・八事件と呼んでいる。

三　学同役員としての活動

(一) 朝聯解散後の学同

一九四九年九月、GHQによる朝聯・民青の強制解散直後という、緊迫した状況下で、学同関東本部臨時総会が、東京朝鮮中高級学校で開催された。ここで、委員長に李潤成、副委員長に金英、私が文化部長に選出された。私は専大朝鮮留学生同窓会会長と兼任であった上に、専大で朝文研を立ち上げたばかりであったので、学同役員としての活動は大変ハードなものになった。

当時の在日同胞を囲む情勢というのは、朝聯が解散させられ、その団体が関連する財産は、朝鮮学校も含めて、全て没収されていくという厳しい時期であった。このような状況下では、学同の役員となることをあまり望まない学生が多かった。たとえ、役員に選出されても、消極的な活動をする役員も出てきて、役員会内部でも必ずしも団結ができていない状態であった。それゆえ、インテリ（学生）は日和見主義的で、弾圧の嵐の中にあっては、弱いとの批判も耳にするようになった。

同じ年の一〇月中旬に、学同事務所が、新宿区原町の在日本朝鮮女性同盟中央本部（女同）の一階に、入居できることになったので、学同中央本部は明大の臨時事務所を引き払って、そちらに移った。もともとこの新宿の事務所は、朝聯新宿支部の事務所だったが、朝聯が解散させられたとき、建物が個人の持ち物であったため、差し押さえから逃れて空き家になっていた。そこに、女同が先に占拠して入っていたのであった。

最初は、女性の団体と一緒の建物に入るのは、少し抵抗があったが、行き場のない学同は、わがままを言える状態でなかった。私たちが入って行くと、女同は二階へ移っていったが、玄関の出入り口は一つであったため、女同の人たちが、事務所に入るためには、学同の事務所を通らなければならなかった。彼女たちから見れば、これは何かと、都合が悪かったのだろう、彼女たちはわずか三ヶ月くらいで、どこかへ移転してしまった。

当時の女同は、結成されて二年しか経っていなかったので、幹部のほとんどは二十代の未婚者であった。私たちと、同じかそれに近い年齢で、団体は違っても、同じ建物の中に青春時代の男女が同居するのは、いろいろ不都合な面があった。私も、彼女たちと会って、目のやり場を失い、困ったときもあったから、他の幹部たちも口には出さなくても、同じ心境であっただろうと思う。そのような事情で、女同が移転したときには、少し寂しい気持ちもあったが、同時に二階まで自由に使えることは、非常に嬉しかった。

それで、私たちは、二階を会議室にすることにした。これは、四〇人くらいが収容できたので、明大の教室を借りなくても、学同の事務所で会議ができるようになった。交通の便からいえば、鉄道の駅は近くになく、路面電車（都電）の牛込柳町停留所が最寄り駅であった。実は、牛込柳町の隣には、河田町停留所があり、この間は六〜七分くらいの距離であった。河田町は、大韓民国居留民団中央本部（新宿区若松町）の最寄り停留所であり、この中央本部には、学同大会で分裂した右派の韓国学生同盟が入居していた。偶然にも、両者の事務所が、近所になってしまったのである。ちなみに、当時、運賃は鉄道より路面電車の方が安かった。路面電車の運賃は三円五〇銭で、これを買うと、目的地まで何回乗り換えてもよかった。そこで、学生たちの主要な足は、鉄道ではなく路面電車だった。

(二) 強制追放反対運動

一九四九（昭和二四）年一〇月一八日、日本政府は、朝鮮人学校を朝聯関係の財産であるとして、「朝鮮人学校閉鎖令」を公布した。これは、朝鮮人学校の閉鎖や改組を意味していた。そして、在日朝鮮人を強制追放する政策が、日本政府の内部で検討されている、との噂も流れ出した。学同では、このような動きに対して、反対運動が展開されていった。まずは、学同の役員会を開いて、在日朝鮮人の強制追放に反対する陳情活動を展開することが決められた。具体的には、連合国軍総司令部（ＧＨＱ）や、最高検察庁の在日朝鮮人担当であった石川検事に、陳情書を提出することになった。しかし、いざ陳情団を選出する段になると、一緒に活動をしようとした同志たちは、私を含めたった三人であった。日本政府が在日朝鮮人の強制追放をもくろんでいるなかで、その当人の在日朝鮮人が、活動に動くことは、当局にマークされる危険を背負うことと同義であったからだ。

一〇月下旬に、私を含めた三人の陳情団は、有楽町の日比谷にあったＧＨＱ（旧第一生命保険会社ビル）へ向かった。ＧＨＱの入口には、左右にカービン銃で武装したＭＰ（憲兵）がおり、そこを通って中に入ると、受付に二人の女性が座っていた。私たちが陳情に訪れた旨を告げると、しばらくして、中から将校が出てきて、案内された。案内された先の小さな部屋には、上級将校（佐官級）が小さな机を前に座っていたので、私たちは訪問の趣旨を説明した。案内した将校も、私たちの陳情を聞いた上級将校も日系の軍人で、日本語をよく理解することができた。上級将校は、陳情書を預かるということで受け取ってくれた。私たちはようやく、重大な目的の一つを達成することができた、と安心した。

それから、霞ヶ関の最高検察庁へ向かった。在日朝鮮人担当の石川検事を訪ねたのであるが、この人は、想像したよりも、ずいぶんと温厚な感じのする人だった。私たちは、石川検事にも、GHQに対して行ったものと同じような趣旨説明をし、陳情書を提出した。すると、石川検事は「一〇〇枚近い強制追放反対の陳情や抗議の葉書が来ておるのだ」と言って、机の引き出しからそれらを出し、私たちに見せてくれた。そして彼は、日本政府は、在日朝鮮人の強制追放は考えていないと断言した。その口ぶりは、むしろ、そんな情報がどこから出たのか、不思議に思っているようにも見えた。私たちは、日本政府の中がどうなっているか、そんな知識はもっていなかったので、ただお願いをして、陳情書を渡して帰った。

先にも触れたが、実際には日本政府は、在日朝鮮人の強制追放をかなり真剣に考えており、最終的には、閣議決定までなされている。実際に、強制追放まで至らなかったのは、吉田茂とマッカーサーとの往復書簡において、マッカーサーの最終承諾が得られなかったからに過ぎなかった。この経緯に関しては、のちに、法政大学の教授をしていた袖井林二郎が、アメリカにあるマッカーサー記念館の資料を綿密に検証している。しかし、陳情の時点では、それらの動きは政府の上部で行われており、石川検事がそれを知るよしもなかったのである。

三　激動の一九五〇年

(一) 台東会館事件

日本政府は、朝聯を強制解散すると、朝聯の財産を没収するために、末端の機関に至るまで財産の差し押さえを強行していった。この流れを受けて、東京都台東区の旧朝聯台東会館には、接収に反対する周辺の同胞たちが集まって、そこに住み込むようになった。また、在日同胞の血と汗によって、築き上げられた財産が、理不尽な口実によって、摘み取られるのを傍観してはいられない、との思いで、各地から同胞や日本人の有志たちが集まり、台東会館を守ろうとした。現場では、会館を守る証として、集まった人の所属している団体の旗が立てられており、それらはまさしく精神的な支柱となっていた。学同の旗も、その中にあった。

一九五〇（昭和二五）年三月一九日、私が、大学からの帰りに、学同事務所へ行くと、李潤成委員長から、台東会館が強制接収される危険が差し迫っているという連絡があったと聞かされた。彼から「一緒に台東会館へ行こう」と促されると、一瞬、母に一言伝えていきたい、という思いがよぎったが、そんな時間的な余裕もなく、われわれは直行した。会館に着くと、すでに建物は大勢の武装警官に遠巻きに取り囲まれていた。しかし同時に、大勢の同胞たちが建物の周りをかためているのを見て、私には勇気が沸き起こった。この日は、非常に多くの在日同胞が各地から集まってきていたため、建物の中には入ることができず、同胞たちは建物の外の空地にまで溢れていた。参加者たちは、これほどの多勢で会館を守っているからには、容易に強制執行はできないであろう、と油断していた。だが、まだ夜も明けきらぬ時間、武装警官を先頭に執行官が建物に突入しようとしたため、もみ合いが始まった。警官たちは、薄暗さで顔が判別できないのを幸いに、在日同胞たちを無差別に警棒で滅多打ちにし始めた。まさに、暁の襲撃であった。その時、私も建物の外で防衛にあたっていた。わたしの隣には、浅草で商売をやっている高浩振という体格の頑丈な男がいたので、少しは心強かった。実際、彼は警官の警棒の乱打から、私をかなり守ってくれ、おかげで私はあまり打たれないで済んだ。しかし、彼は身体はもとより、守っていた頭部まで大きなこぶをつくり、とても痛むようだった。彼は私に、「お前のためにこんなにやられた」と言いながらも、「ケガはないか」と心配してくれた。これが縁で、高浩振とは親しくなり、彼が新宿の歌舞伎町で、ホテルを経営する

中国５・４運動記念アジア青年学生総決起大会（1950年５月４日・日比谷公園野外音楽堂）

ようになってからも、付き合いは続いた。

しかし、この攻撃により会館は警官たちの手に落ち、在日同胞たちは、会館の建物から追い出されてしまった。会館が接収され、二階に立ててあった学同の旗まで持っていかれてしまったので、私たちは旗だけでも取り返そうと、李潤成と二人で管轄の蔵前警察署に向かった。署長に面会を求め、学同旗を取り戻しに来た旨を伝えると、奥から警部が出てきて、大変な剣幕で怒鳴られた。あまりに怒鳴るので、私たちには、何を言っているのかよく聞き取れなかったが、お前らが不法に占拠しているから暴力も使うのだし、接収したものも一切返さん、帰れ、とのことであった。

このとき動員された武装警官は、数百人に及んだとも言われており、文在連ほか少なくとも一〇〇名以上が逮捕されたと言われている。この事件は「台東会館事件」と呼ばれており、この世代の在日同胞にとっては、政府による弾圧の生々しい記憶となっている。

（二）五・四運動記念アジア青年学生大会

一九五〇年には、台東会館事件ほどではないが、もう一つ大きな出来事があった。それは、五・四運動記念アジア青年学生大会である。五・四運動とは、一九一九年五月四日に、中国の北京で、反帝国主義、反封建主義愛国運動として始まり、全中国に広まっていった運動である。この運動を記念して、一九五〇年五月四日に、アジア青年学生総起大会が日比谷音楽堂で開かれた。この大会は、朝鮮学生同盟、日本の全国学生連合会（全学連）、中国人同学会、日本民主青年団、中国研究会連合会（中研連）の共催で、七千五百人が参加した。大会を成功させるために、各団体から一名ずつ、運営委員が出され、大会を円満に進めるよう努力した。朝学同からは、私が運営委員として参加した。運営委員会は、三月初旬と四月中旬、そして五月二日と、三回も開かれた。多くの重要な議題が話し合われたが、とくに重要であったのは、スローガンの問題であった。まずは、「戦争反対」と「米占領軍の即時撤退」というのは、間違いのないところであったが、私は、「在日朝鮮人の強制追放反対」をスローガンに入れるよう、要請した。しかし、在日朝鮮人の追放は現実的ではないとして、取り上げてもらえなかった。ただ、台東会館事件で逮捕、拘留され、保釈中の被告人による、大会での真相報告は、認められた。大会当日、会場は雨が降るなか、大勢の仲間や支援者が集まっていた。そのなかで、各代表の挨拶や宣言、報告などが終わったのち、台東会館事件の被告とされていた、金慶宝が真相を報告した。

その後、デモ行進に入るころには、雨はやんでいた。先頭は全学連、それに続き、朝学同、中国人同学会、中研連、民青団の順に行進をした。デモ隊は、日比谷公園を出て、ＧＨＱの横を通り、国会議事堂を一周して、首相官邸をゴールとしており、その後、流れ解散という予定を立てていた。デモ隊には、警官隊と米軍のＭＰが、カービン銃を持ってついていた。デモ隊が、日比谷から国会方面へ向かう中間地点に差しかかると、先頭を歩いていた全学連の隊列が、突如、ジグザグ行進をし始めた。その後ろについていた朝学同の隊列も、それにつられてジグザグに歩き始めたので、私は警官たちを挑発しないように、それを制止しなければならなかった。全学連の挑発行為は、最後まで続いた。平穏に終わるはずの大会に、自ら波乱を起こしてしまった形で、私はそのやり方に賛成できなかった。朝学同が、全学連のこの動きについて行かなかったため、私たちの後の列では、平穏さが取り戻され、目的地の国会議事堂で、無事に解散することができた。ところが、警察当局は、全学連のジグザグ行進に対して、治安を乱した罪で、自らジグザグを先導をした者たちを、逮捕してしまった。全学連委員長や、都学連委員長の他、主だった全学連幹部らが、そのなかに含まれていた。朝学同や、その他の団体には、幸いなことに何の沙汰もなかったと聞いて、私は安堵した。私は、さほど長い期間ではなかったものの、学生運動を通して、いろんな経験をしてきた。しかし、私が見たなかでは、全学連のように、最初から意識的に挑発を先導する運動は、他に見たことがない。そこで、内心、こういった運動をしている団体とは、連携できないと思った。実際、朝学同は、私が知る限り、これ以後の学生運動において、全学連と連携することはなくなってしまった。

(三) 学同法大事件

この年は、在日同胞学生のあいだで、その前年の五・八事件をきっかけとした、左右の対立が激化した年であった。祖国が三八度線によって分割され、分断国家が誕生したため、イデオロギー的な対立はますます先鋭化し、それに対応するように、在日同胞学生の間でも、対立が深刻さを増していた。その緊張は、普段は日和見をしている中間派の学生にまで波及していった。

大学の新学期が始まると、学同の事務所には、学生たちの出入りが多くなってきた。韓学同は、いつも下車している都電の河田町停留所の一つ手前の、牛込柳町で下車しているようだった。学同の事務所の前を通って、河田町を経由して、韓学同の事務所へ行くのである。彼らは時には、学同の事務所の玄関を開けて、挑発的な発言をしていくこともあった。私たちの学同事務所には、交代で、十人から二十人ほどが常駐していたが、幸いなことに、韓学同の学生とは、暴力沙汰にまではいたっていなかった。

このような緊張のなかで、四月恒例の、各大学の同窓会定期総会が開かれたのであるが、韓学同の学生たちは、この総会を妨害し、開催を中止または延期させようと動いていた。その目的は、同年五月二一日の学同本部の定期総会を開かせないようにするためであった。四月に開かれた、明大留学生同窓会には、韓学同の学生十数名が乗り込んできて、総会を開催している最中に、大声で怒号を発し、あらゆる妨害をした。何とか定期総会は予定通りの議事を終えることができたのは、彼らがそれ以上の大人数は送ってこなかったからであった。その情報が、各大学に伝わると、例えば、専大同窓会の定期総会は、わざと大学の正門が閉鎖されている日曜日を選んで行う、というような対策がとられた。専大の場合、裏門には、大学の守衛さんが二人いたので、彼らに頼んで、集団で校門を通る学生には、身分証明書の提示を求めるようにしてもらった。このようにして、専大生以外の人間は、通さないようにした。この間の事情は、すでに大学当局へも報告がされていたので、大学側も、万全の準備をしておいてくれた。私としては、この年は、同窓会々長を辞任することを心に決めていたので、無事に後任の人にバトンタッチをしたいという思いで一杯であった。

四月二三日の第四日曜日、専大同窓会定期総会の日にも、大学の裏門で、正体不明の自家用車三台に乗り込んだ十数名が、構内に入り込もうとして守衛に遮られている、との報告が入った。緊迫した状況のなかで、定期総会は無事に開会することができたが、このような情勢下で、後任人事が決まるわけもなく、結局私が、会長に留任することとなってしまった。

それでも、同窓会の定期総会が終わったおかげで、私はようやく学同の役員としての活動に集中することができた。学同事務所では、学同本部の定期総会が、一ヶ月先に迫っており、その準備に忙しくなっていた。私たちは、ほとんど毎日のように、学同事務所で協議をしたり、各大学の留学生同窓会へ出向いたりした。

いよいよ学同大会の当日が近づいてくると、学同事務所の前で挑発をしてくる韓学同の学生の数は、増えていき、私たち学同としても、対策を講じる必要に迫られていた。だが、学同役員として選ばれた人のなかにも、この状況を嫌って、学同事務所に出てこなくなる人が出てきた。結局は、委員長の李潤成、副委員長の金英、文化部長の私の三人が、中心となって、対策を進めなければならなくなった。それでも、執行委員や活動家たち、あるいは一般の会員までが、入れ替わり立ち代り事務所に集まってくれたのは、心強かった。もっとも差し迫った問題は、定期大会当日、韓学同の学生による妨害が、一体どこを標的に行われるか、ということであった。これは、二通りの線が考えられた。一つは、定期大会の会場に乗り込んできて、議事進行を妨害する戦術、もう一つは、大会当日、空家になった学同本部の事務所を乗っ取る戦術、である。私たちは、大会の会場は、大勢の学同会員がいるから攻めにくい、従って、留守中の学同事務所を襲撃してくるであろう、と予想した。しかし、では誰が、危険な学同事務所防衛の責任者を担当するのかが難しかった。協議の結果、委員長は大会の議長であるから抜けられない、副委員長は、議事進行の司会をしなければならない、ということで、残った私が学同事務所防衛の責任者となった。

こうして私は、大会当日、六人の学生と一緒に、学同事務所に立てこもる役になった。会員たちが、どこから持ってきたのか、人間の頭くらいの大きさの石をたくさん集めてきて、二階の階段の上に積み重ねた。もし、学同事務所の玄関を破って侵入してきた場合、この石で防御することにしたのである。物騒な話であったが、相手も当然のように武装してくることが予測されたので、こちらもいわば命がけであった。

一方、学同関東本部第六回定期大会の会場である、法政大学の講堂には、三五〇人の学生が集まり、来賓として、朝鮮奨学会常任理事、麓保孝（元文部省視学官）も出席していた。ここで、予想していなかったことが、起こった。議事を進行中に、韓学同の学生が大会場へなだれ込んできて、会場を混乱に陥れたのである。韓学同のメンバーで明大生の、李相錫は、会場の中央まで机の上を渡り歩き、大声を張り上げるなどして、議事進行を妨害した。ところが、何かの拍子に、躓いて机から落ち、その場は騒乱状態になった。誰がやったかは、特定できなかったが、数人が彼と揉み合いになり、彼は亡くなってしまった。大会では、新委員長に、孟東鎬が選出され、副委員長に金英、文化部長には私が再選された。私は、学同事務所を防衛していたため、大会の一部始終を、後から報告された。学同事務所が襲撃されると覚悟を決めていたので、本会場が狙われたと聞いて、ある意味、助かったと感じたが、同時に襲撃してきた学生とはいえ、大会場で犠牲者が出たのは、大変残念に思った。ここで改めてお悔やみを申し上げたい。この事件によって、学同側の学生十数人が逮捕され、長期にわたって、刑事裁判が争われたが、最終的には、誰が手を下したのか特定に至らず無罪となった。しかし、大会が終わった後も、毎日のように、韓学同の学生たちの集団が、牛込柳町で下車して、学同事務所の前を威嚇しながら、通っていった。隙あらば、学同事務所の襲撃も、考えていたのかもしれない。

（四）朝鮮戦争

六月二五日になると、朝鮮半島で三八度線が破られ、民族同士が南北間で、本格的な戦争に突入したとの緊急ニュースが流れた。これは、私たちにとっても寝耳に水で、驚きとともに、ことの成り行きを見守ることとなった。わが朝鮮は、外国勢力によって、三八度線を境に分断され、親兄弟が引き裂かれる悲劇が続いているというのに、今度は、戦争という名のもと、同じ民族が兄弟間で殺戮しあう事態になってしまった。

日本に在留している私たちは、祖国の分断による悲劇が、さらに同じ民族同士の殺し合いへと発展していく現実を、いかようにもすることができず、事態を冷静に判断する余裕さえ与えられなかった。日本に駐留している米軍が、国連軍の名の下に、朝鮮戦争に出動したために、日本は兵站基地となり、日本国内では膨大な軍事物資が生産された。この、補給基地としての戦争景気は「朝鮮特需」として、それまで不景気にあえいでいた日本経済を刺激し、それを一気に活性化した。工業生産高は、戦前の水準をも超えるに至った。兵站基地として必要とされたのは、繊維や、金属であったので、当時の日本では、「金へん」景気とか「糸へん」景気という言葉が飛び交い、好景気の代名詞となった。

五　朝鮮戦争と在日同胞

(一) 朝鮮戦争と特需

朝鮮戦争は、日本経済に「特需」という、空前の好景気をもたらした。それまでの日本経済は、ほとんど、壊滅状態に近かった。国内では、中小企業の倒産が相次ぎ、失業者は増大していた。政府は、戦後のインフレを抑えるデフレ政策(ドッジ・ライン)を続けることもできず、かといって、インフレ政策に転じるわけにもいかず、という行き詰まり状況に陥っていた。

先に述べたように、物資の補給基地としての日本では、とくに屑鉄、銅、アルミ、砲金など金属類の価格が高騰していった。人々は、これらの価格が倍々で高騰していくのに、目を見張った。価格が高騰していくのにつれて、商売も一気に大きくなっていった。このような活況の中で、都会の各地に残っている焼け跡から、鉄や銅などのいわゆる金目のものを掘り出して、業者に売る商売がいたるところで起こった。ドブさらいまでして、金属類を探し当てて、売る人たちも多かった。金属類といっても、銅とかアルミニウムは鉄の十倍くらいの高値で、取引された。これを世間では、「ヒカリモノ」とも呼んでいた。ヒカリモノが高く売れるようになると、全国的に金属類の盗難が頻繁に起こり、果ては、電線の銅線まで切られて売られる事件まで頻発した。

前にも書いたとおり、私の父は、戦前から「ヒカリモノ」を材料にして、水道コックやカランなどの製造をする工場を経営していた。一九四五年三月一〇日の東京大空襲で工場が焼けてしまった後も、父は梅田町の仮工場で、日本の敗戦まで鋳物工場を経営していた。その父が、朝鮮戦争の軍需景気のなか、夢よもう一度と鋳物工場の再建を考えたのは、ある意味当然のことだった。以前、父の工場で働いていた職人たちも、入れ替わり立ち替わり、私たちの家にやってきては、仕事をやりたい、と言ってくるようになっていた。彼らは、かつて自分たちが働いていた職場の設備が、戦後もそのままになっていることを知っており、父と同様に、工場再開を夢見ていたのである。

しかし、その状況を知った私は、複雑であった。なぜなら、もし工場を再開するとすれば、そこでは、朝鮮戦争で用いられる軍需品を生産することになるからだ。それらは、南と北で、三八度線を境に同じ民族同士が殺戮し合うための武器に変わるだろう。これは私にとっては、耐え難いことであった。そこで私は、父にそのことを率直に話し、工場の再開に反対する立場を取った。戦前と同じような製品を生産するとしても、使う先と、使い方によっては、それは殺戮の道具となる。それを知りながら、軍需品を製造するならば、死の商人の仲間入りをするも同然ではないか、と。これに対して、父も私に反論した。鋳物の製品を、誰が買い、どこで使おうと、私たちには直接は関係ないことであり、そもそも、父が製造しなかったとしても、他の誰かが製造するだろうから、それでは同じことではないか。それならば、この際、私たちが生きていくためのお金を儲けた方が、利口ではないか、と言うのである。

父の言い分は、商売人としては当然の言い分であり、また、生活の苦しい私たちの家庭においては、重みのある言葉だった。しかし、それでも、納得できない私は、しつこく食い下がり、最後にはついに父を説得して、工場再開を思いとどまってもらった。しかし、それならば、私たちの生活資金はどうするものか、という父の言葉には、私も困ってしまった。ちょうどその頃、父が鋳物工場を動かさない、という噂が流れ始めていた。その噂を聞いたらしく、近くで古鉄商を経営している長岡商店というところから、私の家の庭土を、四十万円で買いたいとの申し出があった。戦時中、私の家の工場が稼働していたとき、溶鉱炉から出た残りカスを、庭に捨てて埋めていた。それが今となっては「ヒカリモノ」であるとのことで、貴重品となっていたのである。その当時の物価水準のバロメーターとしては、失業対策として都が斡旋していた日雇い労働者の一日の賃金が、二四五円であった（ここから、この仕事は「ニコヨン」と呼ばれていた）。したがって、四十万円というのは、決して少ない金額ではなかった。

私たちは、庭の土を売ったお金で、工場のなかを簡単な小部屋に仕切って、賃貸住宅とし、その家賃で生活をしていくことにした。ただ、私のために工場再開をあきらめざるを得なかった父は、かなり不満であったらしく、その後、何かにつけて、私に八つ当たりをするようになった。母が、そのつど間に入って、取りなしてくれたのが救いであった。実際、父が心中穏やかでなかったのも無理はなかった。羽振りのよくなった知人たちが訪れてきては、「金へん」景気で儲けた自慢話をするし、風の噂にも、誰それが儲けたという話が伝わってくる。私はそのような話を、間接的に母から聞いていては、父に申し訳ないと思っていた。私の従兄の金大弘は、戦前に大阪の東成区で鋳物工場を経営した経験を生かして、大阪で、工場を動かしていたが、朝鮮戦争の特需によって、わずか三年間で約十億円を儲けたとのことであった。父が戦前に大阪から職人として連れてきた尹秉元も、戦後は四畳半一間の苦しい生活をしていたが、特需により、十億円を儲け、伊原工業株式会社を設立した。のちには、韓国民団足立支団長をも務める名士となっている。戦前、父の工場で外交員をやっていた磯部保良も、特需の恩恵を受けて、鋳物製品のブローカーをしただけで、高円寺にビルを立てたという噂が伝わっていた。

もし父が、戦前からの設備を生かして工場を再開していたら、彼らよりも多くの財をなしていたかもしれない。いわゆる成功話や噂の類が、どれだけ正確なものであったかはともかく、この時期に、スクラップの古鉄商をやり出した人が、まさしく濡れ手に粟という状況を謳歌していたのは間違いなかった。短い期間に、倍々ゲームのように鉄の値段が高騰していったので、その利益はすさまじかったのである。

しかし、これらの狂騒を、私は冷ややかに見ていた。私は、朝鮮戦争が勃発した当初から、同族間が殺し合う悲惨な戦争に、反対であった。それゆえに、戦争の武器となる金属に関係のある事業をやっている同胞たちは、私には死の商人としか見えなかった。率直に言えば、当時の私は、そういう人たちを憎んでいた、といっても過言ではなかった。

父は、私の熾烈な反対で工場再開をあきらめてからは、毎日やることもなく、人と会っては酒を飲んで気を紛らわせているようであった。母は、ニコヨンの日雇い労働をやって、生活費の足しとしていた。このような状態であったから、私は、父にも母にも本当に申し訳なく思い、手を合わせるばかりであった。

(二) 朝鮮戦争と戦争反対運動

朝鮮戦争の勃発は、たしかに未曾有の好景気をもたらしたが、在日同胞にとっては、同時に、衝撃的な出来事であった。多くの同胞たちは、驚きと先行きへの不安に動揺していた。そうしたなかで、在日同胞の間では、もうどちらでもよいから、民族を分断している三八度線を早くなくしてくれた方がいい、とする意見も出始めていた。つまり、どちらかが戦争に勝てば、結果的には民族は統合され一つになる、というわけである。一方で、どのような理由であっても、戦争という名で、同じ民族が殺し合うなどという悲惨な状況を、絶対に許してはならない、という意見もあった。また、生活苦にあえいでいる同胞のなかには、毎日のように鉄や銅などの価格が上がっていくのをみて、ただひたすら利益追求へと流れていく人も多かった。同じ在日の間でも、意見や立場はなかなか一つにまとまらず、対立は深刻化していった。

そのような情勢の中で、私はと言えば、朝鮮戦争に反対する運動に、加わっていた。しかし、朝鮮戦争に反対する運動が、勢いを増してくると、ＧＨＱは、一九五〇年一〇月三一日に、「占領目的阻害行為処罰令」(制令三二五号)を公布し、これは翌月の一二日から施行された。この法律によって、朝鮮戦争に反対する運動は、警察による逮捕の対象となった。そして、逮捕されれば、米軍の軍事裁判にかけられるのである。この法律によって、戦争反対の印刷物を電柱に貼ることはもちろん、たとえ、ビラの一枚を撒くことさえ、逮捕の危険がともなう行為となった。それでも、私たちは、戦争反対の活動を展開していった。電柱にチラシを貼る場合には、昼間は目立ってしまうので、夜の間に貼った。ただ、工場にビラを撒くようなときは、肝心の労働者たちがいなければ話にならないから、昼休みを狙ったり、退社する時間を見計らって配布したりした。また、映画館のなかで、暗闇を利用して、ビラを撒くこともあった。

また、日本政府は、朝鮮戦争が始まったことで、日本国内に治安上の混乱が起こることを予測し、先手を打っていた。七月三日にはすでに、東京都において、「集会、集団行進および集団示威運動に関する条例」が公布されていた。これらの動きによって、在日朝鮮人が朝鮮戦争に反対する運動は強く制限されており、日本からの軍事物資の輸送に支障をきたさないような対策が打たれていた。

このような状況であったから、学同の反戦運動も、祖国防衛在日朝鮮青年戦線などとともに、非合法的な方向へ展開せざるを得なくなっていた。朝鮮戦争が勃発してから五ヶ月めの一一月二五日には、反戦運動をしたかどで、軍事裁判の対象として逮捕された者は、東京だけでも約七十名に達した。

私は、少しでも身の安全を守るために、本名の「姜昌熙」の名前を捨て、「姜徹」のペンネームを使用するようになった。もちろん、実際には、その程度の対策では頭隠して尻隠さずであり、ほとんど意味がなかったのだが、後に私はそれを戸籍上の名前としている。本籍地の済州島で名前を変える場合、改名する理由を明確にして、裁判所に提出し、許可を得ることが必要だったが、これは島に住んでいる従弟に頼んで手続きをしてもらった。

一九五一（昭和二六）年一月一日、祖国防衛全国中央委員会（祖防）は、「在日朝鮮人運動の当面せる闘争方針」を発表し、非合法活動を正しく合法活動に結合させる努力をするよう、指示をした。また祖防は、自らの活動を、大衆団体の活動と明確に分離しようとしていた。つまり、ゲリラ的性格の抵抗闘争から脱却し、祖国防衛思想に発展させるべきだということだった。しかし、実際には、これはお題目であり、この後、祖防はもっとも過激で極左的な抵抗闘争を行っていくようになる。

一方で、同年一月九日には、在日朝鮮統一民主民族戦線（民戦）が、東京で結成された。民戦は、当時の非合法的な活動組織のなかでは、比較的、合法的な活動を重視し、柔軟な姿勢をとっていた。民戦が加わることで、在日朝鮮人による反戦運動は、強制送還反対もスローガンに入れて、大きく展開していった。強制追放反対闘争の方も、全国委員会が組織されたが、それにともない、在日朝鮮人への弾圧も段々と露骨なものになっていった。同年二月二五日には、北区十条にある、東京朝鮮中高級学校内に、反戦ビラ印刷所があるとして、警察官五百六十人が動員され、早朝の強制捜査があった。このような非常体制のなか、同年五月に、学同第七回関東本部定期総会が、専修大学の講堂で開かれ、役員全員の留任が決まった。こうした状況下の反戦運動は、軍事裁判を覚悟せねばならなかった。そこで、学同のなかでは、役員までもが運動に消極的になる傾向もうまれてきた。「学業」を優先して、運動から手を引く者もいた。私にとって、やはりそれは、日和見主義にしか見えなかった。だが同時に、極左的な冒険主義にたいしても、私は共感できなかった。日和見になることでもなく、過激に流れることでもなく、堅実に運動をおこなうことが大切であると思った。

とはいえ、役員でさえそうなのだから、一般の会員まで揺れていた。運動の内部でも、温度差がうまれてきて、それはしばしば、激しい内部対立にまでエスカレートした。多くの学生は、やはり民族のことよりも、自己自身の保身と、将来の出世を夢見ていた。もちろん、それが間違いだとは、残念ながら言い切れない。しかし、私自身としては、祖国で同じ民族間での殺戮が起こっている、という悲惨な現実に目を背けることは、我慢がならなかった。たとえ消極的であったとしても、せめて最低限、「戦争反対」を訴えるくらいの協力は、できるのではないか。そう信じて、私は説得して回ったが、結果は必ずしもはかばかしくなかった。

このようなジレンマのなかで、私は、あらためて学問とは一体何なのか、という問題を、何度も自分自身に問いかけざるを得なかった。学問とは、学問のための学問であってはならない。社会に貢献するための学問、つまり学問と実践との統一が、重要であるはずだった。在日朝鮮人が置かれている立場からして、知識人としての最低限の義務は、この戦争に、はっきりと反対することではないのか。

一方、右派の学生は、一九四九（昭和二四）年六月三〇日に、在日韓国学生同盟（韓学同）を新宿区若松町の民団中央本部において結成した。翌年の六月に、朝鮮戦争が勃発すると、韓学同の一部のメンバーが、韓国学徒義勇軍志願兵として、戦争に参加した。だが、一九五二年に入り、韓学同は李承晩独裁政権に反対した、委員長の朴権熙らが中心となって、民主化運動を展開していく。これは、韓国における学生運動にも大きな影響を与えることとなった。

(三) その後の学同と学生生活

一九五一（昭和二六）年三月に、私は、専修大学専門部法科を卒業。同年四月に、専修大学商経学部経済学科の編入試験に合格し、三年に編入をした。この年の二月二三日に、日本共産党は、第四回全国協議会（四全協）を開いた。彼らは、当面の基本方針として、在日朝鮮人を少数民族と規定し、祖防組織と連携を強化することを打ち出した。具体的には、同盟関係を緊密にすることを指導し、武装強化をしていくということである。そのころから、祖防は、在日朝鮮青年戦線に加盟し、組織内部では右派と左派が分裂していた。学同のなかにも、一方には、非合法組織として、地下活動を続けることを主張する者がおり、もう一方では、私のように、それを極左的な冒険主義として批判する者がいた。私からすると、一般学生や大衆から遊離した過激な運動は、自滅するようにしか見えなかった。時には英雄主義気取りで、反戦ビラをまいたとしても、多くの場合それは、組織的なものではなく、行き当たりばったりの思いつきの行動である場合があった。むしろ、一般学生を、粘り強く説得することこそが、大切であるように思えた。しかし、そのような考え方を、日和見主義であると批判する人もいた。学同の役員のなかにも、逮捕されたり、事務所に来られなくなったりする人が増えてきて、運動の存続そのものも危機を迎えていた。この年の九月には、ついに、学同委員長、孟東鎬が逮捕された。私の家にも、二〇人ほどの刑事がやってきて、家宅捜索が入った。私は、捜査令状を確認した時点で、孟東鎬が逮捕された関連で、私の家にも捜索が及んだことを知った。捜索が終われば、私も逮捕されるかもしれない。そこで、行方をくらませることに決めた。私は、中学生の二人の妹に、家宅捜索の立会いをたのんで、刑事たちにも、必ず立会人がいる状態で捜査するよう釘をさした。先にも少し書いたが、私の家は、一三六坪の敷地があり、そのうち八十坪が鋳物工場であった。その工場の一部を部屋にして、私たちの家族が住んでいたのである。敷地だけは広いので、刑事たちにとって、捜査はかなり手間がかかるものだった。そこで、私は、彼らが家宅捜索をしているあいだに、裏口から家をぬけ、浅草公園六区で商売をやっていた金基先の家にかけこんだ。突然私が訪れたので、彼は、何があったのかだいたい推測がついたらしかった。経緯を説明して、当分の間世話になりたいと言うと、いつまでいてくれてもかまわない、と喜んで迎えてくれた。当時の浅草公園六区は、ヤミ市の露店が軒をつらねて、活気に満ちていた。

私は、彼に、私の家への使いをたのんで、心配しないようにとことづけをした。そして、翌日、大学へ行き、専大朝鮮留学生同窓会事務所に、役員たちを呼んだ。そして、学同の委員長が逮捕されたこと、また私の家にも家宅捜索の手が及んだことなど、一部始終を伝えた。数日たってわかったことは、私には逮捕令状が出ていないということだった。そこで、また学同の事務所に行き、役員会に出席した。役員会では、委員長がいつ釈放されるかわからないので、学同関東本部の臨時総会を開催することが決まった。当時の学同委員長は、関東本部の委員長が兼任していたので、中央本部の臨時総会も開催されることになった。関西本部への連絡は、私がやることになり、私は数日後、大阪の学同本部を訪れた。委員長は金昌年といい、私とは初対面であった。彼は、大阪大学医学部の学生で、非常に積極的な行動派だった。さっそく、委員会を二日後に招集することになったが、私はお金がなくて、往復の旅費くらいしか用意していなかった。しかし、当時の民族的習慣として、遠方から人が訪ねてくると、食事を出してくれるのが習慣になっていた。一日目は、東成区に住んでいる、従兄の金大弘の家に泊まり、二日目は、堺市に住んでいる金晋根の家を訪ねた。彼とは、二年ほど前に、先輩からの紹介で、一緒に食事をしたことがあった。そのときも、社会情勢や、祖国や民族の問題を語り合ったが、私より一回り上の年齢であることを差し引いても、大変な人物であると、内心尊敬したものであった。彼は戦前、関西大学時代に、弁論部で活躍しており、当時は弁論で彼にならぶ学生はいないとまで、いわれた男であった。戦後も、朝聯内で雄弁家として名を馳せていたが、聯盟が強制解散させられ、民戦が結成された後は、組織とは縁を切ったとされていて、そのことが、特に祖防から批判の対象となっていた。そういった経緯を承知で、あえて私が訪ねていったこともあってか、彼は喜んで私を迎えてくれた。

私は、彼の部屋に案内されて、以前に語り合った話の続きでもあるかのように、雑談をまじえつつ、現下の情勢について話をすることができた。夕刻になると、酒や食事が出て、泊まっていくように言われたので、言葉に甘えることにした。彼は、それから二年後に、天理大学の講師となったとのことである。私の知るかぎり、当時、社会科学の分野では、在日同胞で大学教員になることができた人は少なく、彼はその先駆けの一人だったといえるだろう。

彼の家を出てから、まだ時間もあるので、私は大阪朝鮮奨学会を訪ねた。そこには、大阪商大出身で、学同の集まりで何度か会ったことのある韓学洙がいるからであった。事務所に行くと、偶然にも、金潤河とも会うことができた。彼は、一九五一年八月一五日に、学同中央主催の雄弁大会で、非常に素晴らしい演説をしたので、よく覚えていた。数時間ほど、奨学会で時間をつぶしたあと、私は学同関西本部へ行き、役員会に出席した。私は、委員長からの紹介で、挨拶に立って、大阪へ来た目的、つまり、一一月三日に、学同第八回臨時中央大会について話をした。孟東鎬委員長が、逮捕されたことや、釈放の見込みが立たないこと、そこで臨時大会が必須であることを訴え、可能なかぎり多くの役員に出席してもらうよう頼んで、挨拶をしめくくった。

関西本部の役員会が終わると、私はその日のうちに東京へ帰った。ところが、そのあと起こったことは、予想もしないことだった。しばらくすると、誰が言いふらしたのか、私が大阪へ行ったとき、金晋根の家で酔って、その帰りに、糞爆弾を投げてきたという噂が、広まりだしたのである。噂が流れていることを、私は友人から聞いて、愕然とした。そもそも、私が金晋根の家に行った話は、関西本部と、あとは東京へ帰ってから数人にしただけである。噂の出所は、祖防のある人物で、私を中傷するための捏造であった。その当時は、非合法時代ということもあって、人を裏切ったり、中傷したりすることは、ままあったが、これはあまりにも度がすぎていた。この事件をきっかけに、私は、大きな「組織」というものに、嫌気がさしてきてしまった。噂を流したのは、祖防を後ろだてとしている人間だった。しかし、私は、こういう運動がどうしても抱えざるを得ない、一種の暗さに、何かしら違和感を覚えたのである。この事件がきっかけとなって、私は学同の役員を辞めることにした。学同中央の委員会で、学同中央の役員と、関東本部の役員を辞任し、執行委員のみ留任したい、と強く申し出たが、受理されなかった。

六　過激化していく運動のなかで

しかしながら、私の気持ちは、組織的な運動からは離れてしまっていた。同じ、民族のために貢献する活動だとしても、学問的な方向で、やっていくことに魅力を感じていた。私は、専大朝文研で、大学学術団体連合会から予算を獲得して、在日同胞の実態を調査する活動に専心することにした。学同の事務所へは、あまり行かなくなり、朝文研を中心に動くようになった。

一九五二（昭和二七）年四月二八日、「日米安保条約」の発効により、日本政府は、これまで在日朝鮮人に日本国籍を強いてきたが、講和条約第二条にもとづき、朝鮮国籍を回復することとなった。それと同時に、在日朝鮮人に外国人登録法と出入国管理法が適用された。これは、従来の法律を改悪し、在日朝鮮人を追放することを目的としたものであり、在日朝鮮人の監視を強化する治安立法制の悪法であった。その三日後、五月一日に、血のメーデー事件が起こった。私はメーデーに参加せずに、妹の昌淑と日比谷公園に遊びに行くつもりで、昼食後に家を出た。上の妹の昌月は中高から先生と一緒に、メーデーに参加すると聞いており、メーデーの中央会場からデモ行進をして、日比谷公園で解散するとの話を聞いているので、私はその時間に、その場所を目標として日比谷に出かけたのであった。公園で妹と遊んでいると、デモ隊が公園に入ってきた。学同の集団をみつけると、友人たちは私が応援に来てくれたと思ったらしく、喜んでいた。デモ隊は、そこで一応解散する予定であった。しかし、全学連のデモ隊が、集会を禁止されている二重橋の広場に行こうと叫び、日比谷交差点からそちらに向かっていくので、他のデモ隊と一緒に学同もついていった。そういう流れなので、私も妹を連れて、デモの隊列に入った。デモ隊は、第一生命ビルにある連合軍総司令部前をとおって、馬場先門から広場に入ったが、約六百人の警官隊は阻止をせず、むしろデモ隊を誘導するように道を開いて中に入れた。デモ隊が二重橋前の広場に集合し、一息ついたときだった。ちょうど、私は妹と一緒に二重橋前の最前列にいた。二重橋の堀端の欄干を背に、警官隊が盾を横に倒して、ずらりと伏せ隠れていたのに気づいたが、私の後ろは人が一杯で、身動きが取れない状況だった。その時、伏せていた警官隊に、指揮官が「立て、用意！　撃て！」と号令を発した。その瞬間、銃声が響き渡った。警官隊の指揮官から、事前にデモ隊への解散命令はなく、突然に実弾と催涙ガス弾が発射されたのであった。あたりの様子は、さながら戦場のようであった。デモ隊は、命がけで逃げ出した。私の隣の人の下半身に、拳銃の弾が命中したので、周囲の人たちがその人の両手を引っ張りながら、半分引きずるようにして撤退をしていた。私は、妹と手を繋いで、精一杯走って逃げた。私のすぐ下の妹、昌月は先生と一緒であるはずだったが、大丈夫か心配だった。しかし、探せるような状況ではなく、ともかく下の妹を無事に逃がすのが精一杯であった。やっと外堀の大通りまで逃げてくると、群衆は憤まんやる方ないといった感じで、足を踏み鳴らした。何かに不満のはけ口をぶつけなければ、おさまらないといった様子で、何かを叫びながら、通りの道端に停めてあった車を、足でけったりしていた。しかし、そのうちに、その行動はエスカレートしていき、車をひっくり返して火をつけるものが出てきた。それがきっかけで、あちこちで車に火がつけられ、燃え始めた。私は、これが群集心理というものかと、恐ろしくなった。家に帰ってから、中高からメーデーに参加した昌月も何とか逃げられたようだったが、警官隊の棍棒で何回も殴られたとのことだった。こうして、メーデー事件は、騒乱罪ということで、逮捕者一二三二名を出した。そのうち、朝鮮人の逮捕者は一四〇名だった。デモ隊側の死者二名、負傷者約千五百名。それにしても、警官隊の、無警告での実弾発射という暴挙には、みなが驚かされた。この年は、在日朝鮮人に対する弾圧的な措置が、例年になく多く、さまざまな事件が全国各地で起きていた。五月だけでも、枝川事件、新宿駅前事件、岩之坂上事件などがあり、六月には民愛青山口事件、吹田事件、枚方事件、大須事件が起こった。これらのいずれも、戦争反対の運動に対する弾圧であった。

こうした大きな事件とは比較すべくもないが、学同も一つの事件に、残念なかたちでかかわることとなった。それは、学同という組織の威信を傷つけ、その運動に汚点を残す出来事だったが、ここであえて書き残しておきたい。それは、一九五二年（昭和二七）年六月一四日のことだった。この日、学同拡大中央委員会が文京区にある東京朝鮮第一初中級学校の分校である文千《ぶんち》初級学校で開かれた。金相権が委員長に選出されてからはじめての会議で

学生運動時代の友人たちとの集会（1956年7月・浅草隅田川近くの平和閣にて）

あり、出席した委員は、関西本部と東北本部、関東本部であわせて三六人だった。会議が終わったのが、午後六時すぎで、委員はみな腹をすかせていた。それを知っている地域の在日同胞の女性たちが、にごり酒とスルメを用意してくれた。空腹を我慢していた委員たちは、喜んでこれを飲み食いし、上機嫌だった。みなが酔う頃合を見計らっていたかのように、女性たちからこんな相談をもちかけられた。それは、近所に民団の事務所があって、この学校に対していつも嫌がらせをするので困っている、という話だった。そして、自分たちは弱いから、我慢をするしかないが、皆さんが帰り際に、その事務所の前を通るはずだから、大声で怒鳴ってくれませんか、と言うのだった。委員長の金相権は、その頼みを、簡単だと考えて受けてしまった。私は、非常にまずいと思ったが、みんなのいる前で公然と反対をするわけにもいかなかった。帰り際、会場を出て、委員長と二人になった時に、「民団事務所の前での大声はまずいから、みんなを止めるべきだ」と話をしたが、彼は聞かなかった。彼は、感情をむき出しにして、「その程度のことに何の問題があるのか」と逆に私を問いただした。私は、われわれは学同の中央委員なのだから、それらしい行動をすべきであり、周囲が私たちの動向を見ていることを忘れてはならない、と反論したが、効果はなかった。彼は、私を「日和見主義者」であると言い、私は彼を「極左的」だと言う。話はかみ合わず、取っ組み合いの喧嘩寸前までいったところで、何とか冷静さを取り戻した。それからみんなの後を追っていくと、その時にはすでに、仲間たちは民団事務所の前で看板を外して、それを踏みつけていた。酒が入った上での暴走であったとはいえ、大変な過ちであった。

ひとしきり騒いだ後、路面電車の停留所へ向かっていき、池袋方面へ向かう組と、水道橋方面へ向かう組に別れ、帰路に着いた。私は、水道橋方面へ向かう組と一緒に電車に乗った。まもなく、春日の富坂警察署の前に差し掛かると、十数人の武装警官が停留所でもないのに走っている電車をストップさせた。一体何事かと思ったが、警官隊は、電車の乗客全員を富坂警察へ連行した。連行された乗客の中には、学同の会議に出席した学生一六名が混ざっていた。残りの三五名ほどの乗客は、ただその場に居合わせた日本人であった。警察官は、一人一人、持ち物検査をしていき、何ももっていない人たちは釈放された。しかし、私たちは、カバンの中にビラや書類が入っていたので、拘留されることになった。金相権委員長も含め、池袋方面へ帰っていった組は、無事であった。

私たちは、警察に拘留され、翌日から取調べが始まった。勾留理由は、言うまでもなく、民団事務所の前で大声で罵声を浴びせ、強圧し、さらに事務所の看板を取り外して、足で踏みつけた容疑であった。正式には、「暴力行為処罰ニ関スル法律」第一条に違反した容疑で逮捕されたとのことであった。

とはいえ、私自身は、看板を取り外すどころか、罵声すら浴びせていなかった。その場にいなかったのであるから。そこで、無罪ではないか、と主張したが、警察官はどうしても認めなかった。警察の取調べが終わると、検事や判事の取調べが始まった。通常は、霞ヶ関の検察庁や裁判所へ連行されるのだが、この時は、判事や検事が警察署のほうへ出張してきた。検事の取調べは、非常に強圧的な態度で、彼は私が犯人であると最初からきめつけて尋問をしているようだった。そして、「正直に話さなければ南朝鮮へ強制送還して、李承晩政権に引き渡すぞ。そうすれば虐殺されることになるが、よく考えて白状しろ」とまで迫ってきた。これでは取調べではなく、脅迫であった。私は、心の中で、検事というものは悪役をやらなければならないものだとは聞いていたが、ここまで非常識で傍若無人な取調べをやるものなのか、と驚いた。憤りよりも、そもそも一方的に罪を押し付けて何になるのか、という疑問を抱かざるを得なかった。

その翌日、今度は判事が出張してきて、私たちは取り調べを受けた。前日の検事とは対照的で、判事は紳士的かつ温厚な人であった。彼は、取り調べにあたっても、私の話を良く聞いてくれた。結果的には、この事件はたしかに学同の活動のなかでは、恥ずべきものであったが、法律的に言うと微罪であった。集団的暴力事件として立件するのは明らかに困難だった。それでも、警察としては、逮捕した以上、どんな手を使ってでも学同の幹部を刑務所に送りたいようであった。

私の父は、私が拘留されて一週間後に自由法曹団の弁護士であった青柳盛雄氏を連れて、面会にやってきた。私は、心の中で父に申し訳ないとわびるよりなかった。私たちは、富坂警察署に留置されてから二五日目に、ようやく無罪として釈放された。その間、特に取調べらしきものもなく、退屈であったが、私が拘留されている、九畳ほどの部屋には、一人づつ七、八人の一般容疑者と一緒に入れられたので、彼らの話を聞くのは興味深かった。容疑も、それぞれであり、彼らは口々に、社会の暗部について話してくれた。それは、案外と勉強になる内容だった。とはいえ、一日でも早い釈放を望んでいたのも事実で、やっと釈放され警察署を出た時には、外がまるで別の世界のように感じられた。太陽の光や、肺に吸い込んだ空気のおいしさ、すべてが私に幸せを感じさせた。留置所は、外界と遮断された、薄暗い裸電球の光だけであったので、外の光は本当にまぶしく感じられた。

何はともあれ、私は、早く家に帰って両親を安心させようと思い、家路を急いだ。帰宅して、母に会うと、わずか二五日の間に、母の頭髪があまりに白くなっていたことに驚かされた。これほどまでに、心配をさせた私は、なんという親不孝者であるのかと、自分を責めるほかなかった。そして、それと同時に、良くも悪くも自分はある不自由さを背負っているのだ、ということを、思い知らされた。もし、兄が若くして亡くなっていなければ、母はそこまで私に執心しなくてすんだかもしれない。もちろん親心はありがたいものであるが、私には理想にむけて政治運動をするには、自由がなさすぎた。背負ってしまったものが大きすぎたのである。

私が、富坂警察署に留置されているあいだに、私の家には捜査が入っていた。それだけではなく、親戚にも迷惑をかけてしまった。私は非合法活動をするために、外国人登録証の住居所在地を、荒川区三河島の平和アパートに移していた。このことが原因で、このアパートが武装警官によって家宅捜索されてしまった。私がその住所を選んだのは、そこに私の親族が住んでいたからであり、私が逮捕されたことで、親戚や、何も関係のないアパートの住人たちにまで、累が及んでしまったのである。このことは、今でも申し訳ないと思っており、ただ、お詫びするよりほかに方法がない。

私はこの事件を契機に、学生運動には参加しないことを心に決めた。釈放から数日後、学同の金相権委員長に会い、ふたたび学同の役員を辞任したいと申し入れた。私なりに、冷静に、また一生懸命考えて判断したことであった。私は、このことで仲間からは「日和見主義者」との烙印を押されてしまった。しかし、それも覚悟の上であった。

七　民科にて学ぶ

前にも話したが、私が社研に入ったのは、そこで唯物論や社会主義のことを勉強したかったからであった。唯物論のもつ、理論としての明快さや、その科学的な思考に惹かれたということもあったが、もうひとつ理由があった。それは、戦後まもないころ、足立青年錬成会主催の夜学で行った討論会の記憶が、鮮明に残っていたからだった。私は、尹榮基（のちの学同委員長、当時は早大理工学部）と議論をしたが、彼が展開する唯物論や社会主義理論についていけず、議論で敗北した。その苦い思い出があったので、私もいつか、それらの理論をマスターして、彼と理論の上で再度対決したいという、目標をもっていたのだった。

私の所属していた、民科哲学部会は、毎週水曜日の夜に研究会を開催していた。その当時の私は、学生運動のさなかでも、この研究会だけは、時間をつくって、必ず参加するようにしていた。私は、お金がなく、外食をすることなどできなかった。そこで、夕食も、たいていは家に帰ってから食べるしかなく、外でおなかが減った時には、とにかく我慢するしかなかった。今でもよく覚えているが、たまたま、民科の研究会が始まる前に、故郷の先輩である宋千文（のちに朝鮮奨学会理事長代理）と出会った。彼は、私を別室に呼んで、カバンの中からコッペパンを出して、半分にちぎって私に食べるように差し出してくれた。その時も、私は本当に空腹を我慢していたところだったので、とてもありがたかった。このようなことは、当時しばしばあることで、学生たちは、腹がすいて頭が回らなくなるのを必死にこらえながら、哲学の勉強をしていたのだった。

その当時の民科は、戦後間もない日本におけるほとんど唯一の、大規模な学術団体であった。純粋にアカデミックな団体ではなく、むしろ大衆化した団体であったが、それにもかかわらず、多くの著名な学者がこの団体のメンバーに名を連ねていた。そのような環境のなかで、唯物弁証法を学ぶことができた経験は、私の人生に、大きな指針を与えることとなった。哲学部会の機関雑誌である『理論』は、日本評論社から月刊で出ていたが、私は毎月この雑誌が発売されると、すぐに隅から隅まで熟読した。一九四八（昭和二三）年六月号と九月号の、松村一人と梅本克己による主体性論争や、一九四九（昭和二四）年四月、五月、九月の掲載された、松村の論文「過渡期の問題について」は、私の生き方に大きな影響をおよぼした。

私は、唯物弁証法を学ぶのに夢中で、さまざまな関連書物を乱読した。民科の研究会に休まず出席して、いろいろな学者たちの討論を聞いているうちに、少しずつ自分の頭で考え、批判をする力が生まれてきた。特に、三浦つとむを知るようになってから、私のものの見方や考え方は、しだいに弁証法的に展開するようになっていった。当時、日本では唯物論研究会が、この分野の主流であった。しかし、一九四九（昭和二四）年十二月に、三浦つとむ、武谷三男が中心となって、唯物弁証法研究会の総合理論雑誌季刊「弁証法研究」一号が、双流社から出版された。三浦は、一九四八年一二月に、『哲学入門』（真善美社）、一九五〇年の一〇月には、『弁証法・いかに学ぶべきか』（双流社）を次々と刊行した。私は、三浦つとむの弁証法に夢中になった。疑問点が出てくると、三浦つとむに直接質問をしにいったが、彼は、その度にいつも丁寧に説明をしてくれた。こういうことがあって、私は、三浦先生を生涯の師として仰ぐようになった。彼は、普通の学者と違って、思っていることは何でも遠慮なく話す性格であった。彼は多くの学者に対しても、批判の矢を向けた。批判された側は、当然、あまりよく思わなかったと思う。それでも、森宏一や柳田謙十郎など、多くの学者が三浦つとむを評価していた。

日本の学者たちが、三浦つとむに対して驚き、一斉に注目した事件があった。それは、先生がスターリンの言語学批判を発表したときのことだった。一九五〇（昭和二五）年九月三〇日に、民科東京支部が主催で、東大法文経学部二九番教室で、「スターリンの言語学論」をめぐってのシンポジウムが開かれた。報告者は、三浦つとむ、大島義夫、石母田正の三人で、司会者は寺沢恒信がつとめた。私は、師と仰ぐ三浦つとむが、スターリンを批判するということなので、会場に座って、討論を聞いていた。三人の討論者のうち、石母田正は、法政大学の教授で、中世史の権威といわれていた。討論の展開は、三浦がまず、スターリンが「言語学におけるマルクス主義について」の中で述べた、「上部構造は、ある経済的土台が生きてはたらく一時代の産物である。だから、上部構造が生きているのは長いことではなく、ある経済的土台の根絶と消滅とともに、根絶し消滅する。」という主張を真っ向から批判した。すなわち、マルクスが『経済学批判』で述べた、「経済的基礎の変化とともに、巨大な上部構造全体が、あるいは徐々に、あるいは急速に変革される」という主張は、スターリンが理解したような、上部構造がいきなり消滅するという単純な話ではなく、この「変革」ということのなかには、今まで小さく弱かったものが大きく強くなる形のものも含まれている、と述べたのである。

要するに、スターリンは、下部構造が劇的に変化すれば、上部構造は一気に変化、消滅するものであり、したがってもし上部構造がそのようなものであれば、「言語」は、上部構造ではない、と主張していた。これは、例えばロシアで革命が成功したにもかかわらず、ロシア語は全く変化していない、という実際の経験から根拠付けられた主張であった。これに対して、三浦は、「変革」という言葉をより柔軟にとらえることで、上部構造―下部構造図式に忠実であろうとしたのであった。このように、三浦は、マルクスの言語学とスターリンの言語学の相違点を明らかにして、参加者たちに、強い印象を与えた。

じつに、戦後、日本の学者がスターリンを批判したのは、これが初めてであった。それだけに、その反響と、また、各界からの反発は非常に大きかった。三浦の方も、こういった主張を発表すれば、どのような結果になるかは重々承知していた。先ほども述べたように、心に思っていることは、積極的に発言してしまう人柄であったから、学会の主流派に遠慮するなどということは、ありえなかったのである。

三浦つとむが、スターリン批判をおこなった直後から、左翼系の出版社は、一切、彼の原稿を受け入れなくなった。大学に職をおかず、原稿料で生活をしていた彼は、生活苦に陥ったが、妥協せず自分の信念を貫いた。

歴史が、三浦のスターリン批判に追いつくのに、六年間がかかった。一九五三（昭和二八）年三月五日に、スターリンは死去したが、その二年後の二月、ソ連邦政府のミコヤン副首相が、スターリン批判をおこなった。そして、その翌年のソ連共産党二〇回大会で、スターリンは公式に批判された。

私は、三浦つとむの、こうした大胆で気後れしない性格に大いに憧れた。彼も、私のことをかわいがってくれ、私的な相談にも応じてくれるようになった。私が結婚をするときにも、主賓となり、民科代表として祝辞を述べてくださった。私が、一人の人間として、ものの見方や考え方を確立していくことができたのは、先生のご指導のおかげであり、まさに生涯忘れ得ない師となってくださった。

三浦つとむは、一九八九年（平成元年）一〇月二七日に、享年七八歳でこの世を去られた。著書三五冊、三浦つとむ選集全五巻と、補巻の第六巻が勁草書房から出版されている。

第九章　学生運動から地域活動へ

私は戦時中、済州島で少年期を送った。そこは、医者のいない片田舎で、人々は、きちんとした医療機関があれば、簡単に治療できるような、病気や怪我で苦しんでいた。長男は、肺炎と思われる症状で亡くなり、弟も麻疹がもとで亡くなった。私自身もマラリヤにかかったが、その時に一命を取り止めたのは、塩酸キニーネという薬のおかげであった。

このような体験もあって、私は日本に渡ってから、医者になりたいと思ったこともあった。しかし、貧しい家庭で、医学部に通うことは困難であり、夢を諦めざるを得なかった。医者になれないのならば、弁護士になりたいと考えた時期もあった。これも、少年時代、警察官たちの横暴な態度のせいで、在日同胞がつねに泣き寝入りをしなければならない光景を、何度も見ていたからであった。そこで、私は、弁護士を目指して大学の法科に入学した。だが、この夢もかなわなかった。当時は、そもそも在日朝鮮人が、日本国内で弁護士になることは、法制度上不可能だったことを知ったのは、専修大学に入学した直後のことであった。

失意の中で、民科の哲学部会に入り、それから、三浦つとむ先生のもとで、唯物論を学ぶようになった。私は、先生を師と仰ぐようになり、多くのことを学ぶように努めた。しかし、当時は、純粋に学問としての哲学を追求していくには、情勢があまりにも厳しかった。理工系や医科系はそうでもなかったが、当時は、在日朝鮮人が、人文・社会科学系のアカデミズムのなかで活動していくことは、非常に困難であった。一般企業はもちろんのこととして、学問の世界でさえ、在日に対する差別はきびしく、たとえ学問的に優れていたとしても、大学で職を得ることは絶望的であった。人間や社会のことを本気で考えたい人は、行き場を失ない小説家にでもなるしかなかった。

もっと大きな流れとしては、日本政府は、在日同胞にたいし、外国人登録令や入管法などの問題で、さまざまな弾圧を加えていた。私たちは、学問をやるどころか、その生活権まで奪われようとしていたのである。このような状況のなか、たしかに、大学で学問に熱中することは、貴重なことであったが、同時に私はいつも自分に問うのであった。「学問とは何か?」「何のための学問なのか?」と。

そのような思いから、私は、学生運動へと没頭していった。しかし、すでに書いてきたように、私は学生運動のさなかにも、運動そのもののもつ矛盾を、どうしても感じざるを得なかった。それは、本当に心から在日同胞のためといえるような、運動であったのか。自らの売名や、立身出世のためではないのかと。

私の居場所は、医師の世界にも、法律家の世界にも、哲学者の世界にも見つからなかった。私は、人生の羅針盤を失ってしまったかのようであった。

一　読書会をきっかけに

前に述べた、一九五三（昭和二七）年六月一四日の、朝学同拡大中央委員会の帰り道での事件以来、私は、学生運動に見切りをつけていた。しかし、一体、私はどのように生きていくのか、という問題になると、何んの思いも浮かばないまま、数ヶ月の日々がすぎていった。九月になったある日、私は、たまたま浅草で飲食業を営んでいる金景河の家を訪れた。その時に、彼は私に、「読書会を始めたから参加しないか」と誘ってきた。金景河と初めて知り合ったのは、その六年ほど前のことだった。彼は当時明大生で、私の家に訪ねてきて、母の甥である宋花春の親友であると自己紹介し、母に、当分の間世話になりたいと頼んだ。母は、喜んで彼を受け入れた。そこで、私は彼としばらく同居することになったのであった。私の方は、まだ専大に入る前であり、まだ、大学へ行くか、独学をつづけるか迷っている時期であった。彼に連れられて、私は明大の講義にも何度かもぐりで聞いたことがあった。当時の大学は、学生の出欠を取っていなかったので、誰が出席したとか、誰が欠席したといったことと関係なく、試験を受けて単位を取りさえすればよかったのである。また私は、彼としばしば議論をしては彼を困らせることもあったが、彼を兄のように慕っていた。そのようなことがあって、彼は私の家を出てからも、ときどき連絡をしてくれていたのだった。

そんな経緯もあって、私は彼の誘いであればと、読書会に参加することに決めた。会のメンバーは、ほとんどが関西から上京した人で、旧朝聯の幹部や、ジャーナリスト、また、済州島四・三事件に関連して身の危険がせまったので、大阪経由で関東へ流れ着いてきた人や、済州五賢中学校（現在は五賢高等学校）の教員だった人もいた。全体的には知的水準の高い人が多く、人数は十五名ほどであったが、インテリの集団といえた。年齢も私よりかなり上の人が多く、目上の人に敬意を表する儒教精神からしても、やりづらさがあったが、その反面、社会経験が豊富であるため、それを吸収することができるのは、貴重なことであった。

とはいえ、読書会も回数を重ねていくうちに、意見の違いも生まれ、討論に熱が入り、エスカレートしてくることもあった。そんなときは、会が終わって酒を酌み交わしながら、さらに討論の続きをすることも結構あった。私は、学生運動をやめ、地域での活動に足場を移すならば、このような人たちの豊富な人生の経験を積んだ人たちを利用しなければならない、と考えるようになった。私は、足立地域の住民たちが病気になっても、医療機関が近所にないため、薬局に相談に行って、売薬でその場をしのいでいる人が多いことを知っていた。これは、なんとかしなければならないと、いつも感じていた。しかし、医院を建てるということは、かなり専門的な事業であり、簡単にできることではないことも理解していた。丁度、そのころ、金万有が開設している金本医院（のちの西新井病院）で代診をしていた玄鐘完（のちに同仁病院院長で在日朝鮮人医学協会会長）が金万有と、意見の対立からその医院をやめて、行き先が決まらず困っていた。私は、彼に私の家に来て同居しないかと誘い、私の家に引き入れた。彼は、私より年齢は一〇歳も年上であるが、以前から親しい付き合いをしていた。彼は、昭和医大に在学中で、毎日、山手線五反田駅で乗り換えて、旗の台駅まで行っていた。彼は、交通費が高いので、しばしば学校に行くことができないような状況だったのだが、そんなときは私が交通費を渡したりもしていた。私は、母からもらった小遣いを、彼に渡してしまって、昼食や、時には夕食まで抜かなければならないこともあった。もちろん、私が交通費を渡すだけでは足るはずもなく、彼は、親族の助けも受けている様子であった。このように、私と彼との関係は年齢の差をこえた、兄弟のようなものであった。

彼の他にも、学生運動時代の仲間で、慈恵医大出身で医師になっていた権密範も、私の親しい友人であった。このような人脈もあったので、私は足立で医院の経営をすることができるのではないか、と少しずつ考えるようになっていった。残る問題は、やはりお金である。お金さえあれば、この地域の貧しい人たちが、安心して治療を受けられる医院がつくれるのである。

私は、思い切って、自分の考えを読書会で提案してみた。すると、それは理想的なアイディアではあるが、どうすれば実現するのか、具体的なプランを出してほしい、という意見が出た。私は、読書会のメンバーを中心に、人格なき社団としての組合「東京民生組合」（仮称）を設立して、多くの人から無理のない範囲の出資金を募ることから始めてはどうか、と提案した。もちろん、最終的な目的は、医院を設立することである。私の案は、読書会メンバーからも全面的な賛同を受けたが、肝心の、建設場所を足立にするという点に関しては、彼らの住んでいた荒川や上野・浅草などとは少し距離があるせいか、消極的な意見が多かった。そこで、私と同居している玄鐘完を、読書会に連れていき、みんなに紹介をした。彼は、自分も医院経営には全力を尽くして、協力することを約束してくれた。そのため、メンバーも安心して、私のプランで組合を設立し、出資金を集めることに同意してくれた。私は、お金がないので、私の家の隣の空き地を、現物で出資することになった。そして、それを元手に、お金を集める運動を展開していった。私の家の空き地は約八十坪の借地であったから、父の承諾も取った。玄鐘完は、自分の親族からお金を集めて、出資金にした。足立の本木で医院を、という活動は、どんどん進んでいった。

私は、足立地域から一人でも多くの出資者を増やそうと、動き始めた。その時期、ちょうど私は大学の卒業年度にあたり、何かと忙しかったが、資金集めに奔走せざるを得なかった。活動をするのには金が必要であるが、その金の出所といえば、母にもらった小遣いに頼るしかなかった。母の収入は、家賃収入しかなかった。それで、五人家族の生活を支えなければならない上に、父が、そこから交際費だといって、いくばくかを持っていってしまうので、家計はいつも苦しかった。その上で、母からお金をもらうのは、大変申し訳なかったが、この事業は私の発案で始められ、進んでいた以上、中止をすることなどできなかった。

二　医院経営のはじまり

一九五三（昭和二八）年一月一五日に、医院建設のための人格なき社団、東京民生組合の出資者会議が、台東区浅草の金景河宅でひらかれた。出席者は一五名で、委任状提出者を含めると、二三名であった。内訳は、読書会から一〇名、足立地区から一三名となり、医院建設に対する関心と期待の高まりが感じられた。これらの出資者から集められた金額は、私が提供した土地八十坪の賃借権を除けば、約五十万円であった。ただし、現金として入ったのは三十万円足らずであった。

医院をどの程度の規模と設備にするかは、この予算に合わせて考えていくことになった。困ったことといえば、出資者の中には、医療関係の知識のある人間が、玄鐘完と、漢方の医師をやっていた康夏善しかおらず、色々と話がかみ合わないことだった。つまり、足立地区になぜ医院建設が必要なのか、という最初の点についてさえ、理解が不足している状況だったのである。医院を建設すると、それに関係した人たちは、社会的地位が高まる――その程度の認識しかもっていない人すらいた。肝心なことは、その地域に住んでいる人たちの生命や健康を守るということであった。そして、貧しい、お金のない人たちにも医療を施すことができるようになるための医院建設であった。議論でも、私は「金を儲けるために医院をつくるという考えは捨てていただきたい」という立場を堅持した。

こうして、すったもんだがありつつも、医院建設は、現実化していった。同年三月一日には、私の父の知り合いの大工によって、工事が始まった。出資者たちも、医院ができるということを前提にした問題を、考えるようになっていた。医院が完成となると、誰が責任を持って経営をするのか、役員には誰が入るのか、といった問題も現実味を帯びてくる。医院経営への参加を、名誉職を得るために利用しようという考えかたをする人も多かった。私自身は、最初から医院の経営者にはなるつもりがなく、そのように宣言していた。だが、それでは誰に経営の責任をまかせるのか、という質問が私のところに集中した。私は、玄鐘完にまかせるのがよいと思って、そのことを説明した。彼が、昭和医大を卒業すれば、医師国家試験を受け、医者になる。そうすれば、医院の経営責任を任せても大丈夫であろうと考え、皆も納得した。私の父は、自宅の隣の空き地に医院を建てるのだから、当然私が経営するものだと思っていたようだった。そこで、大工たちがいろいろと問題を起こしても、一生懸命になって解決しようとしてくれていた。私は、医院の経営は、誰か特定の個人がやるものではなく、出資した二三人全員に、出資額に見合う発言権があることを説明しなければならなかった。そして、これは、社会事業として、利益を追求しない性質の活動であることを、納得してもらった。そもそも、私は、医大でもない、普通の大学に在学中の学生であった。だから、経営者となることは難しかった。ただ、経営に協力することは皆に約束をした。

医院の建設は、六月末までに完成する予定だった。それまで、建設費の支払いや、設備購入資金、そしてもろもろの雑費は膨れ上がっていた。それは、どちらかというと必要経費のためではなかった。毎週の読書会の集まりが、医院の建設委員会に変わった。すると、委員会の名目で皆が集まるのだが、実際は何もやらず酒盛りをするというのが常になっていたのである。こんな状態が、医院完成まで続くと、大変なことになると思ったので、私は人生の大先輩たち相手とはいえ、苦言を呈さなければならなかった。しばらくは、建設委員会にもわざと出席しないようにした。実際は、会議と言っても討議は全て終わっており、とりたてて新しい討議事項などなかった。残っているのは、出資金を全額回収することだけであった。それなのに、毎週のように盛大に酒を飲み、それが医院経営のための出資金から支払われることは、この活動の本義にいちじるしく反することだった。その飲食代にしても、集まるのは、私と親しい金景河の経営する飲食店であり、全て回収できるかどうか怪しいような状況であった。

ただ、実を言えば、地域で活動をしようと考えた時に、それを実現するために読書会を利用したのは、今から思えば間違いであった。いくら理想が高くとも、これでは、自分が金を持っていないのに、他人のフンドシで相撲を取るようなかたちである。私は、そのことで大変な責任を感じ、自分の生活からいって無理のある活動をしなければならなかった。そして、結局、専修大学への授業料一万二〇〇〇円が工面できず、卒業間近にして中退となってしまった。

先にも書いたように、私の家の収入は家賃収入のみであった。二人の妹は高校へ行っており、私はといえば、私の学校の負担ばかりでなく、私と同居している玄鐘完から食事代一つ取っておらず、むしろ逆に交通費などを与えていた。これでは、母にこれ以上何かを頼むことはできなかった。母には、お金に困っていることは告げたが、このお金が用意できないと、大学を除籍になるということは、言わなかった。母は、お金がどうしても必要なら、どこかへ行って借金をしてくると言ってくれたが、私は、お金はすぐに必要なものではない、どうしても必要になったら相談するので安心してください、と言った。

それまでに散々お金のことで迷惑をかけていたので、母親に授業料のことを積極的に頼む気になれなかったのである。その前の年の一二月には、卒業アルバムの写真まで撮っていた。もちろん、在日朝鮮人が、大学の卒業証書をもっていたところで、日本社会でそれが役に立つということは、あまり期待できなかった。だが、せっかく入学し、編入した大学を卒業できなかったことは、心残りであった。

一九五三（昭和二八）年六月一〇日に、人格なき社団・東京民生組合を母体とした「赤不動医院」の落成式がおこなわれた。院長には、先ほども名前を挙げたが、慈恵会医科大学出身の医師、権密範を招聘し、事務長には、金圭賛（専修大学の先輩で、旧朝聯大阪本部役員）、医院運営委員会責任者には、玄鐘完が就任した。このように、人事が決まっていったが、多くの運営委員たち、とりわけ浅草の金景河は、君がこの医院建設の主役なのに、なぜ運営責任者をやらないのか、と私を叱ったものであった。

医療事業は、特殊な分野であり、医師の資格をもっていなければ医院を経営することはできないと法律で規定されている。医院、診療所、クリニックは、医師一名以上で入院施設はベッド一九床まで。これらは、地域の保健所への届出でよいことになっている。病院は医師三名以上で、入院施設はベッド二〇床以上、ベッドの数が増えていけば医師の数もそれに合わせて増やさなければならず、また、東京都の医務課から、医療機関としての認可を受けなければならなかった。赤不動医院は、もちろん「医院」であったが、それでも開設や経営にあたっての事務的な手続きは、非常に煩雑であった。そこで、どこの医療機関も、そういった業務をこなす事務長職を置いていた。

いろんな意見はありつつも、医院人事は、私の提案で決まったことであり、私はそれで肩の荷がおりたような気がした。そして、この人たちの働きのもとで、地域の住民たちのための健康が改善していけば、私の念願は達成するはずであった。私は、ここで医院に関する活動は一区切りつけて、民科を中心とした学問の道へ進むことを考えはじめていた。

医院の名称を「赤不動医院」にしたのは、地名が赤不動であり、それがバス停の名称でもあり、梅田町には赤不動と呼ばれる不動尊を安置している有名な明王院があったからである。

このようにして、同年六月一一日から、医院は開業し、患者の診察がはじまった。医院が開業して一ヶ月ほどして、私が事務長の金圭賛に経営状態を聞くと、非常にまずい状況になっていた。運営責任者の玄鐘完は、毎日、昼は大学へ行き、夕方前には戻ってくるのであるが、病院の経営に対して全く無関心であり、諸経費の支払いが追いつかないとのことであった。とくに、毎週、運営委員会の名目で、二十人前後が集まって、飲み食いをする分の支払いが非常に大きかった。そして、事務長はといえば、この医院の経営の最終責任は君にある、という言い方を私にするのであった。この件以来、私は、結局のところ役職につかなくとも、責任から逃れることはできない、と感じるようになった。医院開業の当初から、事務や看護婦の人たちの給料は遅配していたようであった。玄鐘完は、医院の窓口から、収入のお金を毎日のように持って行っている、という話も伝わってくる。これは、彼が医院を彼、個人のものと錯覚していることが原因で、明らかな公私混同であった。私は、経営を正常化しなければならない、と判断したので、医院が開業してから三ヶ月目、出資者全員を集めて医院経営に関する出資者会議を開いた。場所は赤不動医院で、議長には金商鐘がついた。私は、開院してから八月末までの経営報告と、収支状況の説明を求めた。これに対し、玄鐘完は、答えることができなかった。彼は、実際のところ、医院の経営が苦しいことを理解していなかったようであった。しかしながら、そのような状態では、医院に出資をした人からすれば、許すわけにはいかなかった。医院の経営は、新しい借り入れをしなければ、人件費が捻出できないような苦しい状況であり、また、このまま赤字経営を続ければ、倒産してしまうのは時間の問題であった。その時に、一体誰が責任を負うのか、という問題も深刻であった。会議の議長を務めた金商鐘は、大阪から上京した人で、大阪時代は、民衆新聞社の重鎮をしていた人物であり、なかなかの雄弁家であった。

議長は、この状態に至ったのは、運営委員長に責任があるとして、玄鐘完に辞任を求め、これに出席者全員が賛成した。玄鐘完自身も、辞任するとの意思表示をしたので、これを決議した。新しい運営委員長には、私が指名された。私は、最初から医院経営には参加しないと宣言していたので断った。だが、最終的には、赤不動医院を再建できるのは、私の他にいないだろう、としてなかば強引に、この役目を押し付けられてしまった。私は悩んだが、引き受けることにしたのは、医院建設の計画案は、私が立案したものであり、その主旨に賛同して集まってくれた出資者に損害を与えることは、できないと思ったからであった。私が医院の経営を引き受ける条件は、毎週の出資者による「運営委員会」を、原則として年一回にまで減らし、必要な場合はそのつど開く、というかたちに変更することだった。また、出資者が自分の出資金の返還を求めた場合、医院運営委員会宛に申し出をし、それによって、医院の利益金から、医院の借入金という形式をとって返済することにしたい、と提案した。これらの提案はいずれも認められた。

実際のところ、医院が開業して以来約三ヶ月、運営委員会の酒宴で費やされた金額は、馬鹿にならなかった。また、ほとんどの出資者は、赤不動医院に貸した金は、戻らないと心配し始めていたので、返還の手続きを明示するのは、彼らを安心させる意味があった。言いかえれば、医院への出資金は医院経営の責任者である私が、責任を持って返済をすることになったのである。

かくして、一九五三年（昭和二八年）九月一日から、私が赤不動医院を経営するようになった。それは、私なりに、相当の覚悟をして望んだとはいえ、苦難の道のりというほかない歩みであった。

金圭賛は、金景河と一緒に、読書会での医院建設案に賛同してくれ、医院が開業してからも、事務長として運営を助けてくれていた。彼は、私の大学の先輩であり、大阪からの上京組の代表格で、人を惹きつけ組織する政治的な力量をもった人であった。赤不動医院が開業した当初、彼は、私に医院経営をするように何度も説得をしていた。しかし、私はその忠告を聞き入れず、玄鐘完を信用したのが、結果として医院の経営を危機に追いやってしまった。私は、そのことに責任を感じていた。兄弟のように親しい玄鐘完は私の家に居ずらくなり、何処かへ引っ越して行った。

望まなかったこととはいえ、私が経営をするようになったので、彼は、私を応援する意味もあって、いろんな相談に乗ってくれた。私は、当初の目的であったこと、つまり、地域住民の健康を守るため、貧困にあえいでおり、まともな医療を受けられない人たちのために奉仕する医院を経営することに、全力をつくそうと心を決めた。

三　苦難のなかでの結婚

(一) 結婚を決意して

ちょうどその頃だった。私が、赤不動医院を「経営」しているとの噂が広がると、多くの人たちは、どういう状況なのか、事態を図りかねていた。そこで、私自身も、誤解を避けるために、医院経営者は私ではなく、私の父ですといってその噂を否定する場合も多かった。しかし、私が実際に医院を経営していると知っている人のなかには、私に縁談の話を持ち込む人が増えてきた。私の両親も、早く結婚させようと、知っている人にいろいろと声をかけているらしく、私自身は大変に迷惑をしていた。

医院経営者と言っても、私は事実上無一文のようなものだった。その状態で、経営をすることがどれだけ難しいことかを、私の両親は事情を全然わかっていなかったのである。そのため、医院の事務長をやっていて、私の置かれた事情をよく知っている金圭賛までが、父に頼まれて、私に結婚話を持ってきて薦めるありさまであった。彼としても、私に金が無いのはわかるが、私の力量があれば、いずれは全て解決できるであろうから、まずは結婚させ

結婚式記念写真（1954 年 1 月 4 日・上野下谷公会堂）
前列左より民科代表三浦つとむ、主礼申鴻堤と友人一同

ることで社会的信用を得させたい、ということがあるようだった。事業をする人は、そういう信用が大切なのだから、と説得された。

私にとっては、結婚とは私の人生において最高の出来事であり、その目的はあくまで幸せな家庭を築くことにあった。とはいえ、社会人となって、現実のなかで生きるためには、たしかに家庭をもつということは重要なことであった。とくに母親は、封建時代の儒教思想のため、近代的な教育を受ける機会が少なく、息子に結婚をさせるということは、何よりも重要なことと考えていた。それまでの親不孝の償いをする意味でも、私は先輩の薦めにしたがって、見合いをすることにした。

いざ見合いとなると、私の知らないところで、先輩以外からも父のところに見合い話が具体的に来ており、父はどのように調整するか困っていたようであった。私の方も、医院の経営を引き受けたはいいものの、金銭面でどのようにやりくりをするのか、来院してくれる患者を増やすためには、何をどうすればいいのか、頭のなかで一人で悩んでいるときであり、本来は結婚どころではなかった。

その当時、私の民族の見合いの慣わしでは、お互いの両親か父親だけが同席をして会う場合と、仲介者が男性側を代表して見合いを仲介し、新郎候補を連れて会いに行く場合があった。そこで、女性側が断る場合は問題がないが、男性側から断った場合は、問題になることがある。それは、女性側の面子を傷つけたことになるからである。そこで、見合いを正式なかたちにしないで、非公式な方法でやる場合も多かった。私の時も、その方式だった。

私の方の仲介者であった金圭賛先輩は、花嫁候補の家柄や経歴などをすでに調べていて、そのことを延々と私に説明した。花嫁候補の娘さんは、大阪で生まれた。戦争中に空襲が激しくなり、全羅南道の木浦でおじが事業をやっていたので、そこへ疎開し、小学校に編入し、戦後は木浦高等女学校へ進んだ。母親が東京の浅草で、木浦商店という朝鮮服地の店を経営しているので、卒業してからは、日本に渡ってきたのだという話だった。一族の中には、戦前から各種の事業をやっている人がいる。済州道の済州市で五賢中学校という名門校を経営している黄順河もおり、家柄として全く不足はない云々。このように鼻高々と、宣伝するので私は参ってしまった。むしろ、私は、この話を聞いて不満だった。私が希望している結婚相手は、別に金持ちの資産家でも、高い教育を受けたインテリでも、名門の家柄の人間でもなかった。私は庶民的な人を望んでいたのであり、先輩が話すような家柄を自慢するような人は御免であった。そんなプライドの高そうな人が、私の家に嫁いできても、母や妹たちと円満にやっていけるはずがない。私は、見合いの話を断ってくださいと言って、辞退を申し出た。すると、今度は先輩の方が怒り出して、私が一生懸命になって探してきたせっかくの良縁を、まだ会いもしないうちから断るとは何事だ、それでは仲介人としての私の面子は丸つぶれではないか、と抗議してきた。そこで、説得に負けるかたちで私は見合いをすることになった。

見合いは、花嫁候補が住んでいる荒川区日暮里の家の前と決まったようで、私は先輩に連れられてついていった。先輩が彼女の家の前まで行くと、家の玄関が開いて、一人の女性が出てきた。ずいぶんな美人であった。そのあとからも一人の女性が、身を隠すように出てきた。私は、最初に出てきた女性が見合い相手だと思ったので、あとから出てきた女性にはほとんど関心を払っていなかった。そもそも、そちらの女性は、最初に出てきた女性の後ろに寄り添うようにしていたので、顔もあまり見えなかった。いずれにしろ、最初に出てきた女性が姉で、あとから出てきた女性は妹なのだな、と直感した。どういうわけか、見合いは六メートルくらい離れた距離からお互いを見るだけで終わり、先輩は私に帰ろうと言って、その場を離れることになった。まったく、あっという間の出来事であった。帰りの途中で、先輩から私に、見合いをした女性はどうだった、と聞かれた。私は、あまりよく見る時間もなかったが、よいと思います、と返事をした。そして、「後ろの女性は妹さんですか」と聞いた。すると、先輩は、「お前はどっちと見合いをしたのか」と私に聞くのだった。私は、最初に現れた女性を見て、見合いの相手だと思ったと言った。すると、先輩は、そっちは妹で、あとから出てきた女性が姉で、その人こそが見合いの相手だと、言うので驚いた。見合いはやり直しになった。

今度は、相手の親の立会いで見合いをすることになって、彼女が仕事から帰る時間を聞いて、その時間に私を連れて行くことになった。先輩に伴われて、彼女の家を訪問すると、私たちを待っていたかのように、彼女も仕事から帰ってきていた。私は、彼女を近くで見たが、数日前に見た妹と双子のようによく似ていて、どちらがどちらか見分けがつきにくいほどであった。美人ではあると思ったが、少し恥ずかしがり屋で、気取った様子もなく控えめな感じの人との印象を受けた。彼女と会うまでの話は、先輩が彼女をよく宣伝する意味もあって、誇張して伝えていたようであった。私は、結婚相手にふさわしい女性だと思った。

こうして、私の見合いは終わった。私は、先輩に、この結婚話を進めてくださいと頼んだ。それからは、女性側の返事を待つこととなった。一週間くらいすぎてから、女性の方からも結婚を承諾するとの返事がきた。あとのことは、先輩が一切をやってくれたので、話はトントン拍子に進んでいった。

ところが、一つだけ困ったことが生じていた。先にも少し述べたが、私が知らないところで、私の父のところに、私に関する見合いの話をもってきている人がいた。父からの話によると、それは、赤不動医院の出資者で、運営委員の一人であり、上野で事業を手広くやっている人であった。彼は、私が医院を引き受けて経営しているとはいえ、無一文に等しく、借金を背負っての経営であることを承知で、それでも私のために見合い話をもってきてくれた人だった。一方、先輩が進めている結婚話は、私が医院を経営しているのは、私が若いのに大きなことをやり遂げる人間であるとの認識を、前提としたものであった。

ただ、先輩にしても、私の両親から頼まれたり、私自身のことを心配したり、といった思惑から、骨を折ってくれていた。また、先輩自身は、当然のことながら、私の経済状況などは分かっており、その上で上手に縁組をまとめようと頑張ってくれていたのだった。もちろん、見合いの結果、当初想像していたような、家柄を鼻にかけるような人たちではなく、花嫁も、そのご家族も慎み深い方たちだとわかり、その娘さんを気に入ったということが大きかった。

(二) 結婚生活は苦難の船出

このような紆余曲折を経て、一九五三年(昭和二八年)一二月上旬に、婚約が無事成立した。それまでに私は新婦の顔を一度しか見ていなかったが、もう一度会うことは許されなかった。婚約式が終わってから、初めて二人で出かけてよいとの許可が出たので、浅草へ行って記念写真を撮ってきたくらいのものであった。なんとも味気のない話である。新郎側は、結婚の日取りを文書にし、これを、互いの家の代表が受け渡しする。私たちの結婚の日程は、一九五四年(昭和二九年)一月四日と決まった。文書にしてしまうので、日程の変更はできない。

それからの私は、医院経営に支障がないように、結婚式の準備にも奔走しなければならなかった。まず、結婚式は「人前結婚式」であり、主礼（媒酌人）は、朝鮮奨学会理事長・申鴻湜先生にお願いすることになった。新宿の奨学会へ行きお話をすると、喜んで引き受けてくださった。その帰りに、御茶ノ水駅で降りて、民科の事務所に寄ると、ちょうど三浦つとむ先生に会えた。私は、自分が結婚することを報告し、式は人前方式で行いますが、先生に祝辞をお願いできますか、とたずねた。すると、彼は喜んでくださり、自分が民科を代表して祝辞をするから、その他にももし自分の名前が必要であれば使用しなさい、とまで言っていただいた。そこで私は、民科を代表した招請人に入ってくださいと頼むと、二つ返事で承諾してくれた。私は、自分が民科の会員であることを、とても誇りに感じることができた。

次に、上野駅で下車して、台東区役所に行った。区役所の講堂である下谷公会堂が空いていたので、当日の婚礼のために使用許可の申込みをした。さらに、区役所の隣にある上野警察署に寄って、結婚式の宴会のための集会届けを提出した。大勢の人が宴会に来るので、これは必要な手続きのように思えた。

しかし、家に帰ってきてから冷静に考えてみると、結婚式をやるのに警察署への集会届けが本当に必要なのか、疑わしかった。私は、学生運動時代の習慣で、何か集まりがあると、警察に許可を取ってしまう癖があるのだが、別に政治集会を開くわけでもなく、提出した私も馬鹿だが、受理した警察担当者も間が抜けていた。

招待状は、招請人の名前を入れて、送るのであるが、この時代は、ほとんどの場合、関係者が直接招待客の家を訪問して、ポストに入れるのが一般的であった。それほど郵便代が高いわけではなかったが、多くの人に郵送をしなければならなかったので、それを節約する意味もあった。

当時の在日社会において、冠婚葬祭というのは、お互いに助け合って行うものであった。さらに、結婚式当日の宴会に使う、折詰め弁当を、近所の主婦たちが集まって作るのであるが、その材料は、集まってくる人たちが自前で用意してきて、式の前日に数百個を一気に作るのである。金がなくても、現金払いではなく、事情によっては、材料の一切を後払いでまかなうこともあった。

結婚式の当日は、曇りで、午後から小雨が降ったが、すぐにやんだ。家から上野の式場までは、大阪から上京してきた金大祐、金大弘の二人の従兄弟が、私に付き添ってくれた。大通りを歩いても、タクシーが見つからないので、梅田四丁目の家を出て、西新井橋を渡ったところでようやく車を拾って、式場へ向かった。そのため、式場についたのは、ぎりぎりで、司会担当の金圭賛先輩が、遅いと言って怒っていた。先輩はまだ主礼と会っていなかったので、私が式場に行ってから紹介しなければならなかった。先輩にしても、ハラハラしていたに違いなく、怒られて当然であった。挨拶する人の名前などは、紙に書いたものを事前に渡してあったので問題はなかった。

第一部の式が終わり、第二部は、学同時代の友人、朴喜徳に司会をやってもらい、無事に終了した。友人たちはなかなか解散せず、主礼を連れて、私の家まで押しかけてきた。金相権をはじめ、学同時代の友人たちが、大勢私の家にやってきたので、母や女性たちは酒の準備が大変であった。彼らが私の家に押しかけてきた理由は、酒が呑みたかったということではない。そうではなく、私を吊るし上げるためであった。これは、いつの時代から始まった風習かは知らないが、結婚式が終わると、夜にかけて友人たちが式とは別のお祝いの仕方として、虚偽の裁判をする慣わしがあった。彼らは、それをやるために、私の家に集まってきたのである。裁判の形式は、型どおりで、裁判官、検事、弁護士、それから執行吏、被害者からの訴状など、全てが虚偽ではあるが、理にかなったやり方で、新郎を困らせて、それを楽しむのである。時によっては、これが度がすぎることもあり、私もそのような洗礼を受けることになったのである。もちろん、これは、深い友情の証であり、大変嬉しいことであった。

翌日、従兄から新婚旅行に行ってきなさいと言われ、旅行の費用をもらった。当時の新婚旅行は熱海と相場が決まっていたが、私は熱海がどこなのかも全く知らないので不安だった。その上、これからの医院経営のことを考えると、ここで少しでも無駄なお金を使うことはできない、と思えてきた。そこで、家には熱海へ行くと言って出たが、途中で家内を説得して、渋谷か新宿の先の、参宮橋のホテルに一泊した。そんな具合で、新婚旅行に行けなかったことは、今でも家内に対する負い目になっている。

家に帰ると、医院の運営のことや、金のやりくりのことで忙しくなり、新婚気分はすぐに吹っ飛んだ。生活費すら家内に与えられない始末であり、当分の間、親と一緒の生活をせざるを得なかった。一月の末に近づくと、結婚式の費用の支払いができず、さらに、医院からの収入が増えないのですっかり困りきってしまった。何よりも、先に支払わなければならないのは、医院の職員の人件費であった。しかし、収入は毎月不足して、どうにもやりくりがつかない。友人の気安さもあって、院長の権寧範に、結婚式の費用がかさんでしまい、金のやりくりに詰まってしまったから、院長の給料支払いを少し遅らせてもらえないか、と頼んだが、にべもなく断られてしまった。彼は友達であるから、少しくらいは、私の事情を理解し、協力してくれるかと思っていた私は大変ショックであった。

私は、考えた末に、家内に事情を説明した。そして、私がもっている金目のものや、家内のもっているもの、さらには結婚指輪を少しの間、借りたいと申し出た。まだ結婚して一ヶ月に満たないのに、そのような話を突然したので、家内は驚いた。家内はしばらく考え、別に離婚しようということではなく、医院を助けるための処置だと納得してくれて、指輪を外してくれた。

家内から指輪を受け取るとき、私はなんと冷酷な人間であろうと、自分を疑った。医院経営のためとはいえ、私の心の中には、鬼の棲み家となっていたのかもしれない。家内は、私たちの二人の誓いとして結婚式の宣誓文を取り出して、これがあるから指輪がなくても同じですよね、と聞いてきた。私は、その通りだと答えて安心させた。家内はそれでも不安らしく、翌日は実家へ帰って、このことを義母に報告し、相談をしたようだった。しかし、義母は、迷わずにすべて私に任せて、そのあとをついていきなさい、と言ってくれたらしく、それで家内は安心して帰ってきたのだった。このことは、かなり後になってから、家内が私にもらしたことで、当時の家内の心情が分かったのである。。

私は、家内から結婚指輪を受け取り、そのほか、家のなかにある時計なども全部持って、近所の質屋にいき、金に換えてきた。私がもっていた現金とあわせて、権院長に給料を渡した。そして、お互いに一ヶ月の猶予期間を持って、医院の院長を退任してくれるように言った。彼は、医師になって赤不動医院に勤務するのが初めての社会経験であった。そこで、彼が知らないことについては、私が一生懸命バックアップしてきたつもりだった。それが、こんなかたちになったのは残念なことであった。もちろん、私にもいたらない点はあった。彼は、私にとって学生運動時代の仲間であり、私は彼を「権君」と親しく呼んでいた。院長になってからも私は、彼を「先生」と呼んだことはなかった。あとから考えれば、そういった態度は、彼にとっては馴れ馴れしすぎて、院長としてのプライドを傷つけてしまったのではないか、と思うところがある。とにもかくにも、私は後任の院長をどうするかを、真剣に探さなければいけなくなってしまった。

四　医院の再出発

翌日、私の母校である駿台商業学校（現・駿台高等学校）の校長である瀬尾義秀先生に会いにいった。私は、自分が赤不動医院を経営することになったいきさつを説明し、今度院長が辞任することになったので、新しい院長先生を招聘したい旨を相談した。先生ならば、きっと心当たりがあるに違いないと思ったのである。瀬尾先生は、駿台商業学校の校長のほかにも、東京女子医科大学教授も兼任しており、社会的知名度も高い立派な方であった。

一週間くらいたって、再び学校を訪れると、校長先生はちょうどよいところへ来たといって、須藤紋一という人に会うよう紹介してくれた。この人は、東京都庁の月刊誌「都政人」の編集長であった。「都政人」を訪れて、須藤氏と会うと、彼の義兄が東北国鉄診療所の所長であったが、定年で退職し、現在は遊んでおられるとのことであった。そこで、いつでも夫婦で赤不動医院に引っ越してくることができる、とのことであった。先生の名前は「秋野光顕」ということだった。

私は、私なりの考えもあって、この秋野先生には面談をせず、無条件にこの先生にお願いすることにした。紹介者が、恩師であり、また著名な人でもあり、そのようにすることが、紹介にかかわってくださった人たちの顔を立てることになると思ったからである。そこで、さっそく秋野先生に会い、すぐに院長先生として赴任していただくことにした。

医療法では、医師でないものが医院や病院を経営することはできないのだが、医療法人であれば、その限りではなかった。赤不動医院は個人の医療機関であるから、医師の資格を証明する医師免許証と、医師の経歴書をもって足立保健所に開設届けを出せばよかった。そこで、一九五四年二月一日付けで、赤不動医院は廃業届けが出され、同時に、新しい医院「福民医院」が開設されることとなった。名称の変更は、秋野先生の希望であった。このようにして、赤不動医院は福民医院として、再出発することになった。

秋野先生は、給与については、自分は定年を越している上に、住宅を提供してもらっているので、毎月の手取額二万円で充分と言ってくださった。この当時、世間一般で支払われている給料は、普通の医師で二万円。院長ともなれば、院長手当てが一万円はつき、三万円というのが相場であった。大手企業のサラリーマンは、大学卒で一万円、公務員の初任給が八千七百円、そのほか各種の職員が六千五百円、といったところであった。

私はこれで、医院経営は一応安定するものと信じていたが、実際は、なかなかそうはいかなかった。秋野先生は、旧国鉄の診療所の所長として、国鉄職員やその家族を専門に治療をしていて、患者も治療費に困るような人はいなかったようであった。ところが、赴任してきた足立の本木町や梅田町は貧民街で、治療に来る患者は慢性的な疾患を抱えた人が多かった。秋野先生は、国鉄診療所時代と患者の質があまりにも違いすぎるため、とまどっているようだった。また、患者側も患者側で、新任の先生に信頼を寄せていないこともあり、日に日に患者が減っていくのであった。この状況を、私は毎日医院の事務所で見ていたが、途方に暮れ、一人で悩むしかなかった。何とかしなければと思うのだが、その対策はみつからないまま、日々が流れていった。秋野先生には、この状況を話しながら、この地域の特殊な事情を説明したが、先生は患者のことは自分に任せて欲しいと、私の提案をあまり愉快な気持では聞いてくださらなかった。

私は、悩みぬいた末、ふたたび院長に退任していただくことに決めた。いざ院長の交代となると、いろいろと、気が重いことがあった。秋野先生は、私の恩師の瀬尾先生の人脈で、来ていただいたのである。そう簡単に、退任をお願いすることなどできるはずもなかった。そこで、私は瀬尾先生に直接お会いすることにした。そして、紹介してくださった秋野先生は立派な先生ではあるが、現在の足立の状況、つまり地域の環境の特殊性を理解されていないために、患者さんからの信頼を得られていない、ということを説明した。また、秋野先生にそのことを助言してもなかなか聞く耳をもってくださらず、医院の経営が、赤字によって倒産寸前という状態であることも訴えた。

瀬尾先生は、私によかれと思って紹介をした結果が、医院経営にマイナスとなってしまった、ということで、人選を考え直さなければならないとして、仲介をしてくれた須藤先生とも会って話し合った結果、秋野先生はやはり退任することとなった。それればかりでなく、秋野先生には、後任の院長が赴任するまでは、医院の院長として診療を続けてくださることも約束していただいた。そのおかげで、私は後任の院長を探すことに集中することができた。

もちろん、いくら秋野先生が、後任が決まるまで待ってくださると言っても、一刻でも早く新院長を探さなけ

福民病院院長安達次郎先生と職員一同（1954 年 7 月）

ればいけないことは明らかであった。それからの私は、あらゆる方面の知人を頼んで、新しい院長の候補を探した。そのころ、中国からの復員兵の引き揚げが、新聞で大きく報道されていた。私は、その記事を何気なく目にしたのだが、引揚者の中に、医師の名前が出ていた。その医師たちは、厚生省の管轄で、その方面を知っている病院や医院が手を回して、大方はすぐに確保されてしまっていた。しかし、名簿を見ると、安達次郎という医師の名前が目にとまった。私は経歴を確認したが、この先生は、旧満州医科大学病院の副院長をしていた人で、私の医院の院長に非常に適任であることがわかった。むしろ、私の医院のような小さな診療所に赴任してきてくれるかどうかが、問題であった。私は、それでもぜひこの先生を院長として迎えたいと思い、考えた末、医院の共同経営という条件をもって、承諾してもらおうというアイディアにいきついた。私は、安達先生が、外地からの引き揚げの医師だとして安い給与で働かされており、働く時間も当直などきつい時間にこきつかわれていることも調べていた。私は安達先生が勤務している赤羽病院を訪れた。安達先生に会い、私が初対面であるのに、共同経営を申し出ると、私の提示した条件を二つ返事で承諾してくれた。私もこれで、やっと医院の経営が正常化できると思った。利益の半分を報酬として支払わなければならないが、それでお互いの理想が一致するならば、それが一番よい方法であるからであった。

このような経緯で、一九五四年（昭和二九年）六月末をもって、秋野先生が退任し、七月一日から安達次郎先生が新院長として、また、共同経営者として赴任してくることになった。

五　地域に密着した医療

私は、安達先生を共同経営者として迎えてからは、何ごとに関しても彼に相談してから実行に移すようにしていた。先生は、戦後、中国国内の内戦によって大学病院が機能しなくなり、あげくの果てにその内戦にも駆り出されて、中国東北地方を転々としていたとのことであった。さんざん野戦病院で治療の任務をさせられたあげく、ようやく日本へ引き揚げてきたような状態で、日本の事情についてはあまりよく分っていなかった。ただ、彼は、本木や梅田地域の貧民街でも、誰彼を問わず、差別なく、また積極的に治療活動に専念してくれた。まさに、この地にとっては本当の適任者であった。

そこで私は、安達先生とは、機会があるごとに話し合いをし、どうすれば来院患者を増やすことができるかを議論した。その中で私は、次のような提案をした。まず、医院の周辺の会社と話し合って、無料健康診断を実施してはどうか、ということ。次に、お金をもっていない患者にも治療をほどこし、治療費は年末まで待つことであった。

この話は、地域に口コミで広がっていき、多くの患者が喜んでくれたが、一方で、新しく治療を受ける患者はそうそう急激に増えていくものではなかった。結果が数字として表れたのは、近隣企業での無料健康診断の方法であった。これは、株式会社品田製作所や、相互ゴム工業株式会社などで、安達先生自らが、看護婦を連れて実施されたのだが、体の具合の悪い工員が、多くいることが分かった。病気が判明した工員は、福民医院で治療をすることになり、医院は急に患者が増えていった。安達先生が、かつて中国で助手をやっていた医師を呼び寄せて、二人体制になったが、一日に百五十人もの外来患者が来るので、大変な忙しさであった。当時は、一人の医師が見るのは、二十人か、せいぜい三十人くらいまでだったから、これは凄まじいことであった。

あまりにも、福民医院に患者が集中したため、周辺の医院からは、患者を取られたという不平すら聞こえてきた。そのうち、足立医師会に、福民医院は不正に出張診療をしている、と密告する医師も現れた。医師会は、その訴えを役員会にかけて討論した結果、事実を明らかにするために、福民医院の院長ではなく事務長を呼びだした。足立医師会会長で、下川病院院長下川宏の名前で、呼び出しの通知書がきたので、私が福民医院を代表して、医師会に事情を説明しに訪問した。福民医院は、健康診断をするために医師を出張させたが、治療は一切施していなかったこと、そもそも、治療道具をもって行かなかったことをありのまま話すと、会長は立場上困ってしまったようだった。結局、今までのことは仕方ないにしても、今後は出張健康診断はしないよう命じられた。当時の医師の業界では、まだ封建的な雰囲気があって、会長が命じたことには絶対従わなければならなかった。実際のところ、福民医院は患者が急増して、医師を出張させる時間などなかったこともあ

赤不動診療所前にて（1960 年４月）

赤不動診療所前にて（1960年4月）

り、これを機に出張健康診断は中止した。

こうして、患者の数は増えていったものの、同時に治療費の払えない人も増えていった。私は、無料で治療を受けている患者に面談して、医療費の支払いに困っている患者については、福祉事務所に一緒に行き、無料で治療を受けられる「医療券」を発行してもらうようにしてもらった。この医療券は、政府が病気の治療費を負担する証明書なので、患者もお金の心配をしなくて済むし、医院側も治療費の回収の心配をしなくてもよくなるのである。

だが、医療券をもらえない患者は、なかなか難しい状況に陥ってしまっていた。年末までに治療費を払いに来られる人は、半分にも満たなかった。やむを得ず、年末が近づいてくると、事務員に治療費未収者のリストを作ってもらい、治療費の請求に行った。これは、事務員一人ではとうてい不可能であったから、私の家内まで動員して廻った。それでも、年末の除夜の鐘が鳴ると、請求は打ち切りにして、翌年までは持ち越さないようにした。つまり、年を越したら、借金棒引きというわけである。

医院経営という意味でいうと、これは一見、無謀に見えるやり方であった。しかし、福民医院が、「地域に奉仕する医院」だという話が、広まり伝わっていくと、患者の数はどんどん増えていった。そこで、結果的には、何とか採算が取れるのであった。

その一方で、家内は、医院経営上の借金の返済に追われているさなかにあって、私に家庭をかえりみる余裕がないことを、よく知っていた。家の経済状態は逼迫しており、生活費にもこと欠く状態であったが、家内は、何一つ不満をもらさず、生活をやりくりしてくれた。少しでも生活の足しにするためにと、近所の人々に頼んで、内職までやってくれた。内職の材料を、家に持ち込んで、作業をしている家内の姿を見るたびに、私は、誠に申し訳ないと心のなかで詫びるのであった。

私がどうして病院を運営しているかといえば、私が医師でないがために、医師を招へいする時には、低姿勢で迎える。当時は、医師の職業は一般社会では特別な存在であっただけに、取扱いもそれなりに気を使うのである。院長には、そのことを念頭に入れて、地域の特殊性を理解し、私のやり方に協力するようにしむけるのである。それは、病院経営の理念を説明し、地域住民に奉仕するための医療事業であることを理解されてからは、医師が同じ経営の立場にたって協力してくれるのである。

もちろん、私は医院を商業的に成功させることにこだわっていたわけではなかった。貧困者の多い足立で必要とされているのが、地域のための医院であったから、この事業に乗り出したのであった。しかし、その医院を存続させるためには、経営者としての、能力が不可欠なのであった。

六　ふたたび医院経営の受難

(一)　医院の運命は医師が左右する

安達先生のおかげで、福民医院にくる患者の数が毎日のように増加していくのを見て、私は安堵感に胸をなでおろした。安達先生は、中国に在留していた当時に、医師であるがゆえに、中国の内戦に動員され、野戦病院での治療をおこなっていた。そのような関係もあって、内科、小児科、外科はもちろんのこと、産科をのぞいた産婦人科にいたるまで、あらゆる分野の患者を診察することができた。そして、それだけに、患者からの信頼はますます厚かったのである。

赤不動診療所前にて（1960 年４月）

医院は、日増しに増えてくる患者に対応するため、手を打たねばならなくなった。そこで、前に書いたように、安達先生の中国時代の助手であった医師を迎えることになった。この人は、越田先生といい、努力家で真面目な性格であったのを覚えている。

そのころは、夜間、深夜になると、せっかく寝ついたのに起こされて往診に行かねばならないこともたびたびで、翌日の診察にも影響し、困っている状況だった。気心の知れた越田先生が、助手として来てくれたおかげで、状況はかなり好転した。

患者の往診には、かならず越田先生が行くので、安達先生は、週の半分は自分の家に帰ることができるようになった。ただ、それでも安達先生は、すでに五十代の後半であり、体力的にも精神的にも、かなり疲労がたまっているようだった。医師たちの食事は、私の家内が作っていて、家から隣の医院へと運んでいた。

一方、私の方も、医院経営に追われて必死であった。家内には、生活費さえ十分に渡すことができずにいた。家内もまた、そういう私の姿を見ていたので、近所の人たちがやっている内職の仕事をわけてもらって、生活の足しにしていた。そして、私も家内のそんな姿を見るたびに、心から申し訳ないと詫びるしかなかった。家内は、二〇歳の若さで私と結婚して、まだ一年にも満たなかったのに、よくぞ私に協力してくれたものだと思う。

医院の看護婦は一名しかいなかったが、私の末の妹、昌淑が銀座の老舗「宝來」を退社して失業中であったから、見習い看護婦として協力してもらっていた。事務員は、基本的には受付の窓口担当という役目で、月末から翌月のはじめにかけておこなう、毎月の保険請求のような仕事は、ほとんど私が担当していた。

このような体制で、三年もの間、医院の経営を続けていったのだが、ある日、安達先生から、疲労が蓄積して体調不良になったので休養したい、との申し出があった。医院は、共同経営だったが、実質的には私が経営をしていた。私の経営方針というのは、患者を中心とした医療機関であれ、というもので、全職員にその基本理念を徹底させていた。すなわち、患者にたいしては、親切に対応し、治療に際しても、よく説明をして安心させるよう、みんなが心がけることとなっていた。つまりそれは、患者から多少の無理を言われても、それを受け容れ、まずは患者に奉仕しなければならない、ということであった。これは患者には喜ばれるだろう。しかし、治療をする医師や看護婦側からすれば、毎日神経をすり減らす、大変な考え方であり、安達先生が体調を崩されるのも無理はなかった。私は、あらためて、医院経営の難しさを思い知らされることとなった。

患者のためとはいえ、安達先生には、大変な苦労をかけてしまった、と私は反省するよりなかった。先生が来てから、医院の収入は増加し、借金の返済もかなり順調であった。三年のあいだ、私が安心して経営することができたのは、先生のおかげにほかならず、私はそのことに感謝の意を表した上で、後任を決めるための猶予期間をもらい、なるべく早く新しい院長を探すことにした。

私は、いくつかの人脈をつかって、新院長を探したが、なかなか適任者はいなかった。ただ医師であればよい、というものではなかった。私は、学生時代から昭和医大の出身者と縁があるらしく、玄鐘完をつうじて、昭和医大出身の伊原幸男（尹漢亀）医師を紹介してもらうこととなった。その人柄は、安達先生とはかなりちがっていたが、彼なりの長所をもっているように思えた。そこで、私はさっそく、彼を院長として迎えたいと申し出た。玄鐘完も、熱心に説得をしてくれたため、伊原先生はこの件を承諾してくれた。

こうして、安達先生の後任が決まり、一九五七年（昭和三二年）三月一日から、伊原幸男院長が、新しく就任した。新院長からの要望で、医院の名称は地名に戻され、「赤不動診療所」として出発することとなった。書類上は、これで、三度目の医療機関開設者の変更であった。院長が変わるたびに、そのつど医院の閉鎖届、開設者（新院長）の開設届、と事務手続きをしなければならないため、結構大変ではあった。この手続きは、毎回私がやっていたので、何度も医院の閉鎖と開設を繰り返すうちに、足立保健所の方も慣れてきてしまい、私が医院を経営している事情も知っているだけに、好意的に扱ってくれるようになった。

伊原先生は、安達先生とは対照的なタイプだった。歳も若いので、それまで安達先生を信頼して医院に来ていた患者たちからは、診断について心配をする声もあった。ところが、彼は有能であった。いざ伊原先生から治療を受けた患者たちは、彼を全面的に信用してしまうのである。口コミで、宣伝が広まっていき、安達先生のおかげで集まった患者に、さらに、伊原先生の優しげな人柄を好む患者たちが加わり、医院を頼る患者はさらに増加していった。先生もまた、安達先生と同じく、患者を中心とした、本来の仁術をほどこす人で、地域住民のための医療活動を、継続的に展開していった。

伊原先生が院長に就任してからは、彼の出身校の昭和医大生を含めて、同胞の医師たちが出入りするようになった。そのころ、私の学生時代からの知人である崔昌禄が、医院を訪れてきた。彼は、私より十歳も年上であったが、家庭の事情から晩学であり、苦労しているようだった。彼は、昭和医大に通っていたのだが、授業料が未納なので、卒業証書がもらえない、ということで、お金を借りたい、と言ってきた。彼は、私の家に来るまでに、都内の在日同胞の有力者たちに会って頼んだが、結局金を借りることができず、私が最後の頼みの綱である、とのことだった。彼の姿を見ると、私自身が、お金がなくて大学の授業料を払えなかったことや、そのために卒業証書をもらえなかったことを、思い出さざるをえなかった。私は彼に、授業料の件は何とかする、と返事をしたのだが、金額を聞いたら、一五万円と言うので、少し驚いた。私が知るかぎり、当時文科系の大学は、一万円前後であった。

いくら医療系の大学とはいえ、一五万円の授業料とは法外に高い。私は、心の中では疑問を感じた。しかし、もし私が学費を貸さなければ、彼の医師への道は閉ざされてしまう、との思いもあった。金はいつ必要ですか、と聞くと、明日までに大学へ持参しなければならないという。貸すにしても、あまりにも無茶な話であるが、とりあえずは、何とかすると答えて、彼を安心させた。

私は彼が帰ったあと、一五万円を明日までにどうするかと思案したあげく、取引銀行であった東京相互銀行（当時）へ借り入れを頼むしかないと決めた。私は、経営している医院関係の借金を返済している身であったから、悩みに悩んだが、それに多少の支障をきたしてもやむをえない、との判断だった。私は、その翌日、東京相互銀行に行き、借り入れを申し込んだ。とはいえ、なにぶん、即日借り入れの希望である。銀行は、最初難色を示した。上役と相談した結果、何とか認められて、現金一五万円を持ち帰った。当時の医院の人件費が、医師で月二万円であった。さらに、一般の会社員は八千円から一万円、という時代である。一五万円は、私にとっては半端でない額であり、決断であった。家に帰ると、彼は、午前中から医院の事務室で私の帰りを待っていた。私は、銀行から借りてきたばかりの金を彼に渡して、幸運を祈った。

それから、一ヶ月ほどたって、彼は夫婦で私の家に訪れ、おかげで無事卒業できましたとお礼の挨拶をしていった。今後、医師試験に合格した後は、故郷に帰るまで、私の医院で仕事をする、と誓って帰っていった。

(二)　在日同胞有力者が医院経営に進出

一九五六年（昭和三一年）ごろから、在日朝鮮人の有力者のあいだでは、医院経営に関心が高まっていた。日本社会の中で、如何に生きるべきかを、と考えた時に、病院を経営するというのは、一つの理想であった。これは、在日同胞が、食うや食わずの状態から、何とか糊口をしのげるようになり、さらに、財を成すものも生まれてきた時期においては、ある意味で当然のなりゆきであった。経済的に安定したのなら、今度は、それにふさわしい社会的地位や名声というものが必要となる。ただ、そういった動機で、医院経営に進出してくる人たちが、かならずしも医療事業というものに向いていたとは限らなかった。少なくとも、彼らは、医師でない人が医院を経営することの難しさは、理解していなかった。ただ一般の会社に、役員を置いて、経営に参加するといったことと、同じ程度の発想をしている者も、一部に見受けられた。

いずれにせよ、この時期、多くの在日朝鮮人がこの業界に進出した。私の周囲では、大田区で、崔昌浩が安方診療所を開設して奮闘していた。彼は院長を雇って、経営を始めたのだが、医師のために大変な苦労をし、結果としては、診療所を閉鎖せざるをえない状況に陥ってしまった。その後、父親が苦労する様子を見ていた息子の崔相羽は、発奮して医科大を卒業し、大田区で三光クリニックを開業し、名医として知られるようになった。

北区では、金尚起が十条診療所を開設し、やはり院長を雇って経営をしていた。私がかれと初めて会ったのは、終戦間もない、一九四六年頃のことだった。かれは、神田神保町の、焼け残った建物で、ウリトンム社という出版社(のちの学友書房)を経営していた。彼はのちに、同和信用組合の役員や、朝銀信用組合の理事長を歴任することになるが、若いころは、医師の裏切りにより、医院ごと乗っ取られてしまったことがあったのである。彼はそのせいで、精神的な疲労が高まり、床に臥してしまったのだが、出入りしている人たちから、私が医院を経営していることを知り、人を介して会いたいと連絡してきた。そこで、私は彼の自宅に訪ねていった。

彼は、床のなかから私に、「診療所を取り戻してほしい」と頼んだ。ご夫人も、私に丁寧に挨拶をして、なんとかしてもらいたいと頼まれた。彼の夫人は、のちに在日本朝鮮女性同盟委員長になった、朴静賢という女性である。私は、彼の意を受けて、十条駅の近くにある十条診療所へ乗り込んだ。私が診療所へ案内されていく前に、誰かが院長に「病院経営のプロが来る」と大げさに吹き込んだらしく、院長は私と会った時には、半分逃げ腰になっていた。それから事務室で、事務員に診療所の状況を聞き、経営の刷新をすべきであることを、金尚起の代理人に伝え、医院へ保険診療基金から入金があっても、金尚起の印鑑がなければ、現金を引き出すことができないように手続きをした。診療所をどうにか取り戻すと、金尚起は病の床から、私に診療所を引き受けてくれないかと言われた。彼は、私がお金に困っていることは知っていたが、その点については、毎月二万でも三万でも月賦で払ってくれればいい、と言うのであった。しかし、私はすでに足立で赤不動診療所を経営していたし、足立の地域住民のために奉仕することに、生きがいを感じていた。そこで、自分があたかもお金目当てであるように、これといった理念も持たずに、もう一つの診療所の経営に乗り出すのは、間違っていると感じた。私は、金尚起の厚意に感謝しながらも、丁重に断ることにした。私としては、診療所が彼の手に戻ったことで十分満足だったし、そのことで、何の報酬をもらうつもりもなかった。彼が、健康を取り戻してから、上野界隈で、昼食をともにすることがあったが、診療所については、それきり特に話題にすることもなかった。

荒川区では、李中冠が、三山診療所を設立。院長には、権寧範が就任した。この診療所の事務長は、荒川区ではかなり名前が売れた人であったが、医療関係の経営は、勝手が違い赤字を解消することがなかなかできなかった。結局、院長に経営を譲渡することになり、ゆずり受けた権寧範は、診療所の名前を、宮地診療所と改称して再出発した。しかし、これも経営が思うようにいかず、比較的短命に終わってしまった。李中冠は、のちに同和信用組合の理事長となった。

このようなことがあってか、同胞の有力者たちの間では、医院経営は大変に難しい、という認識が共有されていった。彼らは、身内から医師を輩出しないかぎり、医療事業には手を出すべきでない、という教訓を得たようであった。

そもそも、当時、在日同胞で医院や病院などを経営している人は、非常に少なかった。医師になり、さらに独立して開業するには、まず医学部に合格し、六年間も高い学費を払いながら学び、さらに一年間のインターンを受け、国家試験に合格し、その上で医師として登録されるのである。それだけの、教育を受けさせるだけでも、何もたずに日本にやってきた在日同胞の人たちにとっては、困難極まりないことだった。

医療機関を経営することのむずかしさということで思い出すのは、林光澈夫妻のことである。一九五五年（昭和三〇年）八月に、東京中高級学校校長の林光澈が、在日同胞代表団長として、共和国入りした。しかし、日本への再入国許可がおりなかったため、結果的にこれは片道切符の帰国となってしまった。残された家族は、奥さんと子どもだけで、生活の手段がなく追い詰められていた。林夫人は、詩人で、気丈な女性であった。しかし、彼女は日本人であり、突然故郷を捨てて夫を追っていくことには、抵抗があったようだった。私は、もともと林夫妻とは知り合いであったから、夫が帰国して彼女から、非常に困っているといって相談をされた。私は、なんとか協力をしたいと思った。そこで、私の医院の近くで、歯科医院を経営するように勧めた。ちょうど、赤不動診療所から百メートルくらいのところに、おあつらえ向きの貸家があったので、彼女はそこを借りて、歯科医院の設備を整えた。こうして、私の医院の分院として、赤不動歯科医院が開設されたのだった。彼女にとって、事業を経営するのは初めての経験であったので、私は色々と経営についてのアドバイスをした。赤不動歯科医院は、なかなか順調なすべり出しを見せた。赤不動診療所と赤不動歯科医院は、経営的に密接なかかわりがあるわけではなく、若干の援助はあったものの、あくまで、協力関係というべきものであった。というのも、赤不動診療所はすでに、足立でそれなりに名前をよく知られており、その分院となることは、歯科医院の経営としては非常に有利であった。また、赤不動診療所としても、分院があるということは、宣伝の上でも、また医院としての格を上げる意味でも、メリットのあることであった。だが、赤不動歯科医院には、一つ大きな弱点があった。それは、医院開設当初から、自己資本の比率が小さく、借入金に大きく頼った経営で、いつもその返済に追われていなければならなかったことだった。彼女は、非常によく頑張ったが、五年ほどで経営が息切れをして、閉院せざるをえなくなった。彼女は、結局迷ったあげく、娘を連れ、夫のいる共和国へと渡っていったのだった。

全　国		
	病院・医院・診療所・歯科医院	東京都の薬局・漢方・資材
北海道		1
岩手県	1	
宮城県	3	1
埼玉県	1	1
東京都	17	18
神奈川県	4	3
長野県		4
静岡県	1	
愛知県		2
京都府	2	1
大阪府	9	3
兵庫県		1
岡山県		2
広島県		1
合　計	38	38

東　京　都		
	病院・医院・診療所・歯科医院	東京都の薬局・漢方・資材
足立区	3	3
荒川区	3	2
台東区	2	3
葛飾区	1	
新宿区	1	
大田区	4	3
江戸川区		4
江東区	1	
千代田区		2
品川区	2	1
合　計	17	18

在日朝鮮人が経営する、病院・医院・歯科医院及び薬局・漢方・医療資材販売業者についての統計（一九五六年一〇月三一日時点）
在日朝鮮人商工連合会便覧より

(三) それからの赤不動診療所

一方、私はといえば、地域住民の要望によって、一人でも多くの患者を入院させる必要性に迫られていた。私は、一九五七年（昭和三二年）八月、赤不動診療所を増改築した。二階は、病室一九床の入院施設となり、一階は、診療室のほかに、手術室や検査室などにあてられ、職員も増員された。伊原先生の評判が高まっていくので、診療所の待合室は、いつも患者が絶えなかった。これは、ひとえに彼の、医師としての信頼度の高さによるものだった。しかし、彼もまた、院長に就任してからわずか二年で、赤不動診療所を辞任し、開業をすることになってしまった。私は、彼が開業するのはよいことであると思ったが、ちょうど、患者が彼に集中しているときに、赤不動診療所とあまり離れていない場所で開業するという話を聞いて、正直、患者が彼の診療所へ流れることを心配せざるをえなかった。しかし、それはまた仕方のないことでもあった。私は、伊原先生に、後任が決まるまでの期間だけ待ってもらうことにして、彼も了承してくれた。私は急いで、後任を決めるため、昭和医大出身の玄鐘完と、崔昌禄に協力を求めた。彼ら二人は、医師国家試験に合格していなかったので、同じ昭和医大出身の医師、金沢勝男（金振玉）に白羽の矢を立てた。彼は、埼玉県の朝倉病院に勤務していて、その病院を辞めるわけにはいかないが、診療所の院長を引き受けることは問題がない、とのことだった。ただし、勤務は一週間に三日という条件であった。彼は、朝倉病院で勤務するという条件で、病院から提供された広い敷地の住宅に住んでおり、そこの住み心地がよいようであった。

こうして、一九五九年（昭和三四年）三月一日から、金振玉医師が、開設者（院長）となり、新しい赤不動診療所が誕生した。院長が来ない日は、非常勤の医師が交代で来ることになった。

同年一〇月に、末の妹が、この院長と結婚するというので、いろいろと悩みの種が出てきた。この妹は、もともと林歯科医師と交際していて、お互いによい方向へ進んでいたのに、途中でその歯科医師とは会わなくなり、金振玉院長と交際するようになった。もしかして、私の妹は、私が診療所経営に苦労しており、院長が辞める度に、足立保健所で、診療所の閉鎖と開設を繰り返しているのを、心配していたのではないか。そのための、自己犠牲が払われているのではないか、という心配がぬぐえなかったからである。それで、妹に、この結婚は兄のためではないのか？　なぜ林歯科医師との結婚を拒否しているのか、実際に問いただしたこともあった。しかし、たとえそうだったとしても、妹がそう答えるはずもなかった。私は、悩んだが、それでも結婚話はどんどん進んでいき、周囲からも祝福されているので、私は内心複雑な思いがした。妹は、小さいときから、私がいろんなところへつれて歩いたせいか、特別に兄思いであった。

一九六〇年（昭和三五年）二月、私にとっては、予想もしなかったことが起こった。崔昌禄が国家試験に合格して、わずか半年あまりで、赤不動診療所を辞職してしまったのである。ことの起こりは、総聯葛飾支部が自立資金を捻出するための医療機関、南葛診療所の所長として、彼を迎えたいという話が、秘密裏に進んでいたことであった。その診療所は、葛飾の有力者柳志殷が運営委員長をしていた。その下に事務長が、実務の責任を負っていたが、赤字を解消することが難しくて困っていた。そのような事情から、私の診療所に勤務している医師を内密に引き抜こうとしたのだった。私は、崔昌禄が学校を卒業するときに、お金を貸したことで、恩を売ろうとしたわけではなかった。しかし、医師国家試験を受ける前から、いろいろと面倒をみてきたのに、国家試験に合格したとたんに、わずか半年ちょっとで待遇がよいところへ移っていくというのも、信義にもとる気がして残念であると言うよりも、彼に期待していただけにショックであった。

このようなことがあって、私が悩んでいた時に、同年一〇月に、妹は金振玉と結婚をした。結婚はしたものの、結婚生活をする新居は、彼が住んでいる朝倉病院が提供している住宅であった。妹は、東京での生活しか知らないので、急激な環境の変化についていけず、孤独にさいなまれていたようであった。その家には、彼が結婚する前から住んでいる、お手伝いさんがいたが、かなり年配であったため、あまり慰めにはならなかったようだ。私も、妹の新婚生活が心配であったので、二回ばかり訪れていったことがあるが、妹は東京へ戻りたいとの切実な思いを隠さなかった。

私は、家に帰ってから、金振玉院長を説得しようと決めた。それからは、彼の診療が終わるころには、私が意識して話しかけるようにし、彼に東京へ引っ越してくれるように頼んだ。新築の診療所の一角に、私が住んでいる場所があるから、そこを使ってもらえれば一番よかった。熱心に説得を繰り返すと、彼は東京へ引っ越すことを決意

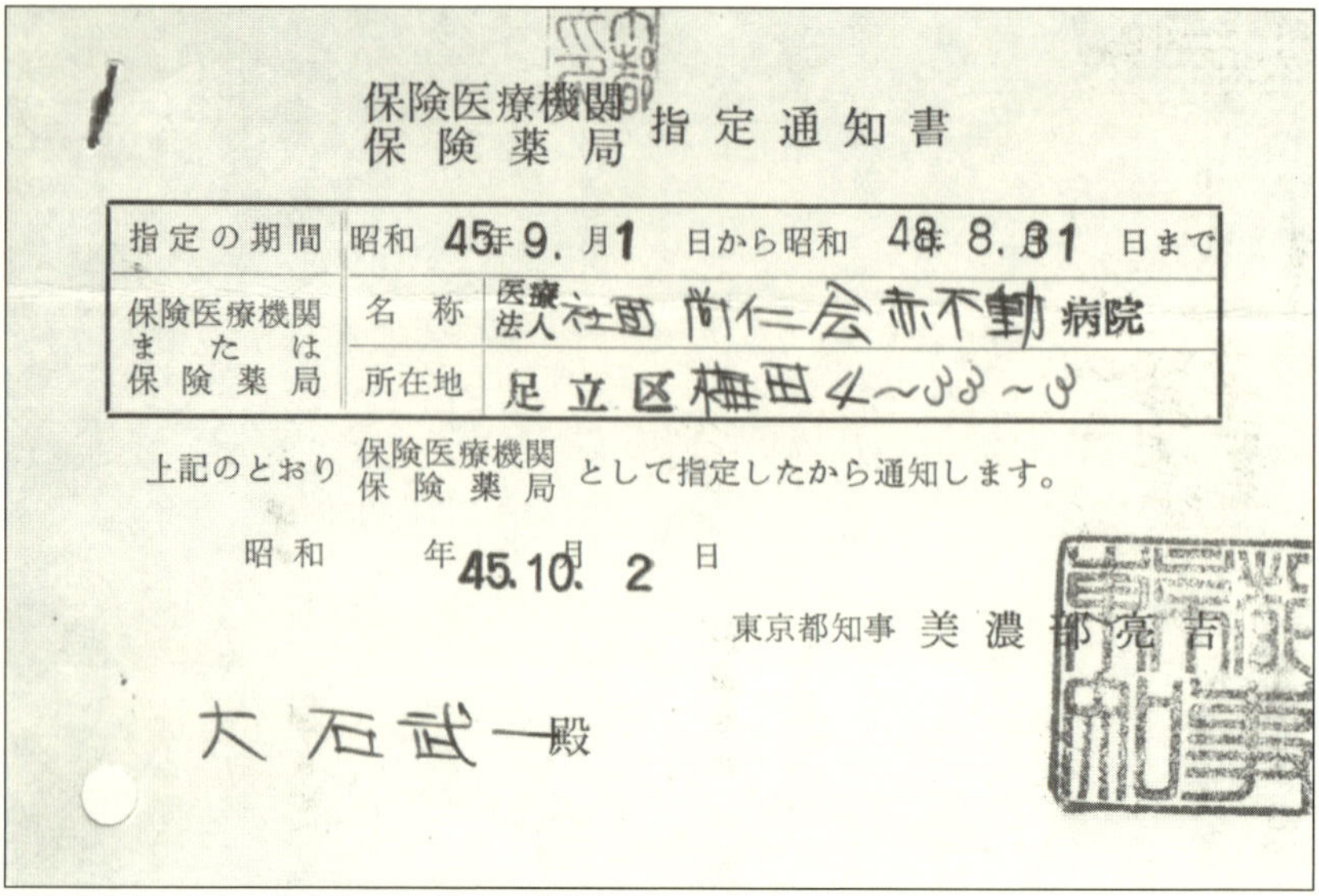

保険医療機関
保険薬局 指定通知書

指定の期間	昭和 45年 9.月 1 日から昭和 48年 8.月 31 日まで	
保険医療機関または保険薬局	名称	医療法人 社団 尚仁会 赤不動 病院
	所在地	足立区 梅田 4〜33〜3

上記のとおり 保険医療機関 保険薬局 として指定したから通知します。

昭和 45年 10.月 2 日

東京都知事 美濃部亮吉

大石武一殿

医療法人尚仁会赤不動病院への「保険医療機関指定通知書」（1970年5月）

してくれた。一九六〇年（昭和三五年）四月に、彼は朝倉病院を辞職し、赤不動診療所に住んでくれることになったのである。これは、妹のためではあったが、同時に診療所のためにも、大きなことであった。院長が診療所のすぐ隣に住んでいるということは、入院患者にとっては、非常に安心感を与えるものだった。当直医と勤務医の間の引継ぎがうまくいかないときも、医療体制に穴を開けずにすむ。当直医は、東大病院の医局から派遣されて来ていたが、当直医が必ずしも時間どおりに来られるとはかぎらなかった。引継ぎの間に、空白ができ、その空白の時間帯に入院患者の異変があれば、看護婦が対応しなければならない。それは、大変な問題となるので頭痛の種であった。

　とはいえ、診療所にとっては嬉しいことでも、私自身の生活は、やや不便になった。私は、以前住んでいた古い家に戻ることになったが、それについては、家内が不満をあらわにしたので、これは仮の住まいで、すぐに住宅を新築するということで、納得してもらわなければならなかった。それでも、院長が「身内」の人になり、さらに診療所に住んでくれることは、私の夢を次のステップに進めることができる、第一歩を意味していた。それは、私の理想を実現する「病院」を建設することだった。病院建設といっても、私にはまだまだ借金が残っており、そう簡単に実現するものでもなかった。しかし、赤不動診療所のある本木、梅田町は、人口が密集しており、さらに貧困層が多い場所であったから、私の診療所が、病院になれば、地域に対する大きな貢献となる。そして実際、そのような声も、住民の間から聞こえてくるのである。この時期、日本は神武景気から岩戸景気へと、好景気が続いていたが、そのなかにあって、この地域の住民たちは、あまり恩恵を受けていなかった。前にも話したように、戦後から、これというほどの産業がなかったこの地を支えてきたのは、朝鮮人によって始めたゴム工業であった。それが廃れてくると、今度はビニール工業が盛んになった。このビニール工業は、多くの内職の仕事を生み、貧困にあえぐ地域の人たちにとって、希望の光となった。とくに盛んであったのはサンダルの生産で、これには女性の内職者が重要な役割を果たした。サンダルづくりには、日本人の女性も多く従事したので、この産業をとおして、朝鮮人と日本人との間に、それまでより親しい関係がつくられた。同じ仕事をすることで、向う三軒両隣、お互いに助け合いをするようになっていったのである。ところが、このビニールサンダルの生産で問題となっていたのは、サンダルを貼り付ける接着剤の副作用であった。これによって、肝機能障害になる人も多く、赤不動診療所には、そのような患者が多くやってきた。貧しさからようやく抜け出そうとしている、この地にあって、患者本位の病院というものは、ますます望まれるものとなっていたのである。

終章　沈みゆく船

一　赤不動病院の完成

金振玉院長が、赤不動診療所に引っ越してきてからは、私の生活にも少しずつ余裕ができてくるようになった。病院運営を安心して見ていられるので、医療事業以外に、社会運動にも従来よりもいっそう、積極的に参加することができた。このような安定期であるからこそ、私は思い切って、赤不動診療所を、病院にしたいと本気で考え出していた。病院を建てるには、その規模からいって、まず私の住んでいる古い家を壊さなければならないだろう。すると、結局私が住む場所は新しく確保しなければならない。さらに、病院自体も建て増しをしなければならない。これは、当時の金額で、数千万円単位の、資金が必要となることを意味していた。

私は、資金の調達に動き出した。主に銀行から借り入れをしたが、それだけではもちろん足りず、友人からも多額の借金をした。銀行は、建物の新築や建て増しの費用は、かなりの金額を貸してくれる。ところが、医療機器をはじめとして、病院には必ず必要となる、施設内の設備については、多くは貸してくれない。そこで、どうしても、銀行機関以外にも頼らざるをえなかった。

多くの人たちからの借りができたものの、この地域に病院ができるという噂は、あっという間に広まり、大きな期待を受けるようになった。私は、不思議と、この時期のことをほとんど覚えていない。私にたいする、世間の信用は、この頃ほど高まったことはない。実のところ、金融機関も、友人たちも、喜んでお金を貸してくれた。資金を工面したり、許認可を受けたりすることに、何の障害もなかった。なにもかもが、スムーズに運んでいった。そして、だからこそ、その頃のことを驚くほど記憶していないのである。

一九六七年（昭和四二年）五月一九日、私はとうとう、念願の「赤不動病院」を設立した。鉄筋五階建ての何の変哲もないビルであった。その一年前には、私の住居も新築されていた。私はようやく、精神的に解放された気がしたのだった。

二　人間の幸福とは何か

こうして、「赤不動医院」から始まった医療事業は、ついに「赤不動病院」にまで結実した。最初のころは、自分で言い出したこととはいえ、状況に巻き込まれるかたちで、無我夢中で医院経営に奔走する毎日であった。しかし、地域の患者たちと多く接するようになって、私の中には、あるはっきりとした人生観や、それを表現するような医療活動のビジョンが形作られるようになっていった。

それは、当時まだ、ほとんど注目されていなかった、老人医療のための施設の計画であった。人間は幸福でなければならない。しかし、老いた人たちにとって、幸せとはなんであろうか。それは、漫然と生きるのではなく、いままでの人生で遣り残したものを、やり遂げようと、最後まで努力することではないだろうか。もし、そうであれば、人生は、老いても嵐の中といえるのではないか。ならば、その老いた人たちにできることとは、嵐の中を生きることができる船を浮かべることではないだろうか。

私は、こうして、老人医療を自分の使命と考えるようになっていった。私の病院には、入院・外来ともに、慢性疾患や、その後遺症に苦しむ患者が多かった。患者の中には、病院以外にも、温泉場を療養所として利用している人たちもいた。私は、最初、半信半疑であったが、温泉療法は古く江戸時代から民間療法として行われてきたこ

赤不動病院落成（1967年5月19日）

とを知ってから、その効能に関心を抱くようになった。温泉療法の問題は、保険が効かないため、お金がかかることであった。生活に困っている人には難しかったし、ある程度収入のある人でも、長期的に行うことは大変であった。もし、温泉病院を設立し、慢性疾患の温泉治療を、医師の指導のもと、医療行為として行うことができれば、健康保険が適用される。多くの患者は、対処療法的に、長年にわたって投薬を続けていたが、身体の根本的な治癒力を上げる温泉療法を効果的に用いれば、より短期間での治癒が可能であるように思えた。

当時、リハビリテーションの重要性は、あまり理解されていなかった。その施設も全般的に貧弱なものであった。一部の医師からは、温泉療法と従来のリハビリテーションを併用することで、治療の効果がいっそう促進されるという説の論文も発表されていた。だが、行政の方針としては、温泉につかることそのものについては、あくまで保険適用外ということであり、保険の点数にはならなかった。しかし、リハビリの一貫として、そのなかで温泉を活用する場合は、その治療全体は保険適用がされるため、結果的に、温泉治療も、大きな負担なく利用可能となる。私は、経営者の立場から、頭をめぐらせた結果、温泉利用は無料とすることにした。

この頃になると、病院経営者としての私は、さまざまな分野の有力者と、知己を得る機会が増えてきた。そのなかでも、私の社会実践のなかで、もっとも大きな意味をもったのは、大石武一元環境庁長官との出会いであった。この人は、実質的には初代の環境庁長官であり、自然を愛し、大変国民に人気のあった人だった。

大石先生は、温泉療法のもつ可能性に高い評価を与えてくれた。彼は過去に、東北大学医学部教授や同大学付属病院内科医長をつとめていた経験があり、衆議院議員であった父が他界したあと、医学の分野から政治の分野に転身していたのであった。そのため、医療問題については大変な関心をもっていた。それは、未練にも似たものであったかもしれない。彼は、環境庁長官になってからも、尾瀬を国立公園に指定する際に大きな貢献をした。彼の考える理念と、私が求めていた理念が一致した。日本は将来、長寿化が進み、老人医療の必要性が高まってくるだろう。今のうちから、老人医療に力を入れなければならず、また、そのときに、温泉療法のリハビリテーションの併用というものが、非常に成果を上げるであろうと考えたのである。

大石先生の支援を得た私は、まず、北海道の上ノ湯温泉に、病院を建てることにし、これが成功したら、各地に同様の温泉病院を建設する計画を立てた。このために、私は、一九七〇年（昭和四五年）五月、大石先生を理事長とする医療法人社団尚仁会を設立し、認可を受けた。尚仁会という名称は、大石先生の命名であった。

一九七二年（昭和四七年）ごろ、私は、北海道山越郡八雲町の上ノ湯温泉郷内と、栃木県塩原温泉郷内に、病院建設のための土地を購入した。周囲に温泉旅館は、いくつかあったものの、田舎であるから土地は安かったし、資金が不足する分は、借金をしてしのいだ。話は順調に進み、上ノ湯温泉郷のある八雲町の町長と交渉をし、町立病院とも提携する話がまとまっていった。

しかし、この頃、赤不動病院を一つの事件が襲った。マスコミ各社をも巻き込んで、事件は、私の周囲だけでなく、各方面に大きな影響を及ぼし、その結果として、温泉病院の計画はもちろんのこと、赤不動病院じたいも、その存続の危機に立たされることになった。

三　ふたたび嵐のなかへ——文世光事件

一九七四年（昭和四九年）八月、韓国の朴正熙大統領が、ソウルで演説のさなかに狙撃される、というショッキングな出来事が起こった。いわゆる「文世光事件」である。しかし、私が経営する赤不動病院は、この韓国で起きた大事件に思いもよらぬかたちで巻き込まれていくことになる。

実は、この事件については、私自身もマスコミの報道をとおして、知りうること以上の知識はもっていないのである。ただ、当時の加熱したマスメディアの報道のなかには、行き過ぎや先走りによる、根も葉もない情報が多く含まれていた。そこで、この場を借りて、何が間違っていたのか、きちんと書き残しておくことにしたい。

この事件は、一説では、朝鮮総聯が何らかの関与をしている、という噂もあった。私自身も、当時のマスメディアを中心に、うんざりするほど、事件の真相について尋ねられた。質問をする人たちは、口々に私からいろんな情報を引き出そうとしたが、要するに、この事件は、総聯が関わっているのだろう、という前提で、決めてかかって、私が何か知っていないかどうかを聞き出そうとしていたようだった。

しかし、現実には、私はたんに足立朝鮮人商工会の理事長をやっていたというだけであって、総聯とは直接に関係ないのである。当時、商工会には、民団系の商工人も、総聯系の商工人も、同じ会員として所属していたのであって、その時点で商工会が総聯系の組織であるということは、ありえないのであった。この商工会は、在日本朝

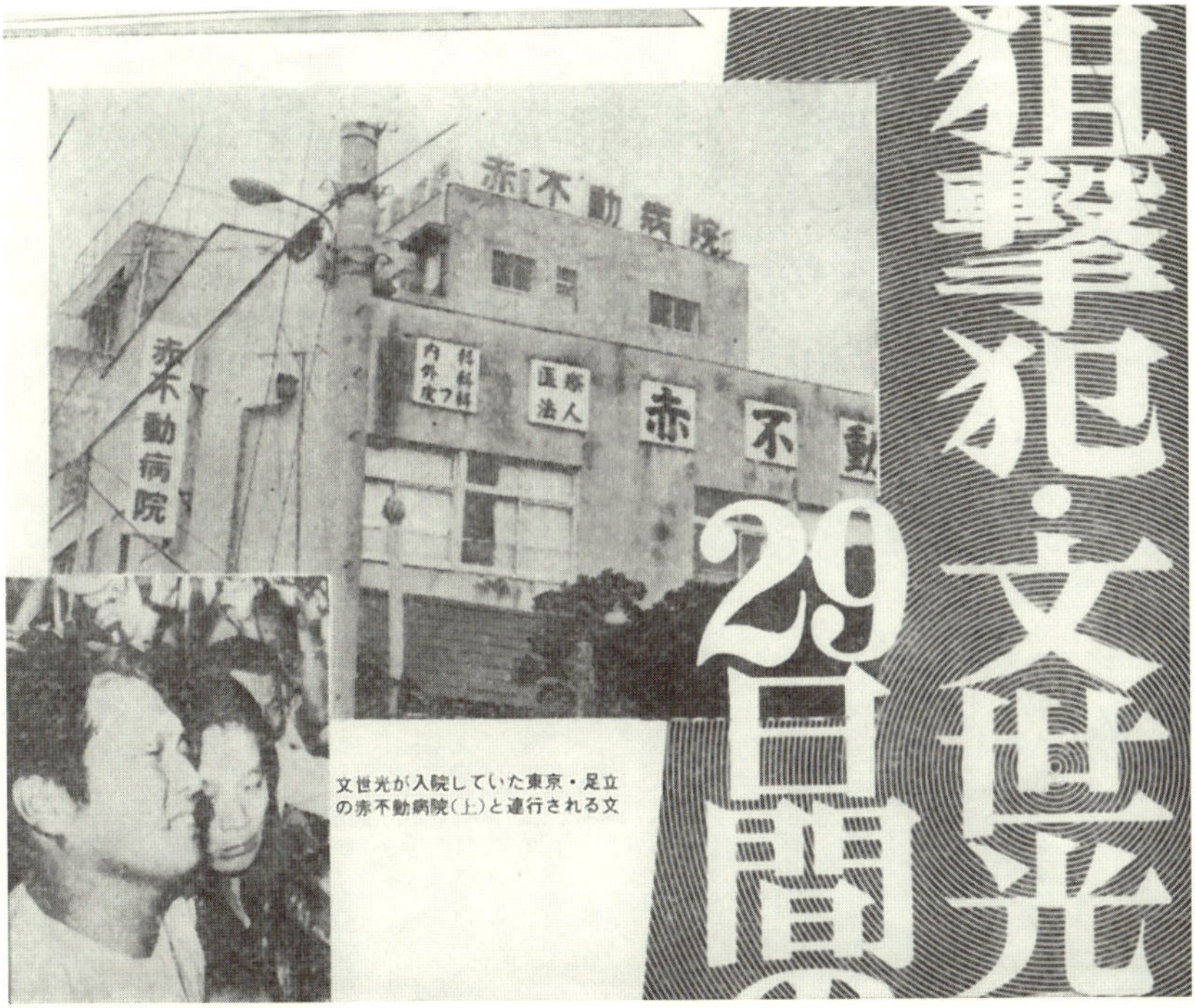

文世光事件（「週刊大衆」1974年5月19日）

鮮人商工連合会の下部組織であって、総聯からも民団からも独立した自主性をもった団体だったのである。

また、したがって、総聯が関与しているかどうか、などということは、私には知るよしもなかったのである。私は、多くの人から同じような質問を受けたが、こう答えるよりなかった。私には本当に、わからなかったのである。

文世光は、一九七四年二月一一日に、住所・台東区東上野三の一〇号、氏名・川上勇治と名乗って、赤不動病院に入院を申し込んだ。当時のカルテからわかることは、川上は胃の痛みを訴えて外来患者としてやってきたが、診断の結果、原因がわからず、翌日、再度病院に訪れた。痛みがひかないので、本人は入院を希望し、検査入院となった。当時、病院の現場では、現在ほど的確な診断というものはむずかしく、このような例はしばしばあることだった。川上は、健康保険に加入しておらず――この頃は未加入の人は珍しくなかった――したがって自費入院となり、病院の経営上の都合としては、非常にありがたい患者だった。当時は、健保を使う場合、医療費は三割負担で、病院からするとまず三割が現金として入ってきて、二ヵ月後に残りの七割が入ってくるという仕組みになっていた。それに対して、自費の患者は、全額現金で病院に収入をもたらすものであったので、どこの病院でも喜ばれていた。

たんなる一病院としては、患者がやってきて、その人が治療を必要としていれば、倫理的にも、実際的にも自動的に受け入れるものであった。そして、患者としてみた場合、川上は、病院の経営にとってはありがたい患者であり、半年後、病院に大きな打撃をもたらすとは夢にも思っていなかった。

カルテと看護日誌をさかのぼると、彼が入院した部屋は、二階一八号室の八人部屋であった。当時は、川上を含めて七人が入院していた。看護婦が言うには、彼は、音楽をイヤホンのようなものでよく聴いていて、たまに見舞い客が来る程度で、面会者はほとんどいなかったようだ。医師にとっても看護婦にとっても、それほど印象的な患者ではなく、ごく普通の様子であったようだ。

この彼が、「川上勇治」ではなく、のちに朴大統領を狙撃した犯人、文世光であることを知ったのは、八月一五日の狙撃事件が起きた後のことである。正確に言うと、事件の二日後、八月一七日の午後、朝日新聞の記者が、文世光という人間が、ここに入院していなかったか、と訪ねに来た。しかし、誰も知っている人がいないので、記者はいったん戻り、今度は文世光の写真をもって訪れ、病院の金沢勝男（金振玉）院長に確認をしにきた。院長は、当直の看護婦にも聞いて、文世光というのが、以前入院していた「川上勇治」であるという確信を得たので、そのように記者に答えた。

翌一八日には、同新聞に「ミステリー　文世光の軌跡」「2月、東京でナゾの入院」という見出しが踊った。記事は、断定こそ避けていたものの、「病院での生活ぶりにも不審な点がある……こんどの事件の準備、計画を一年がかりで進めていたとすれば、ここで計画を練り上げたか、または、共犯者たちと接触していたのではないか」（八月一八日、『朝日新聞』朝刊）というように、文世光の「知人」の証言を取り上げ、「足立区の病院」と文世光の関係を強く匂わせるような内容であった。

さらに、八月一九日夜に、韓国の民放である「東洋放送」は、文世光が「東京・足立区の病院に偽名で入院し、けん銃の射撃訓練を受け、大統領そ撃を指令されたと自白」と報じると（同年八月二〇日、『読売新聞』朝刊など）、病院には大手新聞社や雑誌社の記者が続々と取材にやってくるようになった。また、各新聞は、日本の捜査当局の情報として、「足立区の病院」とは「赤不動病院」であると報道した。

私たち病院関係者は、この段階になってはじめて、どうも文世光と病院との関係が疑われている、ということを認識した。当然の事ながら、私も、院長も、そのほかの職員たちも驚いたのだが、話題となっている人物が、半年も前の入院患者であることから困惑するよりなかった。新聞やテレビや週刊誌などの取材が殺到し、業務にも支障が出るようになった。

マスコミの間でも、事件の真相をどう捉えるかは、温度差があり、八月二〇日の新聞報道にしても、各社でかなりニュアンスが異なっていた。例えば、読売新聞は、病院の関与を色濃く滲ませる記事構成であったが、毎日新聞は、赤不動病院が荒川土手近くの過密地帯にあり、射撃訓練など考えにくいことを含ませつつ、「病院は「まさか」と迷惑顔」「金沢英文副事務長は……とんだとばっちりに迷惑顔だ」（同年八月二〇日『毎日新聞』夕刊）と、病院と事件との関係を中立的に記述していた。

しかしながら、この読売記事にも表れているように、一部のマスコミ関係者は事件と病院の関係を、確かな根拠もないまま、執拗に煽り立てた。文世光は病院経営者側が意図的に入院させたのだとか、入院している部屋で何かを学習させていたとか、あることないことを書き立てた。とりわけ、大衆週刊誌の類は、過激にこの問題を取り扱った。

だが、私は病院の理事長ではあったが、これまでにも書いたように、経営の方に専念をしており、入院患者をいちいち確認するようなことはしていなかった。それらは、病院の担当職員や医師の領域であって、経営者の仕事ではない。それゆえ、私は、文世光はもちろんのこと、「川上勇治」が自分の病院に入院していたことすら、把握していなかった。また、医師や職員、看護婦たちが文世光やそれに関わる組織とつながりがあった、などということもまずありえないだろう。大手の新聞が、「病院の地下で射撃訓練をした」（八月二〇日、読売新聞）などと書くのは結構なことだが、病院の建物には地下室自体が存在しないのである。そのことは、出入りしていた病院の職員や患者たちは、よく知っていたはずだった。

一〇月の終わりごろになると、警視庁から七十名ほどの武装警察官と刑事らが病院を二回にわたって強制捜索された。周囲を機動隊が取り囲み、川上勇治こと文世光に関するカルテや看護日誌などを押収して行った。

それ以後は、周辺の一般住民からも「恐ろしい病院だ」という噂が流れるようになってしまった。職員たちは、この状況に嫌気がさして、次々と辞めていき、患者もほとんど来なくなっていった。職員の家族は、就職や進学のときに、赤不動病院に親が勤務していることによって、不利な扱いを受けるまでに至っていた。入院患者も、事件前の半分以下になってしまい、病院経営は完全な赤字となり、経営不能の事態に陥ってしまった。

こうして、赤不動病院は、一九七五年（昭和五〇年）一一月、倒産した。その時点で、私には多くの人たちからの借金が残っていた。以上の如く、私の青春は、嵐のなかで始まり、嵐のなかで終わりをつげようとしていた。穏やかだった海が、突然の嵐にみまわれ、高波に全てが飲み込まれてしまうかのように、私が浮かべようとした船も、意外な事件のなかで、海の藻屑と消えたのである。

いつの時代のマスコミにもいえることであるが、当時のマスメディアは、現在と比べても報道倫理に対する考え方が未熟であり、しばしば、あってはならない暴走を引き起こしていた。その結果、弱い立場である一般市民が巻き添えとなることも多かった。さらにまた、この事件は、当時の在日朝鮮人がおかれていた、不安定な立場を象徴するものでもあった。南北が鋭く対立し、日本国内にも、南と北のあいだの緊張関係がもち込まれていた。

私がめざしたのは、南も北も、そしてもちろん日本人も朝鮮人も関係ない、ただ足立という地域で、病気に苦しむ人たちのための、「船」をうかべることであった。しかし、その試みは、国と国との対立や、民族と民族との対立、といった巨大な波の力に押し流されてしまった。

私が、この事件のあと、どのように生き、どのように、この船を再建していこうとしたかについては、まだ書くべきことが残っている。それについては、次の機会に、詳しく書き残しておこうと思う。

家族一同（1983 年 1 月元旦）

家族一同（2010 年 1 月元旦）

略年譜

本拠地　韓国済州特別自治道済州市涯月邑旧厳里
祖父　姜基五
父　姜尚現
母　宋壬生
三男　姜徹（七人姉弟）

姜　徹

一九二九年（昭和四年）
一月一一日　石川県金沢市で生まれる

一九三三年（昭和八年）四歳
六月　祖父の命により故郷の私立学校へ入学するために大阪から済州島へ一時帰還
九月一日　村の漢文書堂（寺小屋）に入り漢文を習う

一九三四年（昭和九年）五歳
三月八日　祖父　姜基五が病死

一九三六年（昭和一一年）七歳
二月　村の漢文書堂（寺小屋）をやめる
四月一日　財団法人私立日新学校に入学

一九三七年（昭和一二年）八歳

四月一日　朝鮮総督府の命により朝鮮語使用が禁止され、日本語を「国語」として使用するようになる

五月　遠足で、古城にある金通精将軍の戦跡を見学して帰り、ハシカになる。感染した弟が死亡する

一九三八年（昭和一三年）九歳

三月四日　新教育令の公布で、私立学校を公立学校に改編し、卒業年限を四　年から六年に改正する

一九三九年（昭和一四年）十歳

六月一日　小学校四年生のときに、財団法人私立日新学校が廃止され、旧厳公立尋常小学校となる

七月　マラリヤ伝染病にかかり、日本にいる父から送られてきた塩酸キニーネの服用で治癒する

一二月二六日「朝鮮人の氏名に関する件」により、創氏改名を強いられ、苗字が「姜」から「吉田」となる

一九四一年（昭和一六年）一二歳

四月一日　国民学校令により旧厳公立国民学校となる

四月一日　小学校六年生になり、新任の松岡先生から日本のことや世界史の話を聞き大きく影響される。東京の父が送ってくれた、荒木貞夫『全日本国民に告ぐ』（大道書院、一九三三年）を読むも、軍国少年にはならず

一九四二年（昭和一七年）一三歳

三月初旬　旧厳公立国民学校卒業。兄の昌友が病死する。このことで母が意気消沈、渡日の予定が遅れる

五月二八日　渡日し、父の暮らす東京都足立区へ

五月三〇日　足立第二高等小学校へ編入学

九月一日　大成中学校へ編入学

一九四三年（昭和一八年）一四歳

二月一五日　済州島から母と妹たちが渡日する。足立で一家がともに暮らせるよう、広い住居へ引っ越す

一九四五年（昭和二〇年）一六歳

三月一〇日　東京大空襲。避難先だった西新井橋の荒川べりで、焼夷弾の攻撃にさらされるも、間一髪で命が助かる。自宅や父の経営する工場が焼失。通っていた学校も焼失

四月一日　友人と二人で独学を志す

八月一五日　日本の敗戦で民族が解放される

九月一三日　足立朝鮮初等学院が創立される

一〇月一五日　在日本朝鮮人聯盟（朝聯）が結成される

一一月一六日　朝鮮建国促進青年同盟（建青）が結成される

一二月一日　足立朝鮮人青年練成会を組織し、民族教育の夜学やサッカーを始める

一九四六年（昭和二一年）一七歳

二月二六日　在日朝鮮人商工連合会が結成される

二月中旬　一家で帰国準備をするが、東京湾でチャーターした漁船が四国沖で警備船に拿捕され、裁判の結果すべての財産を没収される。一家は無一文となり、日本に在留することになる

二月中旬　大阪の親族の兄を東京へ呼び、ゴムマリの製造を始めるが、短期間で中止する

三月中旬　在日朝鮮人聯盟足立支部が結成される

四月初旬　在日朝鮮人聯盟足立支部の少年部長となる

八月中旬　精神統一のため成田山新勝寺の断食堂で二週間の断食をする

一〇月三日　在日韓国居留民団（民団）が結成される

一九四七年（昭和二二年）一八歳

四月一日　駿台商業学校定時制四年に編入学

四月一日　精神統一を目的に、毎日座禅を組み始める

四月一八日　光善鋳造工業合資会社を設立。父を社長とし、私は取締役となって出発したが、最終的に経営に失敗する
五月二日　外国人登録令施行

一九四八年（昭和二三年）一九歳

三月二〇日　駿台商業学校定時制を卒業
四月一日　専修大学専門部法科に入学
四月三日　済州島で四・三事件が起こる
四月中旬　日本民主主義科学者協会（民科）哲学部会に入会
四月二四日　阪神教育闘争事件が起こる
五月上旬　専修大学朝鮮人留学生同窓会文化部長となる
七月上旬　民科哲学部会で、三浦つとむの唯物弁証法に傾倒し、師と仰ぐようになる

一九四九年（昭和二四年）二〇歳

二月　「外国人財産取得令」適用に反対する運動が全国的に展開される
四月初旬　友人金基先の結婚式で、初めて結婚式の司会をする
四月下旬　専修大学朝鮮留学生同窓会の会長に就任
四月下旬　西田哲学（京都学派）に関心をもち、「善の研究」を熟読する。柳田謙十郎、務台理作らの理論をつうじて、唯物論的ヒューマニズムに傾倒する。田辺元には批判的になる
五月初旬　専修大学朝鮮文化研究会を立ち上げ、臨時会長となる
五月　在日韓国居留民団足立支団が結成される
九月八日　日本政府による団体等規正令の濫用で、朝聯・民青が強制解散させられる。
九月二〇日　在日朝鮮学生同盟（学同）関東本部臨時総会が東京朝鮮人中高級学校で開催され、文化部長に就任する
十月中旬　足立朝鮮人商工会が本木町の料亭「酔月」で商工人三十数人で結成する

一九五〇年（昭和二五年）二一歳

三月二〇日　台東区にある旧朝聯台東会館の接収に抵抗し、徹夜の座り込みをする

五月四日　中国五・四運動記念アジア青年学生総決起大会が、日比谷音楽堂で開催される。この日、七五〇〇人が結集し、私も大会運営委員として活躍した

五月二一日　学同関東本部総会が法政大学講堂で開催される。左右の学生の間で衝突があり、死傷者がでる。この大会で文化部長に再選される。

六月二五日　朝鮮半島で、三八度線が破られ、南北間の戦争に突入

七月　朝鮮戦争で、日本は国連軍の物資補給基地となり、日本経済が「特需景気」に沸く

八月中旬　父が、軍需景気に刺激され、鋳物工場を再開しようとするが、私が戦争への荷担であるとして反対し、結局中止に

八月中旬　反戦運動のため、名前を「姜昌熙」から「姜徹」と改める

十月三一日　国連軍総司令部が、政令三二五号を公布。これにより、戦争に反対するビラ一枚でも軍事裁判の対象となる

一九五一年（昭和二六年）二二歳

一月九日　在日朝鮮統一民主民族戦線（民戦）が結成される

三月二〇日　専修大学専門部法科を卒業

四月一日　専修大学商経学部三年に編入学

九月初旬　学同委員長孟東鎬の逮捕と関連して、私の家が家宅捜索を受ける。私の身辺にも危険が迫ったため、友人宅に身を匿す

一九五二年（昭和二七年）二三歳

五月一日　血のメーデー事件に参加。解散後に二重橋前の広場で警官隊の実弾射撃に巻き込まれ、中学生の妹とともに危難に遭う

六月一四日　学同拡大中央委員会が東京都朝鮮人文千小学校で開催され、会議終了後の帰路、一部の極左分子による過激な行動があり、富坂警察署に逮捕される

八月中旬　学生運動から地域活動への転換を決意。都内の在日朝鮮・韓国人の知人らの読書会に参加し、地域社会に貢献するための医療事業を提案する

一〇月一五日　読書会で私が提案した医療事業に、賛同者が多く出たため、人格なき社団・東京民生組合を設立する。読書会も、医院建設準備会へと変わり、足立地域有力者と連携して出資金を集める

一九五三年（昭和二八年）二四歳

三月二日　足立区梅田町に東京民生組合附属「赤不動医院」を開設。私が医院設立の中心的役割を果たす。医院が、朝鮮・韓国人だけでなく、日本人を含めた全地域住民の福祉に奉仕する活動を始める

三月　専修大学商経学部の卒業を目前にして、授業料不払いによる、除籍処分となる

三月一五日　友人の結婚式の前夜、準備を終えたあと振舞われた酒に酔い、事故に遭って、意識不明の重症を負う。友人の助けによって一命を取り留める

九月一日　赤不動医院の経営が行き詰まり、発案者としての責任をとるかたちで、医院が私の一人経営となる

一〇月中旬　医院経営で苦しむさなか、見合い話がきて、結婚を決意する

一九五四年（昭和二九年）二五歳

一月四日　結婚式を上野下谷公会堂で行なう。花嫁黄秉淑、主礼は朝鮮奨学会理事長申鴻堤、主賓は民科を代表して三浦つとむ

一月三一日　赤不動医院初代院長の権寧範が辞任する

二月一日　恩師である駿台商業学校校長の瀬尾義秀先生に、医師の紹介をお願いし、赤不動医院に秋野光顕先生を迎える。医院の名称も「福民医院」と変更。しかし、半年足らずで赤字が増大する

七月一日　医院の経営状態を改善するため、赤羽病院外科部長安達次郎先生を説得して、福民医院の共同経営者とする

九月二七日　長女の姜安姫が出生
一〇月一日　足立朝鮮人社会科学研究会（足立社研）を組織し、会長に就任

一九五五年（昭和三〇年）二六歳

三月二五日　足立社研主催による討論会が、新道保育園で開催される。韓徳銖論文「在日朝鮮人運動の路線転換について」をめぐる討論会が開かれる
五月二五日　在日本朝鮮人総聯合会（総聯）が結成される
六月二八日　総聯足立支部結成準備委員会を、福民医院で開催され、準備委員長に就任
七月一〇日　総聯足立支部結成大会が、東京第四初級学校で開かれる
一二月一〇日　足立朝鮮人商工会が年末資金を獲得（地域商工会では全国ではじめて行政を通じての融資獲得）
一二月一一日　在日朝鮮社会科学者協会（社協）が東京中高で結成され、常任委員に就任

一九五六年（昭和三一年）二七歳

三月二〇日　長男姜成勲が出生

一九五七年（昭和三二年）二八歳

三月一日　福民医院の共同経営者である安達次郎先生が過労のため、医院を辞任。新任の伊原幸男こと尹漢亀先生が院長に就任する。医院名も「赤不動診療所」に変更する
八月　赤不動診療所を増改築し、二階を一九床の入院施設とする

一九五八年（昭和三三年）二九歳

五月一二日　次男姜成弼が出生
六月下旬　足立朝鮮人商工会の総会で副理事長に就任

一九五九年（昭和三四年）三〇歳

三月一日　尹漢亀院長が、開業のため辞任。金沢勝男こと金振玉医師が後任として院長に就任

六月一五日　在日朝鮮人商工連合会が総聯の傘下団体として加盟。内部から政経分離論がおこる

一九六〇年（昭和三五年）三一歳

一月一六日　足立一・六会が総聯と民団の商工人有力者によって結成される。会長に玄棋洙、総務部長に私が就任

二月一一日　三男姜成典が出生

一九六二年（昭和三七年）三三歳

二月二〇日　在日韓国人商工聯合会が結成される

一二月一九日　四男姜成官が出生

一九六五年（昭和四〇年）三六歳

三月初旬　東京朝鮮第四初中級学校新築建設委員会の副事務局長に就任

六月二二日　韓日条約締結。在日同胞に協定永住権が認められたが、これによって、韓国籍と朝鮮籍の間で、扱いに格差が生まれ、在日同胞間の対立が高まる

一九六六年（昭和四一年）三七歳

五月十五日　同和信用組合（のちに朝銀信用組合と改称）の理事に就任（在任四期八年間）

五月二九日　東京朝鮮第四初中級学校新築校舎が竣工

一九六七年（昭和四二年）三八歳

五月一九日　鉄筋五階建ての「赤不動病院」を新築する

一九六八年（昭和四三年）三九歳

四月一五日　同和信用組合足立支店が開設される

七月一六日　足立朝鮮人商工会の定期総会で、理事長に就任する（在任八年間）

一九六九年（昭和四四年）四〇歳

七月一日　足立朝鮮会館建設委員会が組織され、事務局長に就任

一九七〇年（昭和四五年）四一歳
五月一日　医療法人尚仁会「赤不動病院」となる
一九七一年（昭和四六年）四二歳
四月一二日　次女姜永姫が出生
一九七二年（昭和四七年）四三歳
八月一〇日　足立日朝区議会議員連盟結成
一九七三年（昭和四八年）四十四歳
十月二日　総聯足立支部所有の新道保育園を売却した資金を運用するため、総聯足立支部財政管理委員会が発足する
一九七四年（昭和四九年）四五歳
八月一五日　韓国ソウルで朴正煕大統領が狙撃される（文世光事件）
一九七五年（昭和五〇年）四六歳
十一月　医療法人尚仁会「赤不動病院」が文世光事件の影響で倒産する
梅田中央病院を金振玉が院長として開設する
一九七六年（昭和五一年）四七歳
七月　在日本朝鮮社会科学者協会関東支部（のちの東日本本部）副会長に就任
一九八二年（昭和五六年）五二歳
十一月　『外国人登録法と在日朝鮮人の人権』（朝鮮青年社刊）に執筆
一九八三年（昭和五八年）五四歳
四月二十日　編著書『在日朝鮮人史年表』雄山閣より刊行
一九八五年（昭和六十年）五六歳
五月二五日　「在日僑胞の形成と起源」『統一評論』五月号掲載

六月　「民族の解放と在日僑胞」『統一評論』六月号掲載
七月　「民族教育権に対して」『統一評論』七月号掲載
八月　「民族の権利としての企業権」『統一評論』八月号掲載
九月　「外国人登録法に対して」『統一評論』九月号掲載
十月　「在日僑胞と出入国管理法」『統一評論』十月号掲載
十一月　「在日僑胞と在留権」『統一評論』十一月号掲載
十二月　「在日僑胞と社会保険」『統一評論』十二月号掲載

一九八六年（昭和六一年）五七歳
一月　「在日僑胞と国籍法」『統一評論』一月号掲載
二月　「在日僑胞と風俗営業法」『統一評論』二月号掲載
三月　在日本朝鮮社会科学者協会中央理事に就任

一九八七年（昭和六二年）五八歳
四月二十日　著書『在日朝鮮人の人権と日本の法律』雄山閣より刊行
八月十日　アメリカ・ユニオン大学より名誉法学博士号授与

一九八八年（昭和六三年）五八歳
五月三一日　「申女史を想う」『舞・申女史追悼文集』に寄稿
八月三日　国際学術討論会「在日朝鮮人の人権について」（於・中国、北京大学）にて発表
八月十日　在日朝鮮人社会科学者協会学術討論会「在日朝鮮人子弟教育の歴史的変遷と人権」（於・私学会館）にて発表

一九九〇年（平成二年）六一歳
八月三日　「日帝時代の在日朝鮮人民族教育」を大阪経済法科大学・北京大学共催「朝鮮学・国際学術討論会」（於・大阪経済法科大学）において発表

八月二五日　「解放直後の在日同胞の人権」『統一評論』八月号掲載
十月二五日　「解放直後の在日同胞の人権」韓国の月刊誌『海外同胞』九月号掲載

一九九二年（平成四年）六三歳
三月　「在日朝鮮人形成過程の研究」『在日朝鮮社会科学者協議会論文集』

一九九三年（平成五年）六四歳
三月二一日　『嵐の青春をともにした友へ―回想・廉泰泳追悼文集』に寄稿
十二月二十日　「出入国管理特例法と在留権」『在日朝鮮社会科学者協会論文集』

一九九四年（平成六年）六五歳
二月　在日朝鮮人人権協会が結成され、副会長に就任する
五月二十日　著書『在日朝鮮人の人権と日本の法律』（第二版）雄山閣より刊行

一九九五年（平成七年）六六歳
四月一日　大阪経済法科大学アジア研究所客員研究員となる

一九九六年（平成八年）六七歳
六月　朝鮮民主主義人民共和国より法学博士号授与
五月　在日朝鮮人人権協会顧問に就任
七月一九日　「在日同胞の在留権に関する歴史的考察」『第一回世界韓国学・朝鮮学・コリア学学術大会論文集』（ソウル・韓国精神文化研究院）にて発表
七月二五日　著書『在日朝鮮・韓国人史総合年表』雄山閣より刊行

二〇〇三年（平成十五年）七四歳
三月二九日　「ありし日の呉理事長を偲ぶ」『呉学園理事長呉永石遺稿集』に寄稿
四月一日　大阪経済法科大学アジア研究所客員教授に就任

二〇〇五年（平成十七年）七六歳

四月一日　大阪経済法科大学大平洋研究センター客員教授に就任

二〇〇六年（平成十八年）七七歳

九月二五日　著書『在日朝鮮人の人権と日本の法律』（第三版）雄山閣より刊行

著者略歴　姜　徹（カン・チョル）

1929年　石川県金沢市生まれ

1951年　専修大学法学科卒業

現　在　大阪経済法科大学客員教授法学博士

主要著書

『外国人登録法と在日朝鮮人の人権』（1981年、朝鮮青年社、共著）

『在日朝鮮人史年表』（1983年、雄山閣、編著）

『在日朝鮮人の人権と日本の法律』（1987年、雄山閣、著）

『在日朝鮮・韓国人史総合年表』（2002年、雄山閣、編著）

その他論文多数

2010年10月10日　発行　　《検印省略》

足立から見た 在日《ざいにち》コリアン形成史《けいせいし》

―済州島《チェジュド》・東京足立《とうきょうあだち》に生《い》きた私《わたし》の半世紀《はんせいき》―

著　者　姜　徹（カン・チョル）

発行者　宮田哲男

発　行　株式会社 雄山閣

東京都千代田区富士見２－６－９

TEL 03-3262-3231 / FAX 03-3262-6938

振替 00130-5-1685　http: //www.yuzankaku.co.jp

印刷所　松澤印刷

製本所　協栄製本

ISBN978-4-639-02146-9　C3021